教育部人文社科规划基金（16YAZH084）

浙江省社科规划课题（15NDJC215YB）

陈利权主持宁波市委宣传部阳明文化创新团队项目

浙江省哲学社会科学重点研究基地越文化研究中心资助出版

越文化研究丛书

邹建锋　著

阳明夫子
亲传弟子考

中国社会科学出版社

图书在版编目（CIP）数据

阳明夫子亲传弟子考/邹建锋著.—北京：中国社会科学
出版社，2017.6
ISBN 978-7-5161-9669-4

Ⅰ.①阳…　Ⅱ.①邹…　Ⅲ.①哲学思想—研究—中国
—明代　Ⅳ.①B248.2

中国版本图书馆 CIP 数据核字（2016）第 322100 号

出 版 人	赵剑英
责任编辑	郭晓鸿
特约编辑	席建海
责任校对	闫　萃
责任印制	戴　宽

出　　　版	中国社会科学出版社
社　　　址	北京鼓楼西大街甲 158 号
邮　　　编	100720
网　　　址	http://www.csspw.cn
发 行 部	010-84083685
门 市 部	010-84029450
经　　　销	新华书店及其他书店

印刷装订	北京君升印刷有限公司
版　　　次	2017 年 6 月第 1 版
印　　　次	2017 年 6 月第 1 次印刷

开　　　本	710×1000　1/16
印　　　张	18
插　　　页	2
字　　　数	229 千字
定　　　价	86.00 元

凡购买中国社会科学出版社图书，如有质量问题请与本社营销中心联系调换
电话:010-84083683

内容提要

　　本书立足《中国古籍善本总目》《中国地方志集成》《中国方志丛书》《国立北平图书馆藏甲库善本丛书》《四库全书》《阳明后学文献丛书》《明实录》《国朝献徵录》《明史》《明儒学案》《阳明弟子传纂》《儒林宗派》《两浙先贤录》《金华征献录》《台学统》等多种文献，全面考探阳明夫子亲传弟子的生平、学行、事功、交游、著书立说、文献存世、治学特色等情况。阳明夫子亲传弟子居住在湖南、贵州、江西、浙江、广东、江苏、上海、湖北、陕西等地，据考，事迹详细可考者总计约300人。

　　浙江93人，其中：宁波40人，绍兴14人，台州9人，金华、衢州各为8人，杭州、嘉兴、湖州、温州、丽水分别为5人、4人、3人、1人、1人，其中最多的是余姚县26人。他们或埋于乡村自修，改善社会风俗，或长年出仕理政，其传世文献具有较高的理论思辨水平。

　　宁波40人。除《明儒学案》所载横山（徐爱，1487—1518，字曰仁，余姚县马堰人）、今山（胡瀚，字川甫，号铎子，余姚县人）、绪山（钱德洪，1496—1574，字洪甫，余姚县人）、致斋（黄宗明，字诚甫，宁波府鄞县人）、管州、范引年、夏淳、柴凤、孙应奎、闻人诠、黄骥、黄文焕、黄嘉爱、黄元釜、黄夔15人外，尚有王守文、王正宪、孙堪、孙墀、孙升、钱德周、徐珊、徐天泽、徐允恭、胡希周、卢义之、姜应期（齐）、邹大绩、叶鸣、黄齐贤、诸克彰（号石川）、诸偶、诸阳、王应鹏、丁任、丁行、岑庄、岑初、胡膏、汪玉 25 人。

绍兴 14 人。除《明儒学案》所载我斋（蔡宗兖，1474—1547，字希渊，山阴县白洋人）、白浦（朱节，1475—1523，字守中，山阴县白洋人）、彭山（季本，1485—1563，字明德，会稽县人）、浮峰（张元冲，字叔谦，山阴县人）、栗斋（范瓘，1490—1571，字廷润，绍兴府会稽县人）、龙溪（王畿，1498—1583，字汝中，山阴县人）6 人外，尚有朱篪、何鳌、杨珂、萧鸣凤、胡纯、周晟、唐仲珠、王世仪 8 人。

金华 8 人。除石门（应典，字天彝，永康县人）、宝峰（周莹，1485—1566，字德纯）、松溪（程文德，1497—1559，字舜敷，永康县人）、方峰（程梓，字养之，永康县人）、一松（卢可久，1503—1579，字德卿，永康县人）5 人外，尚有李琪、周桐、吕璠 3 人。

衢州 8 人。为周积、郑骝、徐霈、王修易、林文琼、何伦、栾惠、王玑。

台州 9 人。除久庵（黄绾，1480—1554，字宗贤，又号石龙，黄岩县人）1 人外，尚有应良、金克厚、叶慎、林应麒、林元叙、林元伦、石简、钟世符 8 人。

杭州 5 人。有王潼、孙景时、许应元、陈善、刘侯。

嘉兴 4 人。除萝石（董沄，1457—1533，字复宗，海盐县人）、两湖（董谷，字硕甫）2 人外，有钱同文、许相卿。

湖州 3 人。除陆澄（1485—1563，字原静、清伯，归安县人）、箬溪（顾应祥，1483—1565，字惟贤，长兴县人）2 人外，有高冕 1 人。

温州、丽水各 1 人。为王激、朱应钟。

江西 87 人，其中：赣州 14 人，吉安 48 人，南昌 17 人，抚州 5 人，上饶 3 人，最多的是安福县，多从政，重实干，经世致用。

赣州 14 人。除善山（何廷仁，1483—1551，字性之，初名秦，雩县人）、洛村（黄弘纲，1492—1561，字正之，雩县人）2 人外，有谢魁、袁庆麟、何春、管登、刘潜、刘澜、赖贞、赖元、俞庆、月华、刘宰、刘鲁，共 12 人。

吉安 48 人。除东廓（邹守益，1491—1562，字谦之，安福县人）、南野（欧阳德，1496—1554，泰和县人）、两峰（刘文敏，1490—1572，字宜充，安福县人）、狮泉（刘邦采，1492—1577，字君亮，安福县人）、三五（刘阳，1496—1574，字一舒，安福县人）、印山（刘秉监，字遵教，安福县人）、柳川（王钊，字子懋，安成县人）、梅源（刘晓，字伯光，安福县人）、晴川（刘魁，字焕吾，泰和县人）9 人外，尚有刘文快、刘文恺、刘文协、刘文悌、刘子和、刘熏、刘佑、刘继汉、欧阳瑜、刘肇衮、王学益、尹一仁、黄旦、刘独秀、张崧、刘子和、刘宝朝、王铸、邓圉、刘敬夫、龙光、龙履祥、罗琛、周汝员、王思、胡尧时、欧阳阅、王贞善、曾才汉、刘冕、周禄、王舜鹏、刘业、王时柯、曾忭、梁廉、刘汝翱、汤克宽、刘孔愚 39 人。

南昌 17 人。除水洲（魏良弼，1492—1575，字师说，南昌新建人）、魏良政（字师伊）、魏药湖（魏良器，字师颜）3 人外，尚有魏良贵、魏良辅、王臣、唐尧臣、吴子金、王贵、裘衍、舒柏、万虞恺、万世芳、万世桂、郭升、程度、万潮 14 人。

抚州 5 人。除明水（陈九川，1494—1562，字惟浚，临川人）外，有黄直、饶瑄、黄株、胡汝焕 4 人。

上饶 3 人。有徐樾、方洋、俞文德。

湖南、湖北 19 人。其中湖北 9 人，他们是郭庆、吴良吉、蔡月泾、毛凤起、杨绍芳、杨继芳、朱廷立、杨汝荣、朱守干；湖南 10 人，他们是周金、翼元亨、蒋信、龙翔霄、萧璆、萧琦、刘观时、王嘉秀、唐愈贤、吴鹤。

黔中9人。他们是陈文学（字宗鲁）、汤冔（哻）、叶梧（字子苍）、朱光霁（字子苍）、越榛（字文实）、邹木（字近仁）、詹良臣、钱凤翔、李良臣。

南中30人。上海1人，南江（冯恩，约1496—1576年间）；江苏13人，除心斋（王艮，1483—1541，字汝止，泰州县人）、东崖（王襞，1511—1587，字宗顺，泰州县人）、五岳山人（黄省曾，1490—1540，字勉之，苏州吴县人）、静庵（周冲，1485—1532，字道通，宜兴县人）、近斋（朱得之，1485—?，字本思，靖江县人）5人外，有张寰（1486—1581，字允清，昆山县人）、华云、华夏、白悦（字贞夫，1498—1550，江苏武进县人）、白谊、玉阳（史际，1495—1571，字恭甫）、唐鹏（字云卿，直隶丹徒县人）、张绖（1487—1543，字世友，号南湖，高邮县人）8人；安徽16人，除南玄（戚贤，字秀夫，全椒县人）、程默（字子修，休宁县人）2人外，有汪尚和（字节夫，休宁县人）、朱勋（字汝德）、孟津（字伯通）、孟源、刘韶、田鳌、石玉、李呈祥、柯乔、江学曾、施宗道、吴枋、屠岐、王宾，共计14人。

粤闽25人。其中广东18人，除中离外，尚有郑一初（字朝朔）、陈洸（字世杰）、杨思元（名应本）、薛俊（字尚哲）、薛侨（字尚迁）、薛宗铠（字子修）、吴继乔（字世达）、陈琠、林文（字载道）、杨骥（字仕德）、杨鸾（字仕鸣）、黄梦星、王一为、方献夫（字叔贤）、伦以训（字彦式）、梁焯（字日孚）、成子学（字怀远），共计17人。

福建7人除马明衡（字子萃）外，尚有陈杰（字国英）、林学道（字致之）、林达（字志道）、丘养浩（字以义）、童世坚（1466—1535，字克刚）、陈大章（莆田人），共计6人。

北方王门亲传弟子8人。除玄庵（穆孔晖，字伯潜，1479—1539）、瑞泉（南大吉，字符善，1487—1541）2人外，还有北村（路迎，1483—1562，字宾旸，山东省汶上县人）、默庵（斋）（梁谷，1483—1533，字仲用，山东东平县人）、顺渠（王道，1487—1547，字纯甫，山东省东昌府武城县人）、陈鼎（字大器，或字文相，山东省登州府蓬莱县人）、姜泉（南逢吉，字符贞，1494—1574，南大吉弟）、南轩（1518—1602，字叔后，姜泉长子）6人。

本书不少内容所使用的史料都是新鲜的，如首次考探了众多阳明夫子亲传弟子的精确生平，如管州（1497—1578）、朱簬（1493—1546）、张元冲（1502—1563）、范瓘（1490—1571）、叶慎（1488—1564）、郭持平（1483—1556）等。阳明夫子很多亲传弟子的不少资料都是首次发现，相信细心的读者可以发现。

凡　　例

（一）本书是为向梨洲先生经典巨著《明儒学案》致敬而做的一些浅薄的努力，从全国各地现存府县志出发，略人所详，考人之未考，竭力弥补梨洲先生《明儒学案》因资料所限而缺考的阳明夫子亲传弟子。

（二）《明儒学案》所载所记阳明夫子亲传弟子事迹、学术旨趣与其按语，首创之功巨大。本弟子考旁综博览，多方搜集，补其不足，以示继承并光大梨洲潜心为学之精神。

（三）阳明夫子对其弟子多称其字，不直呼其名；阳明弟子彼此间则遵循先例，以号称之。本书遵循先例，多以号称之。

（四）本弟子考与《明儒学案》之重"学"不类，多重"事"，凸显阳明夫子晚年"事上磨炼"教法之效。

（五）本弟子考书稿冀成阳明夫子致良知学研究之入门手册。然个人之努力，虽编阅诸志，毕竟精力有限，时间尚不够长，不足、遗漏者，还请海内外专家来信、来函指教。联系方式：zjfjiaoxue@126.com。

（六）本弟子考是在业师朱义禄先生、潘桂明先生、束景南先生、钱明先生多年学术业绩及其光辉伟岸之人格魅力影响下作业，然书稿之质量与水平与诸位老师无涉，所有责任由笔者承担。

目　录

引言　阳明夫子弟子遍天下

一　本书研究意义

坊间，朱子、象山门人论著甚多，唯独未见阳明夫子门人之系统与精确性著述。近十几年来，国内外学术界逐渐拓展对阳明亲传弟子及其后学致良知思想的研究，在史料与理论分析方面均取得巨大的成就，阅读大量的珍贵文献，取得不错的成绩，如钱明研究员对王学传播地域考，吴震教授对阳明后学重要弟子的交游有系统的考述，宝岛吕妙芬老师（2003）对阳明后学（王门后学、良知后学）在金华、吉安、衢州、宁国府等地的讲会活动有系统的研究。遗憾的是，数百年来，至今未有人对阳明夫子亲炙弟子做一摸底、整体性与系统的梳理。本文所做阳明夫子亲传弟子考，以全国与地方志史料（国家志、省志、府志、县治）为基础，尽量逐一排查，以《王文成公全书》《明儒学案》《明史》《儒林宗派》《阳明弟子传纂》《中国古籍总目》等文献所载阳明亲传弟子为摸底排查起点，辅以《阳明后学文献丛书》《国朝献徵录》《万姓统谱》《元明事类钞》《续文献通考》《千顷堂书目》《石仓历代诗选》等文献，对阳明夫子嫡传弟子学行做一摸底考察，辨别真伪，为学术界提供一份较好的姚江良知学脉文献史料。

盖，横山、中离二先生正德年间撰有《同志考》《续同志考》，不幸亡佚。有鉴于此，正本清源，编撰诚心从学于阳明夫子门下并得阳明本人亲自印可亲传弟子者（称"阳明门人""阳明弟子""姚江传人"，为阳明亲传弟子中"信得及"之辈），见良知学脉之流传，以窥阳明夫子视门人为亲子的辅仁教法、谆谆教化与拳拳爱护的培育之心，这于学术史、思想史、中国哲学史是非常有价值和必要的。

遗憾的是，由于对各地所藏的阳明夫子亲传弟子家谱缺乏挨家挨户的田野考察及个人或客观的原因，未能睹见，未能对每一个人的生卒进行整理，疏漏之处，谨请方家指正，以便继续修改完善，泽被儒林，以传后学，善莫大焉！天下学术，望大家共同扶持，则阳明夫子良知学脉在当时赖以不坠并得以广泛传播。

二　在阳明夫子精心呵护下亲传弟子群的成长与壮大

事实证明，孟子、吴康斋、陈白沙都成长于单亲家庭，但却不影响他们后来成为我国历史上伟大的教育家。小阳明在其 13 岁的时候（明成化十二年，1476）失去了妈妈，这肯定给其幼小的心灵带来巨大伤痛。寂寞、无助、困惑，甚至是迷茫，时时会侵扰他。幸亏奶奶对他不错，弥补了不少遗憾。这样的经历某种程度上深化了小阳明坚韧、固执与不服输的个性。阳明夫子的父亲是成化十七年辛丑（1481）的状元，但是，22 岁后的阳明夫子在弘治六年癸丑（1493，时 22 岁）、弘治九年丙辰（1496，时 25 岁）接连两次会试失败后，大部分青春时光消耗在科举考试中，其内心的挫折感会如何强烈？于是，夫子接连走入辞章之学、佛老之学，以求寻找到心灵的精神家园。盖不如此，不能彻底地涵养。弘治九年，在老家余姚县龙山，他结社龙泉山寺，周游于大山秀水之中，寻访古庙古寺，流连忘返，在诗文与"比慢"的佛老心学中得到了心灵的安顿，致使以后其心胸更加包容、广大与慈悲。弘治十二年己未（1499），年已28岁的阳明夫子，终于考中进士，获得了姗姗来迟的荣誉。从此，漫漫仕途得以打开。弘治十三年（1500），在北京、南京，他多与茶陵派、前七子李梦阳等人结诗文社，往来应酬，缓解无聊之公务。① 看来，阳明夫子追求伟大的事业心使他并不适合做比较清闲的公务员差事。弘治十八年（1505），阳明夫子34岁，在京城与时年40岁的东南名儒陈白沙的衣钵传人、儒学大师湛甘泉相遇，一见如故，成终身之交，共成圣学伟业。有了朋友丽泽之助，教育之路越走越宽。

正德改元，皇帝幼小无知，宦官专权，文人忍无可忍，率先发难，遭到宦官的严惩。个性真诚耿直的阳明，在变态与威严的皇权代理人面前败下阵来。由于触怒刘瑾，他被杖责四十，皮开肉绽，幸亏父亲提前疏通，否则必然性命不保。死罪可免，活罪难逃，甚至其父亲也受到牵连，刘瑾决定将他发配边疆，贬谪龙场驿站。经过正德二年（1507）秋冬半年的犹豫、彷徨、绝望、苦闷与无奈，此年十二月始，阳明夫子不得不正式开始荒蛮之地的流放生涯，漫漫无期，不知何日回归。从杭州出发，路径江西、湖南，并在次年，即正德三年（1508）春天到达贵州贵阳府修水县的龙场驿站报到。阳明夫子一路行走，一路随机教学，以生为子，广收门人，并寄托自己的信仰；弟子们一方面表达对36岁的夫子高大人格的敬仰，一方面表达出他们内心的同情和惋惜之情。可谓师生惺惺相惜。对湖南、贵州、云南与江西庐陵的诸生们而言，他们是幸运的，因为他们遇到的是中国历史上最有爱心、最活泼、最真诚与最

---

① 因李梦阳考场舞弊重大事件，王阳明与李梦阳等文士往来事件多为后来者忌讳。束先生详细考证其与京城名士交往过程，参考（明）王守仁《奉和宗要高韵》，载《王阳明佚文辑考编年》（增订版），束景南撰，上海古籍出版社2015年版，第105—105页。著者注：凡征引书要目已列出版机构和时间的，校注不再注明其出版机构和时间；按照学术专著一般体例，为节省篇幅，同时方便读者阅读，凡引用同一本专著等文献首次说明责任者、出版主体和时间，以后引用不再注明责任者、出版主体和时间。下同。

有魅力的大教育家。在阳明夫子的精心教化下，湖南、贵州和云南的地方教化程度得到大幅提升，阳明夫子学最早在中西部地区传承。在湖南，有周金、冀元亨、蒋信、唐愈贤、王嘉秀、龙翔霄、刘观时、吴鹤、王文鸣（字应奎）、胡珊（字鸣玉）、刘瓛（字德重）、杨袑（字介诚）、何凤韶（字汝谐）、唐演（字汝渊）14 人往来问学于夫子门下。① 而据甘泉的回忆，在辰州府龙兴寺，还有吴伯诗、张明卿、董道夫、汤伯循、董粹夫、李秀夫、田叔中等 8 人时时相从。② 夫子讲学非常认真，每每讲到夜分，足见阳明夫子诲人不倦的好教风格。在贵州，在当时地方官员席书的帮助下，贵阳及云南的诸生多来求学于龙冈书院、贵阳书院，有陈文学（字宗鲁）、汤冔（哱）、叶梧（字子苍）、朱光霁（字子苍）、张时裕、何子佩、越文实、邹近仁、范希夷、郝升之、汪源铭、李惟善、陈良臣、易辅之、詹良臣、王世臣、袁邦彦、李良臣、钱凤翔 19 人。③ 一方面，困穷之地，置之死地而后生，阳明夫子潜心学术，静坐涵养，自己耕作，暇时穷究五经四书，特别是《周易》，撰成数十万字的书稿《五经臆说》；另一方面，阳明夫子时常与门人学生畅歌山野，放飞梦想。江西庐陵则有刘养正 1 人，但由于他后来做了宁王的叛贼参与反叛活动，就很少有人说这件事了。④ 再加上乡贤徐爱、朱节、蔡宗兖 3 位弟子，正德二年

----

① 参见王兴国《王阳明及其弟子在湖南的活动情况略考》，载《王阳明国际学术讨论会论文集》，贵州教育出版社 1997 年版；王兴国《王阳明及其弟子在湖南的活动情况略考》，《浙江学刊》1997 年第 6 期，第 78—82 页；钱明《王阳明及其学派考论》，人民出版社 2009 年版，第 291 页。

② 参见《王阳明全集》（新编本）卷 40，吴光主编，钱明编校，浙江古籍出版社 2010 年版，第 5 册，第 1620 页。

③ 参见钱明《黔中王门论考》，《贵州文史丛考》2007 年第 2 期，第 84—87 页；钱明《王学之过化——黔学考》，载《王阳明及其学派论考》，第 352—376 页；（明）王守仁《与贵阳书院诸生书》（三首正德四年，1509）、《寄贵阳诸生》（正德七年，1512），载《阳明佚文辑考编年》，束景南撰，上海古籍出版社 2012 年版，第 292—294、338—340 页。

④ 参见（明）王守仁《祭刘养正母文》，载《王阳明佚文辑考编年》（增订本），第 701—703 页。刘养正为阳明弟子，采束先生说。

正月北京下锦衣卫狱至正德五年（1510）十一月回京四年间，阳明夫子亲传弟子大约有45人。这些弟子中，冀元亨、蒋信、唐愈贤、王嘉秀、龙翔霄、刘观时、吴鹤、陈文学、汤㪷、叶梧、朱光霁、徐爱、朱节、蔡宗兖14人属比较好学勤问的，有一定的功名，在地方也有一定的资源和人脉，名声比较好，他们一生与阳明夫子往来游学多次，不仅可以更接近阳明夫子的内心世界，也可以利用自己为政便利更好地传承良知学。阳明夫子而立时期所实际拜学于门下的肯定不止这45人，但由这45人的名单可以看出，这些人大多比较朴素，为人低调，"俱能卓立"①，多为地方名士，比较接地气，扎根于自己乡村的教育实践，积极推动出版阳明夫子文集，有力推进了当地地方教育与社会文化的大发展。

正德六年（1511）与七年（1512）在北京时期，刚刚进入不惑之年的阳明夫子，开足马力，开始全面拓展教化，全面打开圣学传承的新局面。但是由于身处北京官宦之地，很少原住民，来往请教的多为比自己小十余岁的刚中的进士，或租住在北京准备三年后参加会试的举人，还有一些比自己年龄小的同事。据徐爱回忆，这一时期，这些争鸣论学的人士主要有黄绾、应良、朱节、蔡宗兖、徐爱、穆孔晖、顾应祥、郑一初、方献夫（初名献科）、王道、梁谷、万潮、陈鼎、唐鹏、路迎、孙瑚（瑛）、魏廷霖、萧鸣凤、林达、陈恍，计20人。② 阳明夫子40岁至41岁时期，学术同人的增加，彼此互相介绍、传帮接带，为以后阳明学的全国化推广推进奠定了良好的人脉基础。

① 参见《王阳明全集》（新编本）卷32，上海古籍出版社2011年版，第4册，第1236页。
② 在北京的这20人，除孙瑚（瑛）、魏廷霖两人不可确考外，其余18人都得到考证。其中，魏廷霖为诸生，可能未获得功名，难考。孙瑚可能为广东潮州人，目前只有一些家谱的零星数据。这个群体主要是个学术研究群，大家尊阳明夫子为长辈，并不是严格意义上的弟子群，因为里面不少人，官做得很大，位高权重，后来有一些似乎再也不与阳明夫子联系，遑论求教问学。

正德八年（1513）十月至十一年（1516），这三年时间，阳明夫子在南京及其周边滁州地区任职，原住民开始多一点。阳明夫子在滁州时期，闲暇时间很多，声誉日益卓著，他与滁州地方诸生相游甚欢，从游者数百人，唱歌游山，论学玩水，一片活泼有趣的教育景象。那时他已经是正四品南京太仆寺少卿（半年后升南京鸿胪寺卿）。滁州从游者，除徐爱、朱节、蔡宗兖等老学生外，还有孟津（字伯通）、孟源、朱勋（字汝德）、刘韶、田鳌、石玉、吴枋、屠岐、王宾 9 人。南京从游者，除徐爱、王嘉秀等老学生外，有黄宗明、薛侃、马明衡、陆澄、季本、许相卿、王激、诸偁、林达、张寰、唐俞贤、饶文璧、刘观时、郑骝、周积、郭庆、栾惠、刘晓、何鳌、陈杰、杨杓、白说、彭一之、朱篪、萧惠，计 25 人。① 如北京时的求学者一样，这些从游者多为进士出身，或在南京国子监游学准备以后的进士考试，拜学的动机并不纯，有一些后来官运亨通之后公开反对良知学。当然，还是有一些门人弟子特别出色，终身服膺夫子之学，多次来往师门，如黄宗明、薛侃、马明衡、陆澄、季本、林达、唐俞贤、饶文璧、刘观时、郑骝、周积 11 人。这 11 人，不仅身体力行，还推荐自己的门人学生拜学于夫子，利用自己的职位为阳明申冤，保护阳明后裔，经理阳明家事，刊印夫子文集，建立书院和宗祠，会讲争鸣，撰写年谱，彼此团结，可谓阳明夫子嫡传正宗也。阳明夫子 42 岁至 43 岁期间，由于位居南京、滁州地区，同人的官务、个人事务较为清闲，有足够的时间讲学，这一时期门人弟子至少新增 34 人。

正德十二年（1517）正月赣州巡抚开始至十六年（1521）八月归越（余姚、绍兴），这五年时间，阳明夫子因其平叛的需要，作为军事

① 参见《王阳明全集》（新编本）卷 32《年谱一》，第 4 册，第 1243 页。除杨杓、彭一之 2 人不可确考外，其余 23 人都得到考证。

参谋的诸生以及居家进士纷纷来江西游学。由于地处远离权力中心的地方，原住民比较多，故而诚心向学的人更多，学生诚心追求圣人之学，心思比较单纯，阳明夫子致良知的传承正式大规模开启。故而，梨洲说，夫子一生血脉在江西。盖夫子建功立业在江西，生死无常，军旅生活非同儿戏。正是在赣州、吉安、抚州、南昌等地诸生以及乡亲父老的支持下，阳明夫子的雄伟事业达到了巅峰时期。江西人养育支持了夫子，夫子用他的良知学反哺江西人，赣学由此全面进入良知心学时期。江西地区弟子至少300人，著名者多见于《明儒学案》，正德十三年戊寅（1518）七月在赣州来学者，除薛侃外，有欧阳德、梁焯、何廷仁、黄弘纲、薛俊、杨骥、郭治、周仲、周冲、周魁、郭持平、刘道、袁庆麟、王舜鹏、王学益、余光、黄槐密、黄鏊、吴伦、陈稷刘、鲁扶敝、吴鹤、薛侨、薛宗铨、欧阳昱，计25人。① 此年九月，因为来往学者太多，无地可居，阳明夫子不得不修缮濂溪书院来招待他们。正德十五年（1520）九月，阳明夫子在南昌，从学著名弟子有邹守益、王艮、陈九川、万潮、欧阳德、魏良弼、袭衍、王臣、魏良政、魏良器、钟文奎、吴子金、龙光、伦彦式（以训），计14人。② 阳明夫子46岁至50岁期间，亲传知名弟子至少又增39人。

正德十六年九月至嘉靖六年丁亥（1527）八月总计6年居住于绍兴与余姚的时间里，也是阳明夫子知天命之年，阳明夫子全心全意钻研学术，其良知学得到系统的多角度总结与理论形态上的深度凝练，良知学开始正式在弟子中得到推广，数百弟子陪伴夫子左右，形成中国历史上较为著名的私人教育发展黄金时期。首先是余姚老家以钱绪山为代表的

---

① 参见《王阳明全集》（新编本）卷32《年谱一》，第4册，第1261页。目前，除郭治、周仲、余光、黄槐密、黄鏊、吴伦、陈稷、扶敝8人未得到确考外，其他15人都有事迹可考。

② 同上书，第1268页。

74 位弟子，有钱德洪、夏淳、孙升、范引年、吴仁、柴凤、孙应奎、诸阳、徐珊、管州、谷钟秀、黄文涣、周于德、钱大经、钱应扬、杨珂、王正心、王正思、俞大本、周仲实二十知名贤者，以龙山中天阁为讲学场所。① 其次是在绍兴知府南大吉的协助下，稽山书院的数百弟子，除著名旧门生邹守益、薛侃、黄宗明、马明衡、王艮、孟源、何秦、黄弘纲、魏良政、魏良器 10 人外，还有张元冲、王畿、萧璆、杨汝荣、杨绍芳、杨仕鸣、薛宗铠、黄梦星、周冲、刘邦采、刘文敏、曾忭、黄直、舒柏、聂豹、黄省曾、朱得之、南逢吉等知名弟子，至少计 18 人。② 值得庆幸的是，这 18 位弟子的事迹均可考。阳明夫子此时亲传知名弟子至少新增 30 人。

仅从绪山等人所撰《阳明年谱》粗略估算，阳明夫子亲传弟子事迹可考者至少 178 人。阳明夫子捐馆后，夫子亲传弟子们身体力行，以各种各样的方式处理夫子身后事宜，如讲学讨论良知学，助刻夫子文集，协助处理夫子家事，关心慰问夫子嫡子的成长与教育，建祠立碑，种种行为均体现出师生间浓厚的感情。这样一种辅仁文化的传承，不因为夫子的离开而中断，表现出良知学道统极高的传承性与自身的生命力，证明夫子良知教的合理性、有效性与美德价值。如：嘉靖九年庚寅（1530）五月，薛侃、邹守益、方献夫、欧阳德、董沄、刘侯、孙应奎、程尚宁、范引年、柴凤等 11 位亲传弟子助建天真精舍于杭州西湖边的天真山，祭祀阳明夫子。嘉靖十年辛卯（1531）至十一年（1532），王艮、黄弘纲、黄绾、方献夫、王臣、钱德洪、王畿、薛侨、李琪、管州等 11 位亲传弟子商议讨论并成功处理夫子胤子正亿婚事，泽被夫子后裔。嘉靖十一年壬辰（1532），夫子捐馆后，在亲传弟子方献夫的主持

---

① 参见《王阳明全集》（新编本）卷 32《年谱二》，第 4 册，第 1291 页。
② 同上书，卷 32《年谱三》，第 4 册，第 1299 页。

下，阳明夫子致良知学传承学术会议首次得以在北京的庆寿山房召开，欧阳德、程文德、黄宗明、戚贤、魏良弼、黄绾、钱德洪、王畿、徐樾等 10 位亲传弟子参与。次年，在欧阳德的主持下，第二次良知学学术会在南京召开，季本、许相卿、何廷仁、刘阳、黄弘纲、钱德洪等 8 位亲传弟子参与。嘉靖十三年甲午（1534），邹守益、季本、程文德、刘邦采、刘文敏、刘子和、刘阳、欧阳瑜、刘肇衮、尹一仁 10 位亲传弟子大建复古、连山、复真等多所书院，传播阳明夫子良知学于吉安地区。同年，衢州王门亲传弟子栾惠、王玑、王修易、徐霈、林文琼与钱德洪、王畿、应典共 8 位亲传弟子参与衢州阳明书院的建设和管理事宜。嘉靖十四年乙未（1535），九华山江学曾、施宗道、柯乔 3 位亲传弟子协助建祠祭祀阳明夫子。嘉靖十九年庚子（1540），永康王门周桐、应典、李珙、程文德、卢可久、程梓 6 位亲传弟子建书院研习并传承夫子良知学。嘉靖二十一年壬寅（1542），亲传弟子范引年于青田建混元书院。嘉靖二十三年甲辰（1544），亲传弟子徐珊与其弟杨珂于辰州建虎溪精舍。弟子种种作为不一而足，均极大地推进了阳明夫子良知学的传播与发展。①

总之，一方面阳明夫子本人视生如子的教法深深感动众多亲传弟子；另一方面，很多拥有各类资源的亲传弟子，在功成名就之后，利用自身的身份继承、扩大与发展阳明夫子的致良知学。其时形成全国范围内良知学风行的大好局面，是师生一起努力的结果。

---

① 参见《王文成公全书》卷 35《附录四·年谱·附录一》，（明）谢廷杰辑刊，中华书局 2015 年版，王晓昕、赵平略点校，第 1516—1525 页。

第一章　浙江地区阳明夫子亲传弟子考

梨洲以5卷"浙中王门"代指浙江地区的王门后学（阳明后学、文成后学、姚江后学、良知后学），并以徐横山（徐爱）为第1卷卷首以示尊重和敬意，总体上按时间顺序并依照亲炙与再传的亲属关系列出王门重要后学。梨洲以阳明早期亲炙弟子胡今山（胡瀚，字川甫，号今山，胡铎之子，余姚县人）作为浙中王门的最后一人，并排在阳明再传张阳和之后，颇令人费解。或许因胡今山为地方儒士，偏于内修，阒然无闻，宣传良知学脉所做的贡献较绪山、龙溪相差太远，在《传习录》中默默无闻。因当时资料所限，梨洲对永康王门诸儒未能给予足够重视，独收入程松溪学案，将其放在第四卷。① 乾隆时期慈溪后学郑性在刻书时②，发现永康王门在浙中王门的重要性，并把亲炙的几个重要弟子（应典、周莹、卢可久、程梓）放在了全书的最后，以"附案"的方式来处理。③ 应石门（典）、程松溪（文德）、程方峰（梓）、李东溪（珙）、卢一松（可久）、周宝峰（莹）、周岘峰（桐）诸儒之间较为熟悉，都以五峰书院作为教学和进修的道场，互相唱和与争鸣，使得五峰

---

① 参见（清）黄宗羲《明儒学案》卷14《浙中王门学案四》，沈芝盈点校，中华书局 2008 年修订版，上册，第301—302 页。

② 同上书，上册，《郑性序》，第1 页。

③ 同上书，下册，《附案》，第1602—1605 页。

书院与杭州天真书院、江山东溪书院成为浙江王门传播良知学脉三个最为重要的阵地。永康王门应该作为《明儒学案》浙中王门的重要一脉，而不是作为无处可依的附案或零散的个体。由此可见，当时资料的稀缺是如何遮蔽梨洲的双眼，以至于江山王门他更是没有注意到。所有这些学术资料收集的遗缺在资料丰富的今天应该被重新重视，并重新给予科学与合理的归类，由此凸显王阳明视教学为第一生命、视弟子为自己儿子的辅仁情怀。

出于对家乡地方县志的熟悉，像山阴县的范瓘（1490—1571，字廷润，号栗斋，会稽人）、余姚县的管州（字子行，号石屏）、范引年（字兆期，号半野，余姚人）、夏淳（字惟初，号复吾，余姚人）、柴凤（字后愚，余姚人）、孙应奎（1504—1586，字文卿，号蒙泉）、闻人诠（字邦正，号北江）、黄文焕（号吴南）、黄嘉爱（字懋仁，号鹤溪）、黄元釜（号丁山）、黄夔（字子韶，号一川）、胡瀚，总计12位不太出名的阳明弟子虽多文集散佚或难觅①，但梨洲还是出于对地方先贤的敬意，在《明儒学案》给予相应的地位，尽管没有像对绪山、龙溪两位阳明得意门生那样大写特写。因此，为全面展现阳明在浙中地区的教化之功与育人之诚，我们觉得很有必要找寻《明儒学案》所遗漏的阳明亲炙弟子，在《传习录》《明史》《国朝献徵录》《浙江通志》及浙江府县志等文献中仔细排查搜寻他们，凸显其不凡的学行与卓越独立的人格，更好地、多视野地展现良知学脉的传承状况，在当代更好地推进阳明学研究的深入，以补学术界长期研究碎片化、零散化甚至某些研究空白。

---

① 参见（清）黄宗羲《明儒学案》卷11《浙中王门学案一》，上册，第219—220页。需要说明的是，上述诸儒的事迹均可以在光绪《余姚县志》（《中国地方志集成·浙江府县志辑》第36册）卷23《列传九》中找到。

第一节　宁波地区

按现在地市区划，明朝归属绍兴府的余姚县归宁波市管辖，目前区划意义上的宁波地区总计有 50 位阳明夫子的亲传弟子，除《明儒学案》正文内所载横山（徐爱，1487—1518，字曰仁，余姚县马堰人）、今山（胡瀚，字川甫，号铎子，余姚县人）、绪山（钱德洪，1496—1574，字洪甫，余姚县人）、致斋（黄宗明，字诚甫，宁波府鄞县人）4 人和《明儒学案·浙中王门学案一》引言内所略载的管州、范引年、夏淳、柴凤、孙应奎、闻人诠、黄骥、黄文焕、黄嘉爱、黄元釜、黄夔 11 位地方乡贤外，尚有王守文、王正宪、孙堪、孙墀、孙升、钱德周、徐珊、徐天泽、徐允恭、胡希周、卢义之、姜应期（齐）、邹大绩、叶鸣、黄齐贤、诸克彰（号石川）、诸俦、诸阳、王应鹏、丁任、丁行、岑庄、岑初、胡膏、汪玉、严中、韩柱、谷钟秀、俞大本、管见、吴仁、郑寅、钱应杨、钱大经、钱仲实 35 位被梨洲遗漏的阳明亲炙弟子。

一　《明儒学案》所涉阳明夫子亲传弟子考

徐横山　徐爱（1487—1518），字曰仁，号横山，余姚县马堰人（今属慈溪市）。成化二十三年丁未春生。质敏而性懿，天生肌肤玉雪，神情莹然，英姿挺秀，卓然有立，粹然无瑕。宋建炎年间，祖徐琛以参谋军事从汴京迁余姚崎墩。探曾孙徐良迁居马堰。良孙原贞以孝友启家，生徐府君。徐府君善治生，中年已家富。府君子文炯、文莹。祖父文莹，父玺。正德三年戊辰（1508）进士，时年仅二十二岁，可谓少年得志。内臣刘瑾厌恶余姚人，着令余姚人毋内除，正德四年乙巳（1509

年，时 23 岁）六月出任祁州（今河北保定安国一带）知府。祁州近北京，权贵多依势横行不法，民众赋税沉重，刘六等发动革命暴动，民不聊生，腐败横行，成群的强盗四处流窜，社会治安极其恶劣。横山先生破釜沉舟，大力革新，雷厉风行，革赋外岁羡以归诸民，禁抑势家使无剥削，询民疾苦协济耕牛，法治恣横军校，重法处置邻州利用刘瑾势力而吞民利者，怨者几至害其命而不顾，修武备以御外贼，延置明师育诸生，诸生多能讲学行礼，科第久废而复兴。治郡理政方面取得明显的成就，立刻赢得老百姓的交口称赞，乡民为其治生祠。

正德七年壬申（1512 年，时 26 岁）冬，治绩卓越，升南京兵部车驾清吏司员外郎。行部江南，革尽赋役；独减中使进奉往来 10 倍之利。其间，正德八年癸酉（1513）春，横山先生"侍阳明自北来南，检简牍中，始观皆多未识者，乃重有感焉"，作《同志考》（嘉靖长期执政年间，阳明学传播累遭打压和禁止，或因同门为免阳明更多弟子遭受政治仕途打击，此文不得已亡佚），现仅存《同志考叙》序文一篇。正德九年甲戌（1514），时阳明夫子任南鸿胪，"为之骑邮以通彼我，于是门人益亲"，为阳明学传播做先锋，竭心尽力，好学不倦，被誉为"王门颜子"。正德十年乙亥（1515 年，时 29 岁）冬，升南京工部都水郎中。留心出纳，岁省浮费以万计。多次上疏，皆为天下大计，多留中不下，如揽政柄，轻计利，定国本，有老练者所不能及。正德十一年丙子（1516 年，时 30 岁）秋，考绩，便道归省。明年五月十七日，突感痢疾，不幸捐馆于山阴寓馆，年仅 31 岁。戊寅十一月，岳父王华葬其于山阴县迪埠山麓。

阳明夫子之学，学者初多未信，横山先生多为疏通辨析，畅其旨要。阳明夫子也曾言："徐生之温恭，蔡生之沉潜，朱生之明敏，皆我所不逮。"横山先生不仅是正式拜入王门的早期弟子，更是第一位系统记录并整理阳明夫子讲学语录的门人,在王门亲传嫡系弟子中地位特别重要。明正德版《传习录》便出自横山之手,是其问学夫子门下近十年的辛劳记载,并且横山较早地记录了与同门郑一初、黄绾、顾应祥一同在南京问学阳明夫子门下的具体情形,总计 14 则,反映阳明夫子早期教法、治理思想和哲学思辨脉络,学术意义弥足珍贵。① 从亲缘上而言,横山娶阳明夫子嫡妹为妻,二人关系更为密切。阳明夫子出狱后,横山先生便正式行弟子礼以示支持,倡心理合一与知行合一之学,这对于逆境患难中的阳明夫子而言是多么温暖和温馨,无疑为阳明夫子后来提出的致良知铺下一颗小小的种子。阳明学精深厚重,师友弟子夹持互助之功颇多,而横山先生无疑是特别突出的。横山去世后,同门学友、阳明夫子亲传弟子蔡宗衮、朱节、应良、薛侃、马明衡、钟世符、黄宗明、萧鸣凤、陈杰、林达等纷纷撰文表达自己的哀思和祭拜,足见其人品之高尚和完美。横山先生治国理政一心以国家和乡民利益为重,经常和权贵乡绅斗争,敢想敢做,为民争利益,并取得不俗的成就,颇有后来海瑞的为官风采。②

胡今山　胡瀚,字川甫,号今山,余姚县人,地方知名儒士。父亲为当时著名官员兼理学家胡铎(字时振,人称支湖先生,余姚县人,官

---

① 参见(明)王守仁《传习录》,钱明、孙佳立注,哈尔滨出版社 2016 年版,第 3—24 页。

② 参见萧鸣凤《明故奉议大夫南京工部都水清吏司郎中徐君墓志铭》,《徐爱　钱德洪　董沄集》,钱明编校,《阳明后学文献丛书》,万斌主编,凤凰出版社 2007 年版,第 92—93 页;(清)黄宗羲《郎中徐横山先生爱》,《明儒学案》卷 11《浙中王门学案一》,上册,第 220—223 页;(清)张廷玉等撰《明史》卷 283,第 24 册,第 7272 页;范慧《徐爱哲学思想研究》,硕士学位论文,南昌大学,2012 年。阳明夫子亲传弟子所撰祭拜横山先生之文多保留下来,详见钱明研究员所编校整理的《横山文集》。

至南京太仆寺卿）。① 自幼承家学，得支湖程朱理学之宗，动必以礼。年十八，从阳明先生游，论及致良知之学，反复终日，则跃然起曰："先生之教，劈破愚蒙矣。"阳明授以《传习录》《博约说》，日归而思之，盖有省。父支湖召而语之曰："孺子知学乎？学在心，心以不欺为主。"瀚唯唯。于是日从事于求心，悟"心无内外，无动静，无寂感，皆心也，即性也。其有内外动静，寂感之不一也，皆心之不存焉故也"。作《心箴图》以自课，就质于阳明，阳明面进之，喜曰："吾小友也。"先生益自信，危言笃行，绳简甚密。

梨洲说，阳明夫子殁，诸弟子纷纷互讲良知之学，其最盛者山阴王汝中、泰州王汝止、安福刘君亮、永丰聂文蔚，四家各有疏说，骎骎立为门户，于是海内议者群起。今山述曰："先师（阳明）标'致良知'三字，于支离汩没之后，指点圣真，真所谓滴骨血也。吾党慧者论证悟，深者研归寂，达者乐高旷，精者穷主宰流行，俱得其说之一偏。且夫主宰即流行之主宰，流行即主宰之流行，君亮之分别太支。汝中无善

---

① 万历《绍兴府志》"瀚"作"翰"。胡铎，字时振，人称"支湖先生"，余姚县人，政治家、理学家。弘治十八年乙丑（1505）进士。仕至太仆寺卿。选庶吉士，寻改刑科给事中。忤逆瑾，出为河东盐运司运副，皭然不染。瑾败，擢福建金事，分巡建宁，兴教化，奖励儒雅，雪冤狱。巡按御史列其善政二十条以闻于朝，就迁督学副使。教士，一以理学为先，特严朱陆之学，诸生化之，士风丕变，人称为"胡道"学。嘉靖元年壬午（1522），迁湖广参政。湖数多盗，支湖讨擒渠魁而地方获靖。升顺天府尹。晋太仆寺卿。与内阁大臣张璁同乡。时大礼议起，支湖意亦主考献王，与璁合。璁邀之同署，召支湖。方服阙赴京，璁又邀同疏，支湖复书谢之，且与辨继统之义。大礼既定，支湖又贻书劝召还议礼诸人，养和平之福。璁不能从铎，与阳明夫子同乡，不宗其学，与璁同以考献王为是，不与同进。支湖崇尚传统理学，主张闻见之知，德性之知，知一二已，反对阳明夫子知行合一之说，主张知行同功之学。为南太仆卿，居滁阳，地僻事简，闭门著述。所著有《典学说约》《支湖文集》（20卷）、《异学辨》诸书。尤邃于《易》，所著《易》说，至与蔡虚斋氏并称。公平生坦易，无城府，然自守甚介，不可干以私身，殁未幾子孙，至不能举火，姚人称为"真道学"云。孙文恪升尝语人曰："吾姚仕宦而清贫如寒畯者三人：胡中丞东皋、宋中丞冕、胡太仆铎。"时号为"姚江三廉"云。葬余姚东山南岙。参见《明儒言行录续录》卷1；《明史》卷196《列传84·张璁》，传［六］，第17册，第5180—5187页；《大清一统志》卷227、卷324，上海古籍出版社2008年影印本；嘉靖《浙江通志》卷160，《中国地方志集成·浙江府县志辑》。

无恶之悟，心若无善，知安得良？故言无善不如至善。《天泉证道》其说不无附会，汝止以自然为宗，季明德又矫之以龙惕。龙惕所以为自然也，龙惕而不恰于自然，则为拘束；自然而不本于龙惕，则为放旷。良知本无寂感，即感即寂，即寂即感，不可分别。文蔚曰：'良知本寂，感于物而后有知，必自其寂者求之，使寂而常定，则感无不通。'似又偏向无处立脚矣。宋儒学尚分别，故勤注疏；明儒学尚浑成，故立宗旨。然明儒厌训诂支离，而必标宗旨以为的，其弊不减于训诂。道也者，天下之公道；学也者，天下之公学也。何必列标宗旨哉？"梨洲认为先生之学，则以求心为宗。所注《心箴图》，列而为五：曰心图，指本体也；曰存，曰死，曰出入，曰放心。各有箴，而功以存心为主。晚年造诣益深。每提本朝儒者曰："文清之行，粹然师表，求其卓然之见，一贯之唯：似隔曾、颜一级。文成明睿，学几上达，若夫动不踰矩，循循善诱，犹非孔氏之家法。白沙煞有曾点之趣，而行径稍涉于孤高。敬斋慎密，似有子夏规模，而道业未臻于光大。孟子愿学孔子，而于颜、闵犹曰'姑舍'，吾于四先生亦云。"

以恩贡授华亭训导，升崇明教谕。归家三十年，筑室今山，曰"松篁小坞"，归卧其中。与绪山、龙溪为忘年之交。先生娶名臣王鉴之（字明仲，号远斋，绍兴府山阴县人，成化十四年戊戌即1478年进士，正德间官至刑部尚书）次女为妻。著有《今山文集》100卷、《古乐府类编》4卷，惜均亡佚。①

钱绪山　钱德洪（1496—1574），武肃王缪十九世孙，原名钱宽，字德洪，避先世讳，以字行，改字洪甫，号绪山，余姚县人。弘治九年

---

① 参见《明儒学案》卷15《浙中王门学案五》，上册，第329—330页；乾隆《绍兴府志》卷53《人物志·儒林》，《中国地方志集成·浙江府县志辑》，第40册，第245页；《明史》卷99，上册，第2482页；《东江家藏集》卷31。

丙辰十二月二十二日生。父蒙，3 岁失明，号心渔翁。与阳明夫子同生于莫氏瑞云楼。家贫。幼为人规矩稳重，深得外舅陈善鉴赞许，以妹之女许聘，是为朱儒人。年十五，出就外传，担任乡塾教师。暇时，日读朱子所注经书诵读。读书过于刻苦，染危疾而深省，悟得读书之法贵精不贵博。后，4 月攻读《大学》《中庸》，颇有所得。取朱子之《传注》《大学或问》相印证，旁通六经、四子。随物观理，颇有豁然贯通之态，自信得朱子之学。为人和气，治加业，业嘉，宽慰父亲隐忍，时周济族弟辈贫困者。令二弟周甫治生，与三弟充甫进学。正德十四年己卯（1519 年，时 24 岁），补邑庠弟子员。其间，得读《传习录》，颇有疑问。

阳明夫子平濠归越，遂决意师之也。夫子还余姚，衣锦还乡，繁忙无比，客难见到。绪山先在阳明侄子王正心的帮助下，得以先行拜访夫子。然后，绪山再与孙应奎、范引年、管州、郑寅（嘉靖十四年乙未即 1535 年进士）、柴凤、徐珊、吴仁等数十人会于龙泉山中天阁，请夫子升座开讲，同受学也。君首以所学请正，夫子曰："知乃德性之知，是为良知，非知识也。良知至微而显，故知微可与入德。唐虞授受，只是指点得一'微'字。《中庸》不睹不闻，以至无声无臭，中间只是发明得一'微'字。"众人闻之跃然，多有悟。绪山于是笃信阳明夫子良知之学，尽弃其前学而学焉。父心渔翁患妨举业，颇不乐。绪山宽慰其父曰："男闻教以来，心渐开朗……未有理明而不中选者也。"明年嘉靖元年壬午（时 27 岁），果举于浙江省乡试。嘉靖二年癸未（1523 年，时 28 岁），首次北京会试下第归。

嘉靖改元（壬午、癸未）以来，时四方之士来学于越者甚众，如后来阳明夫子的著名亲传嫡系弟子此时多相聚于绍兴市，如中离、东廓、心斋、南野、善山、洛村、水洲、药湖诸辈。绪山晨夕在阳明夫子之侧，时闻风而来进学者多达数百人，为方便管理和教学，与龙溪为后进小辈多疏通其大旨，而后卒业于夫子，声名鹊起，一时与龙溪等著名同门俱称为教授师（或山中教授）。盖，阳明夫子归越，绪山和龙溪为最先及门弟子中最为出彩的两位，故而颇得夫子信任。而绪山与龙溪亦诚心向学，戴玉台巾，服小中衣，世俗以为怪，颇排讪，二人毅然弗顾也。

嘉靖五年丙戌（1526 年，时 31 岁），再赴京会试，因考官公然反对阳明夫子良知学，出题羞辱阳明弟子，愤然与同门不廷试而又归。夫子闻之甚喜，曰："吾设教以待四方之英贤，譬之店主开行以集四方之货。奇货既归，百货将日积，主人可无乏行之叹矣！……吾道有赖矣。"四方来学者益重，或默究，或行歌，或群居诵读，或列坐讲解，绪山与龙溪往来参究，提醒师门自得之教，翕然风动。

嘉靖六年丁亥（1527 年，时 32 岁）秋，阳明夫子将征思恩府（府治今广西马山县）、田州府（府治今广西田阳县），绪山与龙溪在致良知治学方法与为学路径上产生明显的分歧，于是求教阳明夫子，遂有中国学术史上最著名的天泉桥上夜间问道之辩与随后的严滩问答。阳明夫子听毕二人的读书治学心得汇报，感觉二人各有优缺，仅是建议二人互相吸收与补充，互相为用。

阳明夫子晚年归越以后，特喜良知之学，教法上专以良知为宗，总喜与门人曰："无善无恶心之体，有善有恶意之动。知善知恶是良知，为善去恶是格物。"即现今广为著名的阳明夫子四句教法。绪山言："是师门教人定本，一毫不可更易。"龙溪言："夫子立教随时，未可执定。体用显微，只是一路。若悟得心是无善无恶之心，意即是无善无恶之意，知即无知之知，物即无物之物。若是有善有恶之意，则知与物一齐皆有，而心亦不可谓之无矣。"绪山谓："若是，坏师门教法，非善学也。"龙溪曰："学须自证自悟，不从人脚跟转。若执定师门教法，未免滞于言诠，亦非善学也。"夫子将有两广之行，绪山曰："吾二人所见不同，何以同人？盍相与就正？"夫子晚坐天泉桥上，夫子曰："正要二君有此一问。吾教法原有此两端。四无之说，为上根人立教；四有之说，恐人信不及，徒起躐等之病。故含蓄到今。今既已说破，岂容复秘？然此中不可执着。若执四无之见，中根以下人无从接受。若执四有之见，上根人亦无从接受。德洪资性沉毅，汝中资性明朗，故其悟入亦因其所近。若能各舍所见，互相使吾教法上下皆通，始为善学耳。"夫子赴两广，绪山与龙溪送至严滩，夫子复申前说，二人正好互相为用，举"有心是实相，无心是幻相；有心是幻相，无心是实相"为问，绪山拟议未及答，龙溪曰："前所举是即本体证工夫，后所举是用工夫合本体。有无之间，不可以致诘。"夫子莞尔笑曰："可哉！此是究极之说，汝辈既已见得，正好更相切靡，默默保任，弗轻漏泄也。"过江右，东廓、南野、狮泉、洛村、善山、药湖诸同志二三百人，候于南浦请益。夫子曰："军旅匆匆，从何处说起？我此意畜之已久，不欲轻言，以待诸君自悟。今被汝中拈出，亦是天机该发泄时。吾虽出山，德洪、汝中与四方同志相守洞中，究竟此件事。诸君只裹粮往浙，相与聚处，当自有得。待予归未晚也。"此梨洲所述其详也。

后来一段时间的学术发展证明，阳明夫子事实上并没有从根本上化解二人的学术矛盾。至此，也揭开了绪山与龙溪较长时间的道德与价值的学术立场分野，但并未使二人的同门之情产生严重的公开分裂。普通与高明之间，常人与才子之间，保守与激进之间，道德与技巧之间，德性与知性之间，善恶之间，二人逐渐分道扬镳，浙中学术发展为之一裂。绪山立足常人资质，主张稳健教法，照顾普通民众，凸显良知至善；龙溪立足聪明人群，主张顿悟超越，发展上根之人，凸显良知无善无恶。教法本针对特定的人而设，随人而变，随时而变，随事而变，执着一法，均为自我束缚，自我狭隘，自设窠臼，终做不了圣人，自然也达不到阳明夫子之无限开阔与远大的气象。因各种机缘，绪山与龙溪总归只做得个贤者，达到道德光明的境界，与夫子本人的圣者天地境界还是有很大差距的。阳明夫子离越，绪山与龙溪等人为之掌管书院教学。

嘉靖七年戊子（1528 年，时 33 岁）冬，二人将北上再次会试，闻夫子于江西赣州青龙驿捐馆，中途遂折回江西饶州府广信境地奔丧。绪山感念阳明夫子大教无边师德，征得父亲同意，为之服丧三载，筑室于场。夫子殁后，地方有司当局特意令恶少无端闹事，试图瓜分阳明夫子巨额家产，绪山先生挺身而出，为保卫阳明夫子血脉和嘉业，愿以身殉之。暇则与同门发夫子遗教，师学日明。嘉靖九年（1530），在夫子江西弟子浙江佥事王臣、广东弟子薛中离的建议和支持下，大家捐资购买寺僧地，在杭州兴建天真精舍（同门交流中转站），设夫子像于中堂，后为文明阁、藏书室、传经楼、望海亭诸处，由绪山和龙溪等人轮流值守，置膳田以待四方学者，方便来浙者瞻仰夫子容貌，传播阳明夫子之学。此后，绪山开始整理收录《遗言》与《答问语》合并为新《传习录》，篇幅比横山先生所编旧版《传习录》长一倍。嘉靖十一年壬辰（1532 年，时 37 岁），始赴廷试。绪山观政吏部，尝约集部中数十人每日会讲五经。暇则出游，歌咏笑谈，缓解守部之困。应台谏部院诸同志之请，每月聚会商学，以年龄为序，每次聚会都有数十人参与。未几，绪山以亲老乞恩便养，出为苏州府学教授。定社典，申学规，修废举坠，捐奉助贫，黜乡饮之滥者若干人。教学循序渐进，先辨志，后辞章篆刻文艺。日坐道山亭开讲，诸生翕然而兴，苏州学风丕变，有东鲁之风。绪山以进士授职，例得八品俸禄，悉辞之。人以为难。曾过南京，访同门学友南畿督学闻人诠（字邦正），与黄绾等商议刻印《阳明先生文录》事宜。

嘉靖十三年甲午（1534 年，时 39 岁），聘主广东乡试。同年戴璟甚为信任绪山，全权委托其批改试卷，选拔梁津等 70 人。嘉靖十四年乙未（1535 年，时 40 岁）二月，闻人诠刻印《阳明先生文录》于苏州。冬，丁母忧。与同志修复中天阁之会。服阙，补国子监丞。教国学弟子，立绳愆堂，谕以悔吝吉凶之道，闻者愧服。寻升刑部湖广司主事。文选林春（王心斋弟子）欲以吏部大理丞擢绪山，劝其一见执政即可得，公笑而却之。未几，循例迁刑部陕西司员外郎。帝夜游西山，召武定侯郭勋不至，给事中高时劾之，下勋锦衣狱，转送刑部。勋骄恣不法，举朝恨之，皆欲坐以不轨。先生据法以违救十罪论死，再不上报。举朝以上之不报，因按轻也，劾先生不明律法。帝雅不欲勋死，因言官疏，下绪山诏狱。所司上其罪，已出狱矣。帝曰："始朕命刑官毋梏勋，德洪故违之，与勋不领救何异。"盖上之宠勋未衰，特因事稍折之，与廷臣之意故相左也。再下狱。帝欲重治绪山之罪，追究指使者。绪山为保全僚属，未曾嫁祸他人，只言自己一人而已。是冬，天寒地冻，严冰坼地，积雪盈圜，先生身婴三木，痛自反省，自分必死，独念亲倚庐，无缘面诀，魂飞荧荧，遍照寰宇，思念阳明夫子幻灭与实在之教，自叹曰："吾在桎中，四肢且不能保，思亲数千里外，不亦幻乎？"久之，为之洒然一空，鼾声彻旦，未再有压力与彷徨。绪山后来回忆说："向来习陋未除，误认意见为本体。意见习累，相为起灭，虽百倍惩克，而于此体终隔程途，无有洒然了彻之期。耽搁岁月，浑不自知。上天为我悯念，设此危机，示我生死真境，始于此体豁然若有脱悟，乃知真性本来自足，不涉安排。"由此，证悟多年前阳明夫子透本体之教，学问大透，愈觉自信无比。

狱中，日与忠臣侍御杨斛山①、都督赵白楼讲易不辍，发奋著《困学录》。在狱中困顿无望之际，绪山与斛山曾谈论阳明夫子的"无善无恶"之学，他说"人之心体一也，指名曰善可也，曰至善无恶可也，曰无善无恶亦可也：至善之体，本来虚寂，恶同非所有，善亦不得而有也。"他在狱中写信给龙溪，汇报自己的道德亲证历程时说："亲蹈生死真境，身世尽空，独留一念茕魂。耿耿中夜，豁然若省，乃知上天为我设此法象，示我以本来真性，不容丝发挂带。平时一种姑容因循之念，常自以为不足害道，由今观之，一尘可以蒙目，一指可以障天，诚可惧也。噫！古人处动，忍而获增益，吾不知增益者何物，减削则已尽矣。"据龙溪所述，绪山在狱中亦悟得心体无善无恶，本来虚寂，事实上承认龙溪所说的无善无恶的意念之学。如是，则龙溪学与绪山学合流，均归于无声无息境界了。

勋死，群党尽窜，绪山请"臣罪当诛，亲老乞骸骨"。嘉靖二十二年癸卯（1543年，时48岁）始得出狱，诏革冠带归农为民。自此，与龙溪共居林下二十余年，不复问政治也，二人当年的学术分歧逐渐归同。丁父忧。嘉靖二十七年戊申（1548年，时53岁）冬，南下广东增城，请湛若水为其父撰写墓志铭。往江右，请东廓写记，请念庵撰表。合葬父母于胜归山。戊申与龙溪赴青原复古会，后九年再至。安吉县穷乡邃谷田夫野老皆知有会，莫不敬业而安之。绪山与同门多次参加安福县讲会，对地方文化程度的提高可见一斑。九庙成，诏复冠带，闲住听

① 杨爵（1493—1549），字伯修，号斛山，今陕西富平县老庙镇笃祜村人。嘉靖八年（1529）进士，授行人。擢御史，以母老乞归。服阙，起故职。年岁频旱，嘉靖贪恋养生，不思进取，日夕建斋醮，上疏极谏，得罪嘉靖，下诏狱。主事周天佐、御史浦鋐上疏救之，亦先后被杖，死于狱中。工部员外郎刘魁（阳明弟子）、给事中周怡亦以言事同系狱，三人患难多年，历五年得释。抵家甫10日，又被逮系狱。三年始还。居家两年，于嘉靖二十八年（1549）十月九日逝世。狱中读书不辍，著有《杨忠介集》（13卷）、《周易辨录》（4卷）、《中庸解》等。历史上，他与海瑞其名，同为著名诤臣，有"北杨南海"之美誉。

用。绪山在《与季彭山》一信中说："龙溪之见，伶俐直截，泥工夫于生灭者，闻其言自当省发，是龙溪于吾党学问头脑处大有功力也。但渠于见上觉有着处，开口论说，千转百折不出己意，便觉于人言尚有漏落耳。执事之着，多在过思，过思，则想象亦足以蔽道。"在《与张浮峰》的信中说："龙溪学日平实，每于毁誉纷冗中，益见奋惕。弟向与意见不同，虽承先师遗命，相取为益，终与入处异路，未见能浑接一体。归来屡经多故，不肖始能纯信本心，龙溪亦于事上肯自磨涤，自此正相当。能不出露头面，以道自任，而毁誉之言，亦从此入。旧习未化，时出时入，容或有之，然其大头放倒如群情所疑，非真信此心，千古不二，其谁与辨之？"可见，绪山与龙溪二人确实在晚年感情增进，学术趋同，不再像中年时期那样尖锐地分裂了。这是我们在研究阳明夫子致良知学传承与传播时特别需要注意和小心之处。

大司马胡宗宪（默林）来姚剿倭，绪山与其交，深赞其为人，预言其将必为当朝名将，劝其攻读阳明夫子奏疏公移，宗宪多得其益。嘉靖三十四年乙卯（1555 年，时 60 岁），倭寇焚掠乡居，作《团练乡兵疏》呈胡宗宪，并荐门下士戚继光、梁守愚，后均成为中国历史上著名的抗倭英雄。为表谢意，胡宗宪推动刻印出版阳明夫子文集。

嘉靖三十七年戊午（1558），绪山 63 岁，朱氏卒。在江西上饶的怀玉书院任院长主事期间，费 4 个月，完成三纪未完成的阳明夫子年谱修缮。故而疏漏错误处很多。① 嘉靖四十四年乙丑（1565），年七十，作《颐闲疏》告四方，始不出游。穆宗时期，给事中岑用宾、御史尹校等人纷纷举荐，以为潜心理学，可充辅导。当事者不愿为之授职。按优养

① 恩师束景南夫子对阳明夫子年谱进行二十多年的长期研究，获得国家社科基金重点项目资助，费心撰 120 多万字的《阳明年谱长篇》（复旦大学出版社 2016 年版），对绪山、念庵、龙溪等人所撰年谱多有改正。

老臣例，进阶朝列大夫以致仕。以退为进，固非绪山之愿也。万历初，复进阶一级。万历二年（1574）十月二十七日丑时卒于钱塘表忠观，年七十九矣。是年润十二月初三日葬余姚胜归山玉屏峰下。子二：长应度，邑庠生，早卒；次应乐，举人。女二。孙男六：人元、人宗、人寀、人官、人宠、人宁。孙女二。

吉安罗念庵与绪山交往密切，二人曾参编阳明夫子年谱，他曾评骘绪山之学、之数变。梨洲先生有对绪山良知学也有长评。梨洲以东廓之戒惧、罗念庵之主静为阳明之嫡传也。绪山与龙溪亲炙阳明最久，习闻其过重之言。龙溪谓："寂者心之本体，寂以照为用，守其空知而遗照，是乖其用也。"绪山谓："未发竟从何处觅？离已发而求未发，必不可得。"是两先生之"良知"，俱以见在知觉而言，于圣贤凝聚处，尽与扫除，在师门之旨，不能无毫厘之差。龙溪从见在悟其变动不居之体，先生只于事物上实心磨炼，故《明史》编者认为绪山之彻悟不如龙溪，龙溪之修持不如先生。乃龙溪竟入于禅，而先生不失儒者之矩矱，何也？龙溪悬崖撒手，非师门宗旨所可系缚，先生则把缆放船，虽无大得亦无大失耳。梨洲以为绪山之无动，即慈湖之不起意也。不起意非未发乎？然则谓"离已发而求未发，必不可得"者，非绪山之末后语矣。亦一家之言也，不必论也。

绪山先生学术上较为传统，恪守阳明之学，团结同门，其为传播阳明夫子之学，四处周游讲学布道，浙江、江西、安徽、湖北、广东、江苏诸地书院留下其脚印，如明经书院、嘉义书院、水西精舍、崇正书院、怀玉书院、复真书院、复古书院、克斋讲舍等，盖一日未忘夫子之教，真阳明夫子最忠诚之信徒。其一生时间和主要精力，主要是整理阳明夫子文集，多次推动阳明夫子各类文集的出版，对促进阳明文献的整理和出版贡献最大。他还记录与朱得之、欧阳德、何廷仁、黄弘刚、薛侃、李珙、王畿、柴鸣治、邹守益、马明衡、王艮、董沄、张元冲、蔡宗兖 14 位同门拜学阳明夫子晚年退居绍兴、余姚等地讲学语录总计 56 则，保存阳明夫子晚年致良知学成熟时期的思想境界与理论形态，尤其是将徐爱、薛侃、南大吉等人不同时期编印的各种《传习录》本子精简削删、增修成目前通行的《传习录》，传播阳明夫子讲学语录成就卓著。① 绪山首次总结阳明夫子之学的"三变"说，在当时学术界影响较大。著有《绪山集》（8 册 24 卷，即《绪山会语》25 卷，绪山次子钱应乐编）、《困学录》《绪山语录》（1 卷）、《阳明夫子年谱》（3 卷）、《平濠记》（1 卷）、《妇行录》（1 卷），现已大部分亡佚。业师浙江省社会科学院国际阳明学研究中心主任钱明研究员用二十多年时间广罗搜集绪山先生存世文献，辑得新编《钱德洪集》，所付辛劳甚多。

绪山为人忠信孝友，善诱曲成之，亲传嫡系弟子众多，著名事迹可考者弟子无虑数十人，如徐用检、王良臣、王守胜等。

徐用检（1528—1611）字克贤，号鲁源，浙江金华兰溪县人。嘉靖四十一年（1562）进士，授刑部主事。后历任礼部仪制司、山东按察副使、江西参议、陕西督学、苏松参政、福建兵备道、广东按察使、河南布政使，以太常寺卿致仕。明隆庆、万历年间著名官员。耿楚倥甚慕其人品，赞其为"今孟子"。学术上以志学转手良知之学，与近溪、大洲等交游。李贽为其著名弟子。著有《友声编》《兰游录语》《三儒类要》等。感怀许绪山恩师之教，编有《绪山先生续训》。

王良臣　字汝忠，饶州府德兴县人。嘉靖三十七年戊午举于乡。时怀玉书院初辟，邹东廓、钱绪山后先主盟，良臣负笈从之。屡上春官，因念母春秋高，无意仕进，朝夕承颜。万历五年丁丑（1577）以母命谒选，得景陵学正，士林以为得师，署邑篆，素砺冰蘗。当路廉其贤，交

---

① 参见《传习录》，第 207—234 页。

章荐之，竟不起。

王守胜　字以敬，饶州府德兴县人。在怀玉书院从绪山先生游，闻阳明先生之学。万历七年己卯（1579）领乡荐，时年六十一，授贵池教谕。随转绍兴教授。俱以古道训士，擢扬州倅，署通州篆，政称廉平。①

黄致斋　黄宗明，字诚甫，号致斋，宁波府鄞县人。先祖薛姓，至致斋乃复姓曰"黄"。先是致斋有祖讳秀育舅氏薛子良家，曰"薛秀子"，孙袭薛姓。致斋祖瑛，庐陵教谕，图复姓弗克。致斋八岁，与祖母董夜坐悒悒言，闻言自任志不忘。迨登第正德甲戌岁，首疏复黄姓，别祠祀薛祖，礼也。登正德九年甲戌进士第，授南京兵部主事，升员外郎。宸濠反（正德十四年己卯六月十四日），上《江防三策》，为大司马乔公所重。上谏南巡疏武皇帝幸南都，百官服罩甲衣以朝，致斋约言官面奏不宜服亵，不果，遂告病归宝严山（现宁海县茶院乡有宝严寺村）中。正德十六年辛巳（1521），升工部屯田司郎中，不起。嘉靖二年癸未，补南京刑部四川司郎中。

嘉靖三年甲申（1524）四月，与璁、萼、黄绾及联疏奏，大略曰："不顺于父母，如穷人无所归。今言者徇私植党，夺天子之父母而不顾，在陛下可一日安其位而不之图乎？……臣等大惧欺蔽因循，终不能赞成大孝……当明父子大伦，继统大义，改称孝宗为皇伯考，昭圣为皇伯母，而去本生之称，为皇考恭穆献皇帝，圣母章圣皇太后，此万世通礼。"奏入，帝大悦。张璁（罗峰）、桂萼（见山）诸人议大礼，在廷斥为奸邪，先生独曰："继统者，三代通制；继嗣者，王莽敝议。我太

① 参见王畿《刑部陕西司员外郎特诏进阶朝列大夫致仕绪山钱君行状》、吕本《明故刑部陕西司员外郎特诏进阶朝列大夫致仕绪山钱公墓志铭》，《徐爱　钱德洪　董沄集》，第405—415、415—420页；（清）黄宗羲《员外钱绪山先生德洪》，《明儒学案》卷11《浙中王门学案一》，上册，第224—236页；《明史》卷283，第24册，第7272页；《江西通志》卷90，《中国地方志集成·江西府县志辑》。

祖皇帝纯法三代，公侯伯军职承袭，弟之继兄，侄之继叔，皆曰弟曰侄，不曰子。公侯伯如是，天子何独不然?"如其议，上之，卒正典礼。时，议礼诸臣恃帝恩眷，驱驾气势，恣行胸臆，致斋虽由是骤显，遂蒙帝眷，持论颇平，于诸人中独无畏恶之者。

署丞何源，请睿宗入太庙，即具疏力言不可。嘉靖四年乙酉（1525），升江西吉安府知府。下车伊始，首建白鹭洲书院，与同人昌明良知之学，以道德勖诸生。守务出于纲纪。宸濠遗孽朱祥阻隘啸众，白日乘肩舆，横行城市中，吏不敢问。先生潜发兵，布贼舍左右，候除夜牒郡从事他出，猝至其所。贼方聚饮酣，伏发立缚祥父子及其党，无一人得脱，尽斩之。人谓先生计略，足方文成也。次治奸吏，次决健讼，次行清里法，次行团里法，次修义仓，行备荒法，皆有条绪，有能名。嘉靖五年丙，转福建盐运使。嘉靖六年丁亥，召修《明伦大典》。丁母忧，不行。① 嘉靖八年己丑，升光禄寺卿，辑《光禄须知疏》以进。《疏》略曰："帝王谨德，供御饮食至切近。"又曰："宗庙笃祭，竭诚致报，防奢止欲，养德养身，不可不慎。"又曰："乞中制使祀有例，程荐有常品，馈有常味，宾赐有常格，多寡有常数，贪馋无所于利。"上嘉焉，着令，又应诏言四事，一曰求才，二曰励志，三曰定计，四曰责任，皆切时弊。嘉靖十一年壬辰，转兵部右侍郎，时编修杨名（字实卿，遂宁人，嘉靖七年乡试第一，明年以第三人及第授编修）劾汪鋐，言"斋醮无验，徒开小人幸进之门"。上大怒，下诏狱，诏书穷治主者，词连同官程文德，亦坐系。先生言名无罪，曰："连坐非善政。今以一人妄言，必究主使，廷臣孰不惧?况名搒掠已极，当严冬或困毙，将为仁明累……杨名罪不罪，宜有定法。然罪一扬名而必求主使之人，延及

---

① 明代官员霍韬说其"丁母忧，不行"。《明史》说"以母忧归。服阙。征拜光禄卿"。不知孰是，待考。

善类，将尽于一网，其关国家元气不小，乞得宽名罪无穷。"上闻之怒威，谓致斋即其主使，与同门黄直并下诏狱。仍出为福建参政。明年癸巳冬，念其议礼功，召补礼部侍郎。辽东兵变，捶辱巡抚吕经。而帝务姑息，纳镇守中官王纯等言，将逮经。宗明言："前者辽阳之变，生于有激。今重赋苛徭悉已厘正，广宁复变，又谁激之？法不宜复赦。请令新抚臣韩邦奇勒兵压境，扬声讨罪，取其首恶，用振国威，不得专事姑息。"帝不从，经卒被逮。嘉靖十四年乙未，转左侍郎。庄肃皇后崩，廷议欲从杀礼，先生力争之。广宁兵变，复疏请擒治渠魁以昭国体，论者韪之。嘉靖十五年丙申（1536）冬十一月卒于官。葬鄞县西四十里桃源乡资寿山。

致斋先生南京任职时，受学于阳明夫子门下十余年，阳明夫子谓"诚甫自当一日千里，任重道远，吾非诚甫谁望耶？"则其属意亦至矣。致斋赞阳明夫子之人格魅力，"丰神凛异，少也雄杰，出入亦几。鬼神通思，精识径诣，泛扫支离，收功一致"；赞良知之学，"直截简易，无俟推求，无不该具"。可见，致斋不愧为阳明夫子早期重要的弟子，护卫师说不遗余力。尤其是在中央层面，护卫阳明夫子之功劳更大。

致斋性恬雅，温厚谅直，沉默运几，确有定力，人以为阳明夫子良知心学之验耳。为人宁静，不汲汲事功，风节昭著，颇与权势不相能，岸然挺拔，无所屈。其帮助处理阳明夫子殁后家事，甚有力也。《明儒学案》载其与万表（鹿园）、林春（子仁）、王师观三人珍贵论学书信4封，主寡欲戒惧中静求良知之自然发见。盖其学术规模大略源于阳明夫子早期之自然主静之学也。著有《光禄寺志》（4卷）等。现存的阳明夫子文集载有其与夫子问学书信5封，《传习录》亦载有其问学语录两则。

致斋先生从子黄元恭（字资理，号省庵）甚有才华。嘉靖二十六年丁未（1547）进士，授工部营缮主事。为人耿直，不阿内臣太监，得"强项郎"美誉。得罪权臣严嵩，贬漳州通判，迁南京兵部郎中。出为河南兵备，以忤抚军李遂罢归。卒于家。著有《漫游集》。其诗《同张大司马至茂屿庄作》云："品山亭下品山人，日日山中不记春。一自白云邀鹤驾，但从绿野狎鸥邻。春风秋月苏门啸，翠竹明沙锦里巾。借问岩峦谁第一？欲分方丈迭为宾。"颇有豁达之清趣，足以想象其人品之高尚。①

管石屏　管州（1497—1578），字子行，号石屏，余姚县人。其先汴之钧州人。生于弘治丁巳年十二月二十八日。少慧，能读书，少即有为圣人之志向。正德丙子充邑庠。闻阳明夫子良知学，甚喜，曰："此入道门户也，顺此而已。"于是请师也。夫子殁，与同门往桐庐亲迎柩。曾担任万松书院教员。己丑冬，协助薛侃、孙蒙泉共建天真书院。嘉靖十年辛卯（1531）领乡荐，试南宫不第。丁未再不第。谒选第二，授兵部左司务。为官清介，以所学自期，上下皆忌惮。每当入值，讽咏抑扬，司马怪之。庚戌秋，边警至，司马章皇，石屏曰："古人度德量力，公自料才力有限，何不引退以空贤路？"司马谩为好语谢之。以京察罢归，有宿四祖山诗，"四子堂堂特地来"，谓蔡白石、沈古林、龙溪、石屏也。晚岁与诸弟居于余姚龙山北麓，败屋数间，蔬园半亩，以悦二亲。家贫，有黔娄之风。隆庆壬申，与孙蒙泉主教天真书院，凡4月，

---

① 参见（明）霍韬《赠都察院右都御史礼部左侍郎致斋黄公宗明神道碑》，《国朝献徵录》卷35，《四全书存目丛书》，史部，第101册，第670—671页；《明史》卷197《列传85·黄宗明》，传［六］，第17册，第5217—5218页；（清）黄宗羲《侍郎黄致斋先生宗明》，《明儒学案》卷14《浙中王门学案四》，上册，第297—300页；康熙《鄞县志》卷16，《中国地方志集成·浙江府县志辑》，第18册，第571页；（明）凌迪知《万姓统谱》卷47，文渊阁《四库全书》版；（清）胡文学《甬上耆旧诗》卷11、卷14，宁波出版社2010年版。

并共证夫子良知学脉，二人互相启发者颇多。原配陈氏，早卒；继徐氏。二子：大益、大德。①

范半野　范引年，字兆期，号半野，余姚县人。往绍兴学于阳明夫子，称高第弟子。《传习录》记载他曾与黄修易一同问学于阳明夫子门下，与夫子一同讨论良知学。② 嘉靖二十一年壬寅（1542）以经师为有司延为教事。讲学于温州青田县，从游者颇众，温州阳明学传承实源于此。青田人以为范氏之学出于阳明夫子，建仰正祠，祀文成。半野殁，即主配食。因其教学特别出色，门人弟子辈出，有七十多人，相继建设混元书院、心极书院，形成一个庞大的阳明学研读兴趣小组，如新昌南屏王道夫、叶天秩为其弟子。③

夏复吾　夏淳（湻），字惟初，号复吾，余姚县人。父釜，曲州知州。4 岁失母，不为继母所爱。闻讲孝道，后事孝。正德十六年辛巳九月（1521），与徐珊同事阳明夫子，得良知之旨，大有感悟，敦行日进。嘉靖七年戊子（1528）举于乡。任肇庆府通判。迁思明府同知，立社学，以礼教为急。卒于官。时魏庄渠主天根天机之说，复吾与之辩曰："指其静为天根，动为天机，则可。若以静养天根，动察天机，是歧动静而二之，非所以语性也。"④

①　参见（明）孙应奎《兵部左司务管子行墓铭》，《燕诒录》卷7，（明）孙应奎撰《四库全书存目丛书》，齐鲁书社 1997 年影印本，集部，第 90 册，第 596—598 页；光绪《余姚县志》卷23《列传九》，《中国地方志集成·浙江府县志辑》，第 36 册，第 817 页；《明儒学案》卷11《浙中王门学案一》，上册，第 219 页；吕妙芬《阳明学士人世群》，新星出版社 2006 年版，第 204 页。

②　参见《传习录》第 199 页，第 244 则。

③　参见乾隆《绍兴府志》卷53《人物志·儒林》，《中国地方志集成·浙江府县志辑》，第 40 册，第 245 页；《明儒学案》卷11《浙中王门学案一》，上册，第 219 页；《阳明学士人世群》，第 204 页。

④　参见光绪《余姚县志》卷23《列传九》，《中国地方志集成·浙江府县志辑》，第 36 册，第 818 页；乾隆《绍兴府志》卷52《人物志·理学》，《中国地方志集成·浙江府县志辑》，第 40 册，第 217 页；《明儒学案》卷11《浙中王门学案一》，上册，第 219 页。

柴凤　字后愚，余姚县人。广教之孙。游阳明夫子之门，得领悟。主教天真书院，衢、严之士多从之。①

孙蒙泉　孙应奎（1504—1586），字文卿，号蒙泉，余姚县人。由进士授行人，擢礼科给事中。疏劾汪铉奸，忤旨下诏狱。已复杖阙下，谪华亭县丞。铉亦罢去。两孙给谏之名，并震于朝廷。累官右副都御史，总理河道。逾年罢归。为山东布政时，有创开胶莱河议者，蒙泉力言不可。入觐，与吏部尚书争官属贤否，时称其直。

阳明夫子归自江西，蒙泉随绪山先生率同县孙升（1501—1560，字志高，号季泉，嘉靖十四年进士，官至南京礼部尚书）、郑寅（嘉靖十四年进士）、俞大本、王正心（阳明侄子）、王正思（阳明侄子，嘉靖八年进士，嘉靖十六年即1537年任福建省建宁知府）、钱大经、钱应杨（字俊民，嘉靖十四年进士，著有《俊峰真存稿》）、夏淳、范引年、吴仁、柴凤、诸阳、管州、徐珊、谷钟秀、黄文焕、周于德、杨珂等74人往师之，听阳明夫子在龙山中天阁讲课。

受父命，曾从学阳明夫子一月左右。② 嘉靖三十年辛亥（1551）夏五月壬寅序同仁蔡汝楠湖南衡水版《传习录》，其回忆阳明夫子循循善诱之教令人感动："应奎不敏，弱冠如知有所谓圣贤之学。时先生倡道东南，因获师事焉。忆是时先生独引之天泉楼口，授大学首章，至'致知格物'曰：'知者，良知也，天然自有即至善也。物者，良知所知之事也。格者，格其不正以归于正也。格之，斯实致之矣。'及再见，又手授二书。其一《传习录》。且曰：'是《录》吾之所为学者，尔勿徒深藏之可也。'"足见夫子器重之深也。③

---

① 参见乾隆《绍兴府志》卷53《人物志·儒林》，《中国地方志集成·浙江府县志辑》，第40册，第246页；《明儒学案》卷11《浙中王门学案一》，上册，第219页。
② 参见《王阳明全集》（新编本）卷40，第5册，第1632页。
③ 同上书，第6册，卷52，第2101—2102页。

蒙泉家居三十余年，讲良知之学，董天真之役。曾大力协助钱德洪编印校对《王文成公全书》①，对良知学在余姚地区的传播和推动贡献甚大。子汝斌举进士。著有《燕诒录》13卷、《朱子抄》10卷。②

闻人北江　闻人诠，字邦正，号北江，余姚县人。邦英弟。为人津津好古。与绪山定《阳明夫子文录》，刻之行世。与阳明夫子有亲戚关系。夫子赞其忠孝兼至。正德十一年丙子举人。嘉靖五年丙戌进士，知江苏省宝应县。岁大旱，运河水涸，漕运御史檄令蓄水通漕，禁勿启闸。诠命启之，曰："民命得苏获，谴何憾？是岁旱不为灾。"邑有湖患，欲开越河以避其险，未果行。后擢山西道为御史，力持前议，竟得请。邑人祠之。巡视两关，历湖广按察副使。北江推动出版《定山集》，还协助绪山较早地出版《阳明夫子文录》。门人有沈桐等（嘉兴人）。著有《芷兰集》《饮射图解》（1卷）等。校补有《五经》《三礼》《旧唐书》行世。其散佚诗有"花落雨余雨风吹，寒食寒情味不浅""郭外青山好，高峰俯碧霞。江声入尊罍，秋色满汀沙。岛屿金焦并，人烟市井赊。地偏鸥鹭狎，拟宿梵王家"（《登北固山》）。③

阳明夫子正德十三年戊寅（1518）、十五年庚辰（1520），有三封书信给其兄弟。

---

① 参见《王阳明全集》（新编本）卷40，第6册，卷51，第2094页。吴震教授认为，蒙泉拜学夫子门下为嘉靖四年十月，可备参考，见其《明代知识界讲学活动系年（1522—1602）》，学林出版社2004年版，第19页。

② 郭蒙泉官至副都御史，有政声，《明史》亦有传。参阅《燕诒录》，《四库全书存目丛书》，集部，第90册；《明史》卷202《列传90·孙应奎》，第18册，第5335页；光绪《余姚县志》卷23《列传九》，《中国地方志集成·浙江府县志辑》，第36册，第818页。钱明研究员亦有专文研究，为目前国内唯一一篇研究其思想的深度长篇论文，参阅《浙中王学研究》，中国人民大学出版社2009年版，第112—133页。梨洲《明儒学案》所记载的蒙泉资料甚少。

③ 参见《明儒学案》卷11《浙中王门学案一》，上册，第219页。可参阅《江南通志》卷115，《中国地方志集成》；《钦定天禄琳琅书目》卷8，中华书局1996年版；《明诗综》卷45，（清）朱彝尊辑录，中华书局2007年版。

　　昆季敏而好学，吾家两弟得以朝夕亲资磨励，闻之甚喜。得书备见向往之诚，尤极浣慰。家贫亲老，岂可不求禄仕？求禄仕而不工举业，却是不尽人事而徒责天命，无是理矣。但能立志坚定，随事尽道，不以得失动念，则虽勉习举业，亦自无妨圣贤之学。若是原无求为圣贤之志，虽不业举，日谈道德，亦只成就得务外好高之病而已。此昔人所以有"不患妨功，惟患夺志"之说也。夫谓之夺志，则已有志可夺；倘若未有可夺之志，却又不可以不深思疑省而早图之。每念贤弟资质之美，未尝不切拳拳。夫美质难得而易坏，至道难闻而易失，盛年难遇而易过，习俗难革而易流。昆玉勉之！

　　得书，见昆季用志之不凡，此固区区所深望者，何幸何幸！世俗之见，岂足与论？君子惟求其是而已。"仕非为贫也，而有时乎为贫"，古之人皆用之，吾何为独不然？然谓举业与圣人之学相戾者，非也。程子云："心苟不忘，则虽应接俗事，莫非实学，无非道也。"而况于举业乎？谓举业与圣人之学不相度者，亦非也。程子云："心苟忘之，则虽终身由之，只是俗事。"而况于举业乎？忘与不忘之间不能以发，要在深思默识所指谓不忘者果何事耶，知此则知学矣。贤弟精之熟之，不使有毫厘之差，千里之谬，可也。

　　书来，意思甚恳切，足慰远怀。持此不解，即吾立志之说矣。"源泉混混，不舍昼夜，盈科而后进。放乎四海，有本者如是。"立志者，其本也。有有志而无成者矣，未有无志而能有成者也。贤弟勉之！色养之暇，怡怡切切，可想而知，交修罔怠，庶吾望之不孤矣。地方稍平，退休有日；预想山间讲习之乐，不觉先已欣然。①

---

　　① 《王文成公全书》卷4《文录一》，第1册，第205—207页。

前两封为戊寅时，最后一封书信为庚辰，大抵鼓励进学之意也。夫子此时立教宗旨以立圣贤志向为主，在此指导下的德行夯实与举业功业方才是有意义的。

黄鹤溪　黄嘉爱，字懋仁，号鹤溪，余姚县人。九霄（号菊泉，善诗文）子。为人少有抱负。以易中弘治十二年（1499）举人，与胡铎同中。① 与徐爱同中正德三年戊辰进士。曾任颍州知府。嘉靖九年庚寅知广西省钦州。② 现存世文献有《颍州集》（1卷）。曾语"文章向荷逢圣明，道学还期觉后生"，体现出其传道传教之不凡壮志。配吕氏、朱氏。子一，朱氏出。

黄吴南　黄文焕，字元素，号吴南，余姚县彭桥人。贡任开州学正，阳明使其子正宪受业。有《东阁私抄》记其所闻。③

吴南《东阁私抄》序曰："《东阁私抄》者何？私录所闻于阳明夫子者也。以东阁夕名者何？馆夫子之东阁也。某于嘉靖戊申④，夫子以书礼聘置家塾，授子正宪经，于是乎馆也。某循弟子礼于夫子之门墙旧矣，录之者何？为志不忘也，且为后世计也。……况四方诸友，游夫子之门者，北燕南越，动隔数千里，经年获甫至，气晨一渴，林立充庭，逻辑进退，一日间传教仅一二刻；来门数月，又将别去，虽有所得，皆随问随答，如饮河者，适充其量而止，其所未及闻者，多多也。岂得如某朝夕坐春风中而得尽于警欺，更复晨昏独见，有诸友未及闻而某独闻之者乎？某勿录，则夫子之微词妙旨，将有散而勿存，湮而勿彰者

---

① 参见《竹桥黄氏族谱》，乾隆版，上海图书馆家谱馆藏，第4册，第24页。
② 同上书；《明儒学案》卷11《浙中王门学案一》，上册，第220页。
③ 参见《竹桥黄氏族谱》；《明儒学案》卷11《浙中王门学案一》，上册，第219—220页。
④ 此为笔误。

矣。"① 由此可知，《东阁私抄》是阳明夫子子正宪私塾老师黄文焕记录阳明夫子语录的笔记，初衷是为了更好地传承父子的教化理念和学术思想。笔者斗胆认为，《东阁私抄》记载了大量的阳明夫子晚年退居绍兴时期的语录，反映夫子晚年时期的主要思想。这与黄修易所记载的《传习录》下卷的思想时间比较吻合，故而可推测，"黄修易"或为"黄文焕"笔误乎？②

黄丁山　黄元釜，号丁山，余姚县人。深得阳明夫子良知之旨。笃实光明，墨守师说。③

黄屏山　黄骥，字德良，号屏山，余姚县人。副使黄肃（成化十四年戊戌进士，官至湖广兵备副使）子。7 岁丧母。嘉靖十七年戊戌（1538）表为孝子。从学于阳明夫子，夫子有与之往复书。北方王门宗师尤西川尝从先生考探阳明良知之学。④

黄一川　黄夔，字子韶，号后川，余姚县人。南浦公黄堂（以易举于山东，壬戌会魁。廷试后一日即卒）子。贡任宜兴知县。笃实光明，墨守师说。浙中王门以寒宗论。⑤

俞思斋　俞大本，号思斋，余姚县人。嘉靖四年举人。德洪姻亲。与德洪同受学阳明夫子门下。⑥

---

① 《竹桥黄氏宗谱》上卷 12，余姚梨洲文献馆藏，第 45—46 页，转引自方祖猷《余姚〈竹桥黄氏宗谱〉的史料价值》，《宁波大学学报》1996 年第 2 期，第 42—49 页。

② 余在上海图书馆遍查此家谱累日，颇辛劳，终无所获，甚所遗憾。黄氏十三世多有"勉"字辈、"文"字辈。在当时，同门之间多为熟识，多称字。

③ 参见《竹桥黄氏族谱》；《明儒学案》卷 11《浙中王门学案一》，上册，第 220 页。

④ 参见《竹桥黄氏族谱》；余重耀《阳明弟子传纂》卷 1《浙中王门》，上海中华书局 1928 年版，第 39 页；光绪《余姚县志》卷 23《列传九》，《中国地方志集成·浙江府县志辑》，第 36 册，第 819 页；雍正《浙江通志》，《绍兴府·人物七·孝友三》，《中国地方志集成·浙江府县志辑》，第 10 册，第 5225 页；《明儒学案》卷 29《北方王门学案》，上册，第 638—639 页。

⑤ 参见《竹桥黄氏族谱》；《明儒学案》卷 11《浙中王门学案一》，上册，第 220 页。

⑥ 参见王传龙《阳明心学流衍考》，厦门大学出版社 2015 年版，第 311 页。

二 《明儒学案》缺载阳明夫子亲传弟子

王守文、王正宪、孙堪、孙墀、孙升、钱德周、徐珊、徐天泽、徐允恭、胡希周、卢义之、姜应期（齐）、邹大绩、叶鸣、黄齐贤、诸克彰（号石川）、诸偁、诸阳、王应鹏、丁任、丁行、岑庄、岑初、胡膏、汪玉、严中、韩柱、谷钟秀、俞大本、管见、吴仁、郑寅、钱应杨、钱大经、钱仲实35人考。

王守文，字伯显，阳明夫子十弟。余姚县人。嘉靖十六年丁酉举人。①阳明夫子有书信两封，谆谆告诫，甚有启发也。

> 比闻吾弟身体极羸弱，不胜忧念，此非独大人日夜所旁惶，虽亲朋故旧，亦莫不以是为虑也。弟既有志圣贤之学，惩忿窒欲是工夫最紧要处。若世俗一种纵欲忘生之事，已应弟所决不为矣，何乃亦至于此？念汝未婚之前，亦自多病，此殆未必尽如时俗所疑。疾病之来，虽圣贤亦有所不免，岂可以此专咎吾弟？然在今日，却须加倍将养，日充日茂，庶见学问之力果与寻常不同。吾固自知吾弟之心，弟亦当体吾意，毋为俗辈所指议，乃于吾道有光也。不久，吾亦且归阳明，当携弟辈入山读书讲学旬日，始一归省，因得完养精神，熏托德性，纵有沉疴，亦当不药自愈。顾今未能一日而遂言之，徒有惘然，未知吾弟兄终能有此福分否也？来成去，草草。念之，念之，长兄阳明居士书致伯显贤弟收看。②

> 此间事汝九兄能道，不欲琐琐。所深念者，为汝资质虽美，而习气未消除，趣向虽端，而德性未坚定。故每得汝书，既为之喜，

---

① 钱明先生对十弟守文事迹有详细的研究与考证，参阅《王阳明及其学派考论》，第46—75页。
② 《王阳明良知学的形成》，《王阳明佚诗文辑释》，第269—270页。

而复为之忧。盖喜其识见之明敏，真若珠之走盘。而忧其旧染之习熟，或如水之赴壑也。汝念及此，自当日严日畏，决能不负师友属望之厚矣。此间新添三四友，皆质性不凡。每见尚谦谈汝，辄啧啧称叹，汝将何以副之乎？勉之，勉之。闻汝身甚羸弱，养德养身，只是一事。但能清心寡欲，则心气自当和平，精神自当完固矣。余非笔所能悉。阳明山人书寄十弟伯显收看。印官与正宪读书，早晚须加诱掖奖劝，庶有所兴起耳。①

正是在阳明夫子的细心指导下，守文有志圣贤之学，诗文也有造诣。其后来游太学，颇有名声。②

王正宪（1508—1562），字仲肃，号紫汉，余姚县人。阳明夫子过继守信之第五子。夫子对其期望甚高，聘时贤黄文焕、冀元亨、薛侃、钱德洪、王畿等相继教之。后因阳明夫子嫡子正聪生，不得已，重新参加科举考试。卷入阳明遗产争夺案，颠沛流离。阳明夫子对其教育颇为上心，文集有多封育子书信，读之令人感动。

汝自冬春来，颇解学文义，吾心岂不喜？顾此枝叶事，如树不植根，暂荣终必瘁。植根可如何？愿汝且立志！

今人病痛，大段只是傲。千罪百恶，皆从傲上来。傲则自高自是，不肯屈下人。故为子而傲，必不能孝；为弟而傲，必不能弟；为臣而傲，必不能忠。象之不仁，丹朱之不肖，皆只是一"傲"字，便结果了一生，做个极恶大罪的人，更无解救得处。汝曹为学，先要除此病根，方才有地步可进。"傲"之反为"谦"。"谦"字便是对症之药。非但是外貌卑逊，须是中心恭敬，撙节退让，常

---

① 《王阳明良知学的形成》，《王阳明佚诗文辑释》，第256页。
② 详细的研究参阅钱明先生研究，见《王阳明及其学派考论》，第60—62页。

见自己不是，真能虚己受人。故为子而谦，斯能孝；为弟而谦，斯能弟；为臣而谦，斯能忠。尧舜之圣，只是谦到至诚处，便是允恭克让，温恭允塞也。汝曹勉之敬之，其毋若伯鲁之简哉！①

即日舟已过严滩，足疮尚未愈，然亦渐轻减矣。家中事凡百与魏廷豹相计议而行。读书敦行，是所至嘱。内外之防，须严门禁。一应宾客来往，及诸童仆出入，悉依所留告示，不得少有更改。……汝在家中，凡宜从戒谕而行。读书执礼，日进高明，乃吾之望。魏廷豹此时想在家，家众悉宜遵廷豹教训，汝宜躬率身先之。……吾平生讲学，只是致良知三字。仁，人心也；良知之诚爱恻怛处，便是仁，无诚爱恻怛之心，亦无良知可致矣。汝于此处，宜加猛省。……汝在家凡百务宜守我戒谕，学做好人。德洪、汝中辈须时时亲近，请教求益。聪儿已托魏廷豹时常一看。廷豹忠信君子，当能不负所托。但家众或有桀骜不肯遵奉其约束者，汝须相与痛加惩治。我归来日，断不轻恕。汝可早晚常以此意戒饬之。②

家中凡百皆只依我戒谕而行。魏廷豹、钱德洪、王汝中当不负所托，汝宜亲近敬信，如就芝兰可也。廿二叔忠信好学，携汝读书，必能切励。汝不审近日亦有少进益否？聪儿迩来眠食如何？凡百只宜谨听魏廷豹指教，不可轻信奶婆之类，至嘱至嘱！一应租税账目，自宜上紧，须不俟我丁宁。我今国事在身，岂复能记念家事，汝辈自宜体悉勉励，方是佳子弟尔。（丁亥）十一月望。③

---

① （明）王守仁：《书正宪扇》（乙酉），《王文成公全书》卷8《文录五》，第1册，第339—340页。

② （明）王守仁：《寄正宪男手墨两卷》，《王文成公全书》卷26《续编一》，第3册，第1141页。

③ （明）王守仁：《岭南寄正宪男》，《王文成公全书》卷76《续编一》，第1135—1136页。

（嘉靖七年戊子）八月廿七日南宁起程，九月初七日已抵广城，病势今亦渐平复，但咳嗽终未能脱体耳……因山阴林掌教归便，冗冗中写此与汝知之。我至广城已逾半月，因咳嗽兼水泻，未免再将息旬月，候养病疏命下，即发舟归矣。家事亦不暇言，只要戒饬家人，大小俱要谦谨小心……在京有进本者，议论甚传播，徒取快谗贼之口，此何等时节，而可如此！兄弟子侄中不肯略体息，正所谓操戈入室，助仇为寇者也，可恨可痛！兼因谢姨夫回，便草草报平安。书至，即可奉白老奶奶及汝叔辈知之。钱德洪、王汝中及书院诸同志皆可上覆，德洪、汝中亦须上紧进京，不宜太迟滞。近因地方事已平靖，遂动思归之怀，念及家事，乃有许多不满人意处。……①

正宪少时懒惰、狂妄、幼稚，夫子颇为上心。在正聪出生后，正宪不得已出应试，夫子表示了无可奈何的心情。

王正思，字仲行，阳明四侄子，余姚县人。嘉靖八年己丑科进士。嘉靖十六年任福建省建宁知府。与孙应奎、徐久皋同年。

近闻尔曹学业有进，有司考校，获居前列，吾闻之喜而不寐。此是家门好消息，继吾书香者，在尔辈矣。勉之勉之！吾非徒望尔辈但取青紫荣身肥家，如世俗所尚，以夸市井小儿。尔辈须以仁礼存心，以孝悌为本，以圣贤自期，务在光前裕后，斯可矣。吾惟幼而失学无行，无师友之助，迫今中年，未有所成。尔辈当鉴吾既往，及时勉力，毋又自贻他日之悔，如吾今日也。习俗移人，如油渍面，虽贤者不免，况尔曹初学小子能无溺乎？然惟痛惩深创，乃

---

① （明）王守仁：《寄正宪男手墨两卷》，《王文成公全书》卷6《续编一》，第1143—1144 页。

为善变。昔人云："脱去凡近，以游高明。"此言良足以警，小子识之！吾尝有《立志说》与尔十叔，尔辈可从钞录一通，置之几间，时一省览，亦足以发。方虽传于庸医，药可疗夫真病。尔曹勿谓尔伯父只寻常人尔，其言未必足法；又勿谓其言虽似有理，亦只是一场迂阔之谈，非吾辈急务；苟如是，吾末如之何矣！读书讲学，此最吾所宿好，今虽干戈扰攘中，四方有来学者，吾未尝拒之。所恨牢落尘网，未能脱身而归。今幸盗贼稍平，以塞责求退，归卧林间，携尔尊朝夕切劘砥砺，吾何乐如之！偶便先示尔等，尔等勉焉，毋虚吾望。正德丁丑四月三十日。①

对于自己的侄子，阳明夫子的教法颇为耐心，令人颇觉平和。

孙堪（1482—1553），字志健，号伯泉，都御史孙燧长子。《明史》载，为诸生，能文，善骑射。既荫锦衣，中武会试第一，擢署指挥同知。善用强弩，教弩卒数千人以备边。历都督佥事。事母杨至孝，母年九十余，殁京师。堪年亦七十，护丧归，在道，以毁卒。巡按御史赵炳然上堪孝行，得旌。堪子钰，亦举武会试，官都督同知。钰子如津，都督佥事。②

孙墀（1489—1556），字志朝，号仲泉。以选贡生历官尚宝卿。孙如游，大学士。如游孙嘉绩，佥事。③

孙升（1501—1560），字志高，号季泉，余姚县人。都御史孙燧第三子。与兄孙堪、孙墀均为阳明夫子弟子，世称"三孝子"。升及绪山共74贤同时拜学夫子于龙山中天阁中。嘉靖十四年进士，官至南京礼

---

① （明）王守仁：《赣州书示四侄正思等》，《王文成公全书》卷26《续编一》，第3册，第1137页。

② 参见《明史》卷89《忠义传》，第24册，第7429—7430页。

③ 同上书，第7430页。

部尚书。① 子鑨、矿皆尚书，铤侍郎，锦太仆卿。鑨子，如法主事，如洞参政。并以文章行谊世其家。《明史》四人均有传，足见家风甚佳，传承甚好。② 孙升著有《孙文恪公集》存世。③

钱德周，字仲实，余姚县人，嘉靖二十二年（1543）举人，德洪弟。德周与钱大经（嘉靖十年即1531年举人，德洪族兄），钱应扬（字俊民，嘉靖十四年进士，任广东巡按）、钱仲实（德洪弟，嘉靖二十二年举人）同受学阳明夫子门下。④

徐珊（1487—1548），字汝佩，余姚县人。正德十六年（1521）九月，与夏淳等同师阳明夫子。嘉靖元年壬午举人。嘉靖二年癸未以举人赴南宫试策，问心学实阴诋阳明也，不对而出。阳明52岁赠其长文《书徐汝佩卷》，赞其护爱良知学脉之功，并勉之以良知之学，珊听后豁然开悟，有大自得之意，终身不违良知之训。嘉靖二十年辛丑（1541），仕至湖广辰州府同知。珊至辰州，访阳明30年前过化遗迹。嘉靖二十三年甲辰（1544）立祠虎溪，像祀之，额曰"思贤"。建虎溪书院，构修道堂，集多士以昌明其学。在辰州，珊与时任通判的梁廉（号定斋，江西省庐陵县人，阳明弟子）相友善，并折节称弟子，师事之，一如阳明，不敢以同官而忘师谊，日敦敦请益不倦，一时儒林佳话，阳明夫子致良知学大昌于辰州。嘉靖间，曾费两年采木于山中。珊著有《卯洞集》4卷（嘉靖乙巳春二月计士元序刻本）。珊于嘉靖二年癸未助刻

---

① 参见《阳明心学流衍考》，第299页。
② 参见《明史》卷289《忠义传》，第7427—7430页。
③ 孙升三兄弟为阳明夫子亲传弟子得益于杨正显的研究，参阅《王阳明良知学的形成》，第255—256页。其文集见《孙文恪公集》，《四库全书存目丛书》，集部，第99册。
④ 参见畲德余《王阳明与浮峰诗社》，《绍兴文理学院学报》2014年第4期；《阳明心学流衍考》，第297—298页。

《居夷集》，传播良知学功甚大。①

徐天泽（1487—1521），字伯雨，号蕙皋，余姚县人。弘治十五年（1502）进士。历官南京工部主事，转吏部验封司郎中，正德九年迁广西太平府知府。御史以才荐，正德十一年调桂林知府。次年被劾，遂归居家，闭门读书。阳明先生倡道东南，天泽从弟徐珊从之游，数与辩难。正德八年见阳明先生于会稽，亲闻夫子之学，喟然曰："吾平生劳精竭虑，博求于外。今反诸吾心，坦然有余矣。"正德十年，复往南京再次进学阳明门下。绪山赞曰："蕙皋进道甚锐，同志赖以奋发。"卒年仅35岁。许杞山为其撰墓志铭。②

徐允恭，字子安，徐守诚之子，余姚县人。十岁父殁，得父手书言志，欲立祖祠置义田，后卒成父志。为人至孝。母没庐墓，郡守赞其行。从学阳明夫子，名益着。郡守延致郡城，与其参究理学，商榷经世之务，令其子执策。嘉靖四十四年进士。知莆田县，有贤声。知临江同知。③

胡希周，字文卿，号二川，余姚县人。少受业阳明夫子。嘉靖七年戊子以《书经》中浙江乡试举人。初授山东长山县知县，水灾时筑堤以时蓄泄，世享其利。嘉靖三十年辛亥，服阙，补福建南靖知县。滨海多

---

① 参见（明）徐珊《卯洞集》（4卷），《四库全书存目丛书》，集部，第146册，第298—330页；乾隆《绍兴府志》卷52《人物志·理学》，《中国地方志集成·浙江府县志辑》，第40册，第217页；光绪《余姚县志》卷23《列传九》，《中国地方志集成·浙江府县志辑》，第36册，第818页；乾隆《辰州府志》，卷34《名宦传二》、卷39《流寓传》，岳麓书社2010年版，第495、595页，湖湘文库影印湖南图书馆藏。《王阳明全集》卷37《年谱·附录二》，第1522页；（明）王守仁《书徐汝佩卷》（癸未），《王阳明全集》卷24《外集六》，第1016—1018页。

② 参见（明）王守仁《寄蕙皋书札》（正德八年，1513）、《吊蕙皋府君文》（正德十六年，1521），《阳明佚文辑考编年》，第361—363、708—709页；（明）许相卿《徐天泽墓志铭》，《云村集》卷13。束玺指出蕙皋生卒年。

③ 参见《阳明弟子传纂》卷1《浙中王门》，第36页；光绪《余姚县志》卷23《列传九》，《中国地方志集成·浙江府县志辑》，第36册，第819—820页。

盗，先生兴学缓征，扶植善良，以循吏著。①

卢义（羲）之，余姚县人。从学阳明夫子。嘉靖贡士。曾任广昌县丞。尝曰："吾三十年窥史书，户外一无所问。十年服下俸，俸外一无所入。亦不负圣贤，不负朝廷。"闻者以为实。②

姜应期（齐），余姚县人。从学于阳明夫子。子子羔，字宗孝，幼侍讲席，辄有所契。嘉靖三十二年进士。授成都府推官。以卓异荐。累迁陕西副使，治行第一。家居屏迹，益发明良知之说，78 岁卒。③

邹大绩，字有成，余姚县人。从学于阳明夫子。侍父极孝。父卒，庐墓侧。④

叶鸣，字允叙，余姚县人。自纲目性理及五经笺注，首尾成诵。尝著《〈大学〉古本注》《〈中庸〉注》《五经一贯》诸书。⑤

黄齐贤，字汝思，号明山，余姚县人。从阳明夫子得良知之教。嘉靖十四年乙未进士。历仕弋阳、永丰县尹、刑部主事、福建延平府推官。曾于嘉靖丁酉十六年序刻谢枋得撰《迭山集》（16 卷）。⑥

诸克彰，号石川，阳明夫子妻子族叔。从阳明夫子学。阳明夫子甲戌间有《书石川卷》。⑦ 近人编辑有散佚书信《又与克彰太叔》。⑧

---

① 参见《阳明弟子传纂》卷 1《浙中王门》，第 36 页；光绪《余姚县志》卷 23《列传九》，《中国地方志集成·浙江府县志辑》，第 36 册，第 820 页。

② 同上书，第 819 页。

③ 参见《阳明弟子传纂》卷 1《浙中王门》，第 37 页；光绪《余姚县志》卷 23《列传九》，《中国地方志集成·浙江府县志辑》，第 36 册，第 820 页。

④ 参见《阳明弟子传纂》卷 1《浙中王门》，第 38 页；光绪《余姚县志》卷 23《列传九》，《中国地方志集成·浙江府县志辑》，第 36 册，第 819 页；雍正《浙江通志》，《绍兴府·人物七·孝友三》，《中国地方志集成·浙江府县志辑》，第 10 册，第 5225 页。

⑤ 参见《阳明弟子传纂》卷 1《浙中王门》，第 38 页；光绪《余姚县志》卷 23《列传九》，《中国地方志集成·浙江府县志辑》，第 36 册，第 819 页。

⑥ 参见《赠黄明山赴召序》，《聂豹集》卷 4，吴可为编校，凤凰出版社 2007 年版，第 81—82 页。

⑦ 见《王文成公全书》卷 8《文录五》，第 1 册，第 326—327 页。

⑧ 参见《王文成公全书》卷 26《续编一》，第 3 册，第 1138—1139 页。

诸偁，字杨（阳）伯，诸用义子，阳明夫子岳父诸让（字养和，成化十一年即 1475 年进士，官至江西布政司参议）孙。与诸升（字伯生）为亲兄弟。正德九年甲戌，阳明夫子南京讲学时期众多弟子之一。①

嘉靖三年甲申，《阳明夫子正录》有信《书诸阳伯卷》，阳伯有疑良知学之未尽，阳明夫子谆谆告诫其理在心中、知行合一、心理合一之功夫论，以尽良知学之无穷空间。

> 妻侄诸阳伯复请学，既告之以格物致知之说矣。他日，复请曰："致知者，致吾心之良知也，是既闻教矣。然天下事物之理无穷，果惟致吾之良知而可尽乎？抑尚有所求于其外也乎？"复告之曰："心之体，性也，性即理也。天下宁有心外之性？宁有性外之理乎？宁有理外之心乎？外心以求理，此告子'义外'之说也。理也者，心之条理也。是理也，发之于亲则为孝，发之于君则为忠，

① 参见（明）王守仁《别诸伯生》（正德九 1），《阳明佚文辑考编年》，第 391—392 页。诸让长女即是夫子爱妻，夫妻二人极为恩爱，惜终生未育。其在世时，阳明夫子一直未纳妾。过继余姚族弟守信第五子正宪，待如己出。多次陪夫子出生入死，平叛朱宸濠，后因劳累过度先于夫子而去。后夫子纳张氏，育有一子，即是正聪（后更名为正亿仲时，号龙阳，1526—1577，隆庆二年即 1568 年袭新建伯）。正亿配黄氏（黄绾幼女），生二子，长子承勋，次子承学；侧室祁氏，生一子五女，子承恩。承勋（字叔元，号瑞楼），配吴氏，袭封新建伯，总督漕运（万历四十年即 1612 年罢归），承勋妻吴氏无子，妾沙氏生长子先进（无子）、次子先达（好学，参与编校《海门先生文录》，子业弘、业盛）、季子先道（早亡无后）。先进因子业昌早亡无后（过继守文的裔孙王业洵为嗣）与弟弟先达（子业弘）争爵位数年难决。不得已，骑虎难下，亲族只得另推承勋三弟承恩子先通（字季贯，号则阳）承爵位。故而，自认为该承袭爵位的业弘又与堂叔先通争讼多年，王氏后裔陷于分裂之中。司法部门畏惧权臣业浩（业洵之兄，阳明夫子弟守文的玄孙，万历四十一年即 1639 年进士，时任两广总督，官至兵部尚书），最终决定由先通承袭新建伯为妥。业弘自觉愤懑难平，割脖自杀，未遂，下狱，后释放。阳明夫子孙承恩之子先通于崇祯十三年（1640）继承新建伯爵位，掌前军都督府。崇祯十七年（1644）三月，李自成攻京师，先通守齐化门，城陷被捉。李自成农民军认为先通冒袭爵位，故在此年九月初一日将其残忍杀害。先通有二子，长子业泰，次子业耀。业泰（字士和），福王时袭为新建伯，光绪《余姚县志》载清军南下，被捉，死；而《台湾文献丛刊》《南明史料》载业泰在顺治三年（1646）七月降清军。清乾隆间，夫子九世孙王簴归居乡里，以教书为生，继续传播良知学。对阳明夫子嫡传后裔情况，详细与深入的研究参阅钱明《王阳明及其学派论考》第126—137 页；褚纳新《在尘封的历史中走近王阳明家世》，余姚新闻网 2013 年 1 月 23 日。

发之于朋友则为信。千变万化，至不可穷竭，而莫非发于吾之一
心。故以端庄静一为养心，而以学问思辨为穷理者，析心与理而为
二矣。若吾之说，则端庄静一亦所以穷理，而学问思辨亦所以养
心，非谓养心之时无有所谓理，而穷理之时无有所谓心也。此古人
之学所以知行并进而收合一之功，后世之学所以分知行为先后，而
不免于支离之病者也。"曰："然则朱子所谓如何而为'温清之
节'，如何而为'奉养之宜'者，非致知之功乎？"曰："是所谓知
矣，而未可以为致知也。知其如何而为温清之节，则必实致其温清
之功，而后吾之知始至；知其如何而为奉养之宜，则必实致其奉养
之力，而后吾之知始至。如是乃可以为致知耳。若但空然知之为如
何温清奉养，而遂谓之致知，则孰非致知者耶？《易》曰：'知至，
至之，知。'至者，知也；至之者，致知也。此孔门不易之教，百
世以俟圣人而不惑者也。"①

诸阳，字伯复，余姚县人。诸用明子，阳明夫子岳父诸让孙。与诸
阶为亲兄弟。正德九年，从学阳明夫子于南京。嘉靖元年（1522）
举人。②

正德六年辛未（1511），阳明夫子有书信给用明，里面涉及诸阶、
诸阳出仕与读书涵养关系处理的一些情况。

得书，足知迩来学力之长，甚喜！君子惟患学业之不修，科第
迟速，所不论也。况吾平日所望于贤弟，固有大于此者，不识亦尝
有意于此否耶？便中时报知之。阶、阳诸侄闻去岁皆出投试，非不

① （明）王守仁：《书诸阳伯卷》，《王文成公全书》卷8《文录五》，第336—337页。
② 参见《阳明弟子传纂》卷1《浙中王门》，第39页；光绪《余姚县志》卷23《列
传九》，《中国地方志集成·浙江府县志辑》，第36册，第820页；（明）王守仁《别诸伯
生》，《王阳明佚文辑考编年》（增订本），第422—423页。

喜其年少有志，然私心切不以为然。不幸遂至于得志，岂不误却此生耶！凡后生美质，须令晦养厚积。天道不翕聚，则不能发散，况人乎？花之千叶者无实，为其华美太发露耳。诸贤侄不以吾言为迂，便当有进步处矣。书来劝吾仕，吾亦非洁身者，所以汲汲于是，非独以时当敛晦，亦以吾学未成。岁月不待，再过数年，精神益弊，虽欲勉进而有所不能，则将终于无成。皆吾所以势有不容已也。但老祖而下，意皆不悦，今亦岂能决然行之？徒付之浩叹而已！①

以阳明夫子之见，诸阶、诸阳应该晚点出仕，不该年纪轻轻就出仕，到时，出仕任职，年龄尚小，处理地方大事不一定有经验。夫子建议年少时应该多读书，待涵养成熟后，再出仕也不迟。诸阶、诸阳既已经进入考场，夫子只能浩然慨叹了。

吴仁，余姚县人。嘉靖四年乙酉举人。余姚中天阁 74 名受学者之一。后曾主持中天阁讲会。②

钱楩，字世材，号立斋、八山，山阴县人。嘉靖五年丙戌进士。任晋江县令。修缮龙泉书院、石井书院、南塘书院，大兴教化。精练敏决。用恩而不为姑息，用法而不为刻深。抑豪强而人无侵夺，惩盗贼而人得安眠。明而不以聪察为讦，洁而不以矫激拒人。大造黄册，善搜积弊；造谒贤士，谈经论文。升刑部主事。辞官居家。晚年，和宗佛老，潜心于秦望山中修养。早年与魏良政等从学阳明夫子门下，后拜师于彭山先生。地方名士，"越中十子"之一。③

---

① （明）王守仁：《寄诸用明》，《王文成公全书》卷 4《文录一》，第 1 册，第 180—181 页。

② 参见《王文成公全书》卷 33《附录二·年谱二》，第 4 册，第 1460 页；《阳明心学流衍考》，第 306 页。

③ 参见《王文成公全书》卷 33，《附录三·年谱三》，第 1471 页；《阳明心学流衍考》，第 298 页。

王应鹏，字天宇，号定斋，宁波府鄞县人。年十六，游郡庠，有志经济之学。正德三年戊辰（1508）进士。任嘉定知县。为官严谨，好讲学，以清廉著称。先后任河南按察司副使、山东按察使。累官右副都御史，协理院事。因事革职闲住。嘉靖十五年（1537）十二月丁亥卒，赐葬。《千顷堂书目》载其有《闽疏稿》《东台稿》《抚畿稿》《杂著稿》等，汇编为《定斋集》。现存《定斋诗集》（2 卷）、《定斋先生文略》（1 卷）。①

定斋与横山友善，经横山介绍，在正德九年甲戌左右定斋得以入阳明夫子门下进学，反复论学，足见其好学深思。

> 徐曰仁数为予言天宇之为人，予既知之矣。今年（甲戌）春，始与相见于姑苏，话通宵，益信曰仁之言。天宇诚忠信者也，才敏而沉潜者也。于是乎慨然有志于圣贤之学，非豪杰之士能然哉！出兹卷，请予言。予不敢虚，则为诵古人之言曰："圣，诚而已矣。"君子之学以诚身。格物致知者，立诚之功也。譬之植焉：诚，其根也；格致，其培壅而灌溉之者也。后之言格致者，或异于是矣。不以植根而徒培壅焉、灌溉焉，敝精劳力而不知其终何所成矣。是故闻日博而心日外，识益广而伪益增，涉猎考究之愈详而所以缘饰其奸者愈深以甚。是其为弊亦既可睹矣，顾犹泥其说而莫之察也，独何欤？今之君子或疑予言之为禅矣，或疑予言之求异矣，然吾不敢苟避其说，而内以诬于己，外以诬于人也。非吾天宇之高明，其孰与信之！②

> （甲戌）书来，见平日为学用功之概，深用喜慰！今之时，能

----

① 关于天宇为何人，学术界一直未有人深入探讨，今阅杨正显文，始见，参阅《王阳明良知学的形成》，第259—260 页。

② （明）王守仁：《书王天宇卷》，《王文成公全书》卷8《文录五》，第1 册，第329 页。

稍有志圣贤之学，已不可多见；况又果能实用其力者，是岂易得哉！辱推拟过当，诚有所不敢居；然求善自辅，则鄙心实亦未尝不切切也。今乃又得吾天宇，其为喜幸可腾言哉！厚意之及，良不敢虚；然又自叹爱莫为助，聊就来谕商榷一二。天宇自谓"有志而不能笃"，不知所谓志者果何如？其不能笃者又谁也？谓"圣贤之学能静，可以制动"，不知若何而能静？静与动有二心乎？谓"临政行事之际，把捉摸拟，强之使归于道，固亦卒有所未能，然造次颠沛必于是"者，不知如何其为功？谓"开卷有得，接贤人君子便自触发"，不知所触发者何物？又"赖二事而后触发"，则二事之外所作何务？当是之时，所谓志者果何在也？凡此数语，非天宇实用其力不能有。然亦足以见讲学之未明，故尚有此耳。或思之有得，不厌寄示。①

（甲戌）承书惠，感感。中间问学之意，恳切有加于旧，足知进于斯道也。喜幸何如！但其间犹有未尽区区之意者。既承不鄙，何敢不竭！然望详察，庶于斯道有所发明耳。来书云："诚身以格物，乍读不能无疑，既而细询之希颜，始悉其说。"区区未尝有"诚身格物"之说，岂出于希颜邪？鄙意但谓君子之学以诚意为主，格物致知者，诚意之功也。犹饥者以求饱为事，饮食者，求饱之事也。希颜颇悉鄙意，不应有此。或恐一时言之未莹耳。幸更细讲之。又云："《大学》一书，古人为学次第。朱先生谓'穷理之极而后意诚'，其与所谓'居敬穷理''非存心无以致知'者，固相为矛盾矣。盖居敬存心之说补于传文，而圣经所指，直谓其穷理而后心正。初学之士，执经而不考传，其流之弊，安得不至于支离

---

① （明）王守仁：《答王天宇书》，《王文成公全书》卷4《文录一》，第1册，第198—201页。

邪!"《大学》次第，但言物格而后知至，知至而后意诚。若"躬理之极而后意诚"，此则朱先生之说如此。其间亦自无大相矛盾。但于《大学》本旨，却恐未尽合耳。"非存心无以致知"，此语不独于《大学》未尽，就于《中庸》"尊德性而道问学"之旨，抑或有未尽。然此等处言之甚长，非面悉不可。后之学者，附会于补传而不深考于经旨，牵制于文义而不体认于身心，是以往往失之支离而卒无所得，恐非执经而不考传之过也。又云："不由穷理而遽加诚身之功，恐诚非所诚，适足以为伪而已矣。"此言甚善。但不知诚身之功又何如作用耳，幸体认之! 又言"譬之行道者，如大都为所归宿之地，犹所谓至善也。行道者不辞险阻，决意向前，犹存心也。如使斯人不识大都所在，泛焉欲往，其不南走越北走胡几希矣。"此譬大略皆是，但以不辞险阻艰难，决意向前，别为存心，未免牵合之苦，而不得其要耳。夫不辞险阻艰难，决意向前，此正是诚意之意。审如是，则其所以问道途，具资斧，戒舟车，皆有不容已者。不然，又安在其为决意向前，而亦安所前乎? 夫不识大都所在而泛焉欲往，则亦欲往而已，未尝真往也。惟其欲往而未尝真往，是以道途之不问，资斧之不具，舟车之不戒。若决意向前，则真往矣。真往者，能如是乎? 此最工夫切要者，以天宇之高明笃实而反求之，自当不言而喻矣。又云："格物之说，昔人以捍去外物为言矣。捍去外物则此心存矣。心存，则所以致知者，皆是为己。"如此说，却是"捍去外物"为一事，"致知"又为一事。"捍去外物"之说，亦未为甚害，然止捍御于其外，则亦未有拔去病根之意，非所谓"克己求仁"之功矣。区区格物之说亦不如此。《大学》之所谓"诚意"即《中庸》之所谓"诚身"也。《大学》之所谓"格物致知"，即《中庸》之所谓"明善"也。博学、审问、慎思、明辨、笃行，皆所谓明善而为诚身之功也，非明善之外别有所谓诚身之功也。格物致知之外，又岂别有所谓诚意之功乎？《书》之所谓"精一"，《语》之所谓"博文约礼"，《中庸》之所谓"尊德性而道问学"，皆若此而已。是乃学问用功之要，所谓毫厘之差，千里之谬者也。心之精微，口莫能述，亦岂笔端所能尽已！喜荣擢北上有期矣，倘能迂道江滨，谋一夕之话，庶几能有所发明。冗遽中不悉。①

夫人者，天地之心；天地万物，本吾一体者也。生民之困苦茶毒，孰非疾痛之切于吾身者乎？不知吾身之疾痛，无是非之心者也。是非之心，不虑而知，不学而能，所谓良知也。良知之在人心，无间于圣愚，天下古今之所同也。世之君子惟务致其良知，则自能公是非，同好恶，视人犹己，视国犹家，而以天地万物为一体，求天下无治不可得矣。古之人所以能见善不啻若己出，见恶不啻若己入，视民之饥溺犹己之饥溺，而一夫不获，若己推而纳诸沟中者，非故为是而蕲天下之信己也；务致其良知，求其自慊而已矣。……后世良知之学不明，天下之人……外假仁义之名，而内以行私利之实：诡词以阿俗，矫行以干誉；掩人之善，而袭以为己长。讦人之私，而窃以为己直；忿以相胜，而犹谓之徇义；险以相倾，而犹谓之疾恶；妒贤嫉能，而犹自以为公是非；恣情纵欲，而犹自以为同好恶。相凌相贼，自其一家骨肉之亲，已不能无……彼此藩篱之隔，而况于天下之大，民物之众，又何能一体而视之乎？……仆诚赖天之灵，偶有见于良知之学，以为必由此而后天下可得而治，是以每念斯民之陷溺，则为之戚然痛心，忘其身之不

---

① （明）王守仁：《答王天宇书》，《王文成公全书》卷4《文录一》，第1册，第198—201页。

肖，而思以此救之，亦不自知其量者。天下之人，见其若是，遂相于非笑而诋斥，以为是病狂丧心之人耳。呜呼！……吾方疾痛之切体，而暇计人之非笑乎！……复太史定斋先生执事。左余。①

定斋第四封信约在嘉靖五年间，此信与阳明夫子嘉靖五年八月写给双江的信大略相同②，盖同时发出也。但定斋收到的信的内容更丰满，则双江信或当在后出也。横山捐馆，定斋深感痛惜，因其二人交往多年，一同参加乡试、会试，并一同在阳明先生门下进学，得噩耗，撰长文哀悼，令人感动。③ 现国家图书馆从台北图书馆已经影印出版其存世文献《王定斋诗集》（2 卷），明嘉靖三十九年（1560）陆激刻本。④

丁任，余姚县人。阳明夫子奶奶岑氏（岑简卿兄岑俊卿子女）之姑孙。岑氏素来为余姚大族。2 岁，父殁，母含辛茹苦。遵阳明夫子祖母岑氏之命，幼从阳明夫子学，学成大儒。长从龙溪学。遍交四方同志，咸争以子弟延师之。早逝。⑤

丁行，余姚县人。丁任弟。遗腹子。与兄先后从阳明夫子、龙溪学。嘉靖三十四年乙卯，倭寇入犯余姚县，杀人越货，罪行滔天。遁逃山间中，母岑氏为护行而被强盗杀害。行用计终免死，足见其学力无欺。⑥

岑庄，余姚县人。余姚望族后裔。遵阳明夫子祖母岑氏之命从学阳

---

　① 《王阳明全集》（新编本）第 1847—1849 页；《王阳明良知学的形成》，第 259—260 页。

　② 参见（明）王守仁《答聂文蔚》，《王文成公全书》卷 2《语录二》，第 1 册，第 98—101 页。

　③ 钱明编校：《徐爱　钱德洪　董沄集》，凤凰出版社 2007 年版，第 104 页。

　④ 《中国古籍总目》，集部，第 2 册，中华书局、上海古籍出版社 2009 年版。

　⑤ 参见《王阳明及其学派考论》第 55 页；（明）王畿《丁母慈节传》，《王畿集》卷 20，方祖猷等校，《阳明后学文献丛书》，万斌主编，凤凰出版社 2007 年版，第 645—647 页。

　⑥ 参见《王阳明及其学派考论》，第 55 页；（明）王畿《丁母慈节传》，《王畿集》卷 20，《阳明后学文献丛书》，第 645—647 页。

明夫子。嘉靖九年在余姚助刻九大本《阳明先生文录》。该书日本九州岛大学文学部图书馆有藏。①

岑初，余姚县人。余姚望族后裔。遵阳明夫子祖母岑氏之命从学阳明夫子。嘉靖九年与兄庄、徐学在余姚助刻九大本《阳明先生文录》。②

胡膏，号龙江，余姚县人。早受业于阳明夫子。嘉靖二十九年进士。官徽州府同知。著有《龙江先生文集七卷》传世，阳明夫子嫡子正亿等于嘉靖三十八年（1559）序刻本。正亿曾从学于胡膏。③

汪玉，字汝成，号雷峰、默休，宁波府鄞县人。正德三年进士。正德八年从学于阳明夫子。据《大清一统志》卷225载，汝成历湖广佥事，分巡辰沅。地僻少文，建书院明山麓，聚生徒诵习。延迁谪御史，周广教之。再擢郴桂兵备副使，讨平大盗王廷简。嘉靖中，累进右佥都御史，巡抚顺天。乞归。玉刚介廉直，与同里闻渊、张邦奇、余本，称"甬上四君子"。年四十九卒。著有《敝箧留稿》（2卷）、《四书粹义》《书经存疑录》（2卷）、《杂录记》等。

> 予于汝成"格物致知"之说、"博文约礼"之说、"博学笃行"之说、"一贯忠恕"之说，盖不独一论再论，五六论、数十论不止矣。汝成于吾言，始而骇以拂，既而疑焉，又既而大疑焉，又既而稍释焉，而稍喜焉，而又疑焉。最后与予游于玉泉，盖论之连日夜，而始快然以释，油然以喜，冥然以契。不知予言之非汝成也？不知汝成之言非予言也？于戏！若汝成，可谓不苟同于予，亦非苟异于予者矣。卷首汝成之请，盖其时尚有疑于予；今既释然，予可

---

① 参见《王阳明及其学派考论》，第55页；《王阳明全集》（新编本），第1829页。
② 同上。
③ 参见《王阳明及其学派考论》，第120页。

以无言也已。叙其所以而归之。①

汝成与曰仁、周以善等浙中王门亲传弟子一样，对阳明夫子的立诚说甚为惊讶，经历一系列的反复过程，如骇→疑→大疑→稍释→稍喜→又疑→快然以释→油然以喜→冥然以契的心理变化，可见正是由于夫子与其在杭州西湖玉泉边连续面谈的独特教法，汝成终于相信夫子的"心即理"说，万理归于一心，一心变现万理。欣喜之余，阳明夫子题其书卷，表达自己欣喜快乐的心情。

二典三谟之文，旭日之初升也。文王周公孔子之文，大明之丽天也。"先甲三日，后甲三日。先庚三日，后庚三日。"鼓之以雷霆，润之以风雨。日月运行一寒一暑，出之自然，而与造化同其妙。子思孟子之文，如江河之行地，混混乎，迎之不知其所来，随之不知其所止。董仲舒，汉文之纯者乎；贾谊，汉文之杰者乎。韩愈之文，唐之雄；欧氏、苏氏之文，宋之选。韩与欧苏，亦殚厥力矣。宋之文不及唐，唐之文不及汉，然皆时物也。不及而后成文，妄欲加焉，则非文矣。周子、张子，得子思孟子之心。而其生也，则固后之千数百年矣。生于千数百年之后，而欲出其言于千数百年之前，可同者心也，不可同者气也。是故发于外也，同；而充乎其内也，异。周之淳、张之劲，则又南北之分也。程子，得其心而随其时者也。是故发于外也，异；而充乎其内也，同。朱子之文，比之程子，加饰焉。子思孟子之文，未有意于饰而自饰。周程朱子之文，有意于饰而后饰，时也。程子，得其意而不计其饰者也。由孟子而上，由周子而下，其文也所以载道，是故文与道合之而为一。

---

① （明）王守仁：《书汪汝成格物卷》（癸酉），《王文成公全书》卷8《文录五·杂著》，第1册，第326页。

韩氏欧苏氏之文，所以胜道。是故文与道离之而为二，余子者，就其所至，而文从焉者也。王通之中说，扬雄之法言，何为者邪？不得其心而徒袭取其口语。譬则木雕泥塑，而不自知其为无用之物也。悲夫！夫文以时为至，老子、孙子皆时而至焉者也。道其道，术其术。故君子羞称焉。时也者，天地不能违。而况于人乎？况于人之言乎？默休居士汪玉著。不肖男坦书，孙礼约摹勒登石。明嘉靖壬戌岁仲秋朔日。①

与朱近斋用良知心学诠释佛老思想一样，从刻于嘉靖四十一年壬戌一文中我们可以看出汝成深深贯通良知心学，用心学重新理解中国传统历代文论，这样新颖的全新论述无疑具有时代感和震撼力，足以证明良知学在文学界的创新活力。六经皆心，况文论乎？

乔松百尺荫周行，信马行行到上方。炉满□檀山寺静，风恬池沼瑞莲香。老僧许饮儒归社，香积鸣钟客上堂。看罢《传灯》归兴涌，紫骝身上着鞭忙。（《资寿山房》）

双锦亭台隐翠微，新篁脱却锦绷衣。湖田万顷青山绕，野水孤村白鹤飞。老柏未枯春尚在，黄梅正热雨初肥。衲僧着茗供清话，玉乳泉头汲更归。（《游资福寺》）②

或许是受了阳明夫子的影响，汝成对于禅宗《传灯录》并不排斥，体现出思想资源的多元性与包容性，而这恰恰是良知学开新的重要背景。

韩柱，余姚县人。嘉靖元年壬午举人。曾任兵部主事。协助邱养浩、徐珊校对阳明夫子《居夷集》，有功于后学。

谷钟秀，余姚县人。嘉靖十年辛未（1531）举人。嘉靖二十年辛丑

---

① 汪玉：《历代文论》刻石，嘉靖四十一年（1562）刊刻于泰山，铭文楷书。

② 参阅华金涛律师的博客《桃源乡志·资福寺》blog. sina. com. cn/u/1790305794。

进士。曾任山西参议。

钱应杨，余姚县人。嘉靖十三年甲午举人。嘉靖十四年乙未进士。曾任广东巡按。

钱大经，余姚县人。嘉靖十年举人，德洪族兄。

钱仲实，余姚县人。德洪弟，嘉靖二十二年举人。

严中，余姚县人。嘉靖十六年丁酉举人。嘉靖十七年戊戌进士。曾任赣州知府。

俞大本，余姚县人。嘉靖四年乙酉举人。曾任同知。

郑寅，余姚县人。嘉靖四年乙酉举人。

第二节　绍兴地区

现今行政区划意义上绍兴地区（不包括余姚县），阳明夫子的亲传弟子总计有 11 位。除《明儒学案》所载我斋（蔡宗兖，1474—1547，字希渊，山阴县白洋人）、白浦（朱节，1475—1523，字守中，山阴县白洋人）、彭山（季本，1485—1563，字明德，会稽县人）、浮峰（张元冲，字叔谦，山阴县人）、栗斋（范瓘，1490—1571，字廷润，绍兴府会稽县人）、龙溪（王畿，1498—1583，字汝中，山阴县人）6 人外，尚有杨珂、萧鸣凤、胡纯、周晟、唐仲珠 5 位被梨洲遗漏的阳明亲炙弟子。

一　《明儒学案》所载 6 人考

蔡我斋　蔡宗兖（1474—1547），字希渊（颜），号我斋，山阴县白洋人。乡书十年而取进士，留为庶吉士，不可，以教授奉母。孤介不为当道所喜，辄弃去。文成以为"归计良是，而伤于急迫。再过二三月，托病行，则形泯然。独为君子，而人为小人，亦非仁人忠恕之心也"。已教授莆田，复不为当道所喜。文成戒之曰："区区往谪龙场，横逆之加日至，迄今思之，正动心忍性砥砺切磋之地，其时乃止搪塞排遣，竟成空过，惜也。希渊省克精切，其肯遂自以为忠乎？"移教南康，入为太学助教、南考功，升四川督学金事。林见素谓："先生中有余养，祇见外者之轻，故能壁立千仞。"①

上为梨洲所录，所述事迹精略得当。蔡宗兖与朱节是较早拜入阳明夫子门下的弟子，次于徐爱。在正德九年（1514）携友人往学阳明夫子于滁州多日。②

朱白浦　朱节（1475—1523），字守中（忠），号白浦，山阴县白洋人（瑞麦里）。成化丙申九月十八日生。正德丁卯，登浙江乡试。甲戌，举进士。授黄州府推官，开井利民，赈济灾民，断狱公正，护民安境，民便其利。暇时，勤练士兵，提兵协助阳明夫子剿南赣匪，有功。戊寅，官山东道监察御史，以天下为己任。文成谓之曰："德业外无事功，不由天德而求骋事功，则希高务外，非业也。"嘉靖癸未，巡按山东，流贼之乱，勤事而卒，齐鲁之民闻之莫不流泪。赠光禄少卿。白浦尝言："平生于'爱众、亲仁'二语得力，然亲仁必从爱众得来。"配

---

① 参见（明）季本《奉议大夫四川按察司提学金事蔡公墓志铭》，《季彭山先生文集》，北京图书馆编辑出版组编，《北京图书馆古籍珍本丛刊》，第106册，书目文献出版社1998年版，第890—892页；（清）黄宗羲《督学蔡我斋先生宗兖》，《明儒学案》卷11《浙中王门学案一》，上册，第223—224页。关于蔡我斋的生卒年（1474—1547）学术界一直少有人提及，今按彭山先生所撰文补充。按，彭山指出，我斋"丁未六月八日以疾卒于正寝，距生成化甲午八月一日，享年七十有四"，见《奉议大夫四川按察司提学金事蔡公墓志铭》文，第891页。

② 参见（明）王守仁《琅琊题名》（正德九年，1514），《阳明佚文辑考编年》，第372—374页。

宋氏，宋子三：以喻、以谦、以诰，女二。同门南大吉为其撰墓志铭。①

朱思斋　朱簏（1493—1546），字守谐，号思斋，山阴县白洋人。与朱节（1476—1523，正德甲戌科进士）为白洋亲族。与其兄朱簋（1491—1576）同登嘉靖五年丙戌（1526）科进士。历官扬州府泰兴县知县、江西道监察御史巡按湖广，累赠光禄大夫、左柱国少师、兵部尚书兼都察院右都御史。曾巡视辽东，来千山，并有《九日游千山》《游祖越寺次韵东岩并郭初亭韵三首》《罗汉洞》等咏千山诗，俱见《辽东志》。②

正德九年，与朱节、徐爱诸同僚、同年和乡友从学于阳明夫子门下于南京，互相砥砺。嘉靖三年甲申（1524），阳明夫子《正录》有信《书朱守谐卷》，阳明夫子谆谆告诫其知行合一之学，立坚韧不拔之志向，走圣学之路。

> 守谐问为学，予曰："立志而已。"问立志，予曰："为学而已。"守谐未达。予曰："人之学为圣人也，非有必为圣人之志，虽欲为学，谁为学？有其志矣，而不日用其力以为之，虽欲立志，亦乌在其为志乎！故立志者，为学之心也；为学者，立志之事也。譬之弈焉，弈者，其事也；'专心致志'者，其心一也；'以为鸿鹄将至'者，其心二也；'惟弈秋之为听'，其事专也；'思援弓缴而射之'，其事分也。"守谐曰："人之言曰：'知之未至，行之不力。'予未有知也，何以能行乎？"予曰："是非之心，知也，人皆

---

① 参见（明）南大吉《明山东道监察御史赠光禄寺少卿朱白浦子墓志铭》，《南大吉集》卷21，李似珍整理，西北大学出版社2015年版，第101—102页；（清）黄宗羲《御史朱白浦先生节》，《明儒学案》卷11《浙中王门学案一》，上册，第224页。清朝官修《明史》也曾注意到以徐爱、蔡宗兖、朱节、应良、卢可久、应典、董沄为代表的弟子，并均在《儒林》为之立传，参阅《明史》卷283《列传171·儒林二》，第24册，第7272—7273页。

② 考证详见孙伟良的羊石山房新浪博客《绍县白洋朱氏宗谱》，blog.sina.com.cn/yangshan1969。

有之。子无患其无知，惟患不肯知耳；无患其知之未至，惟患不致其知耳。故曰：'知之非艰，行之惟艰。'今执途之人而告之以凡为仁义之事，彼皆能知其为善也；告之以凡为不仁不义之事，彼皆能知其为不善也。途之人皆能知之，而子有弗知乎？如知其为善也，致其知为善之知而必为之，则知至矣；如知其为不善也，致其知为不善之知而必不为之，则知至矣。知犹水也，人心之无不知，犹水之无不就下也；决而行之，无有不就下者。决而行之者，致知之谓也。此吾所谓知行合一者也。吾子疑吾言乎？夫道一而已矣。"①

时朱篪在他们中年纪尚小，故而夫子要求其立志，一心一意，心无旁骛，从日用善恶之辨入手，洒扫实地之间，脚踏实地，拥豪迈志向，做英雄豪杰之事。

何沅溪　何鳌（1497—1559），字巨卿，号沅溪，绍兴府山阴县沅溪人。父何诏（1460—1535，号石湖）嘉靖年间任南京工部尚书。少颖异绝伦，兄弟四人，父子间自为知己。正德八年癸酉（1513）乡荐。正德九年甲戌从学阳明夫子门下于南京。正德十二年丁丑（1517）进士，授刑部主事。以同事共谏阻武宗南巡被杖，声名大著。嘉靖初，议"大礼"，逆旨，被廷杖几死。丁母唐夫人忧。起刑部主事。后历官刑部员外郎、刑部郎中。为官精练明绝，尚书林见素极为器重，擢湖广按察司佥事。救济饥灾，招抚播州蛮夷叛乱，为工部择优质木材，受赐白金文绮，有功迁山东按察司副使，兵备徐州。整顿军备，清理军官，深得百姓爱戴，所谓"廉干不阿"美誉。丁继母孙夫人忧。寻丁父忧。复除陕西按察司副使，兵备潼关。揉磨骄兵，刻苦训练，一裁以法。历官江西左参政、贵州按察使、河南右布政使、江西左布政使。所至有能名，无

---

① （明）王守仁：《书朱守谐卷》，《王文成公全书》卷8《文录五》，第1册，第335—336页。

积压之案牍。拜都察院右副都御史,巡抚山东,平地方警务。

朝廷闻之贤,用荐为两广总督,命已下,为当事者所嫉,逮至京,左迁福建参议。嫉者踣,召为应天府丞。寻复都察院右副都御史,总理河道,督漕运。升南京□部右侍郎,改刑部侍郎。进刑部尚书。其为人清正刚直,宽宏大度,清德众望,有古代大臣之风,素为士论所推重。嘉靖三十五年(1556)十二月十四日因病致仕,上三留之。嘉靖三十八年(1559)八月二十六日卒,年六十三,赠太子少保。公为人简朴,善周亲族贫苦者,以孝闻。

阳明夫子著名弟子王龙溪著有《祭何沅溪文》①,有“先后师门”字句,其为阳明夫子亲传弟子无疑。存世文献有《沅溪诗集》,明万历间刻本,现存于台湾图书馆。②

季彭山 季本(1485—1563),字明德,号彭山,绍兴府会稽县人。弱冠领乡荐。寻丁父母忧。家居十二年,好读书,勤奋不辍,盖无所不读,不耻问辩,上至经史,下至星算兵农,靡不穷究,然不得精义。从阳明夫子学,尽毁旧学,一意六经。正德十二年丁丑进士,时33岁。初不欲就职,阳明夫子劝其出山。授建宁府推官。宸濠反,先生守分水关,遏其入闽之路。御史以科场事檄之入闱,先生曰:“是之谓不知务。”不应聘。召拜御史。御史马明衡、朱浚争昭圣皇太后,下狱。先生救之,谪揭阳主簿。稍迁知弋阳。桂萼入相,道弋阳,桂萼甚器重之,握手问学求教,先生言文成之功不可泯,遂寝,夺爵。转苏州同知,升南京礼部郎中。时邹东廓官主客,相聚讲学,东廓被黜,连及先

① 见《王畿集》卷19,第577页。

② 参见(明)季本《资政大夫刑部尚书赠太子少保沅溪何公鏊墓志铭》,《国朝献徵录》,《四库全书存目丛书》,史部,第102册,第369页。据载,嘉靖三十四年(1555)十月初一,何鏊承严嵩命处死著名谏臣杨继盛、闽浙总督张经、浙江巡抚李天宠。或因其在此事件中的名声很差,即便当时官位很高,至今无人提及也,甚为可惜也。

生，谪判辰州。寻同知吉安。升长沙知府，锄击豪强过当，因谗言罢归。嘉靖四十二年（1563）卒，年七十九。彭山在官几二十年，勇于自任，断冤狱，兴教化，减徭役，赈饥荒，多所惠政。

少师王司舆（名文辕），其后师事阳明。先生之学，因担心阳明夫子良知学失传，贵主宰而恶自然，缺乏拘检之规矩约束，以为"理者阳之主宰，干道也；气者阴之流行，坤道也。流行则往而不返，非有主于内，则动静皆失其则矣"。其议论大抵以此为旨归。夫大化只此一气，气之升为阳，气之降为阴，以至于屈伸往来，生死鬼神，皆无二气。故阴阳皆气也，其升而必降，降而必升，虽有参差过不及之殊，而终必归一，是即理也。今以理属之阳，气属之阴，将可言一理一气之为道乎？先生于理气非明睿所照，从考索而得者，言之终是鹘突。梨洲先生说，其时同门诸君子单以流行为本体，玩弄光影，而其升其降之归于画一者无所事，此则先生主宰一言，其关系学术非轻也。故先生著《龙惕》一书，挽救良知自然之说的流弊，谓："今之论心者，当以龙而不以镜，龙之为物，以警惕而主变化者也。理自内出，镜之照自外来，无所裁制，一归自然。自然是主宰之无滞，曷常以此为先哉？"龙溪云："学当以自然为宗，警惕者，自然之用，戒慎恐惧未尝致纤毫之力，有所恐惧便不得其正矣。"东廓云："警惕变化，自然变化，其旨初无不同者。不警惕不足以言自然，不自然不足以言警惕。警惕而不自然，其失也滞；自然而不警惕，其失也荡。"先生终自信其说，不为所动。

梨洲说，彭山闵学者之空疏，空求自然之学，只以讲说为事，玩弄光景，不切实用，故苦力穷经。罢官以后，载书携诸子寓居禅寺，迄昼夜寒暑无间者二十余年。而又穷九边，考黄河故道，索海运之旧迹，别三代、春秋列国之疆土、川原，涉淮、泗，历齐、鲁，登泰山，逾江入闽而后归。凡欲以为致君有用之学，所著有《易学四同》《诗说解颐》

《春秋私考》《四书私存》《说理会编》《读礼疑图》《孔孟图谱》《庙制考义》《乐律纂要》《律吕别书》《蓍法别传》，总 120 卷。梨洲评论说，《易学四同》谓四圣皆同也，朱、邵分为羲皇之《易》，文、周之《易》，孔子之《易》，先生正之，是也。但辞变象占，一切不言，则过矣。至《大传》则以为秦、汉而下学者之言，祖欧阳氏之说也。《春秋私考》则公、谷之义例，左氏之事实，摧破不遗余力。《诗说解颐》不免惑于子贡之伪《传》，如以《定之方中》为鲁风，谓《春秋》书城楚丘，不言城卫，以内词书之，盖鲁自城也，故《诗》之"秉心塞渊，骐牝三千"与《骊篇》恰合，由是以《三传》《小序》皆不足信。《蓍法》用四十八策，虚二，以为阴阳之母。分二挂一揲四归奇，三变皆同。除挂一外，左一则右必二，左二则右必一，左三则右必四，左四则右必三。既以《大传》非孔子之言，故不难改四十有九为四十八耳。此皆先生信心好异之过也。间有疑先生长沙之政，及家居著礼书，将以迎合时相，则张阳和辩之矣。

彭山所至，辄聚徒讲学，孜孜不倦。曾受阳明夫子邀聘，主教南宁敷文书院，发明良知学，士风丕变。于辰阳，建书院，亲自讲授。于吉安，讲学于青原山。其学术大要以规矩约束自然之流荡，保护良知学脉。究其说，以龙比喻阳明夫子之所说"心"，以龙之骛惕变动比喻"心之主宰，常惺惺"，坚决主张自然之学必须先要有一段坚实的功夫作为基础和规矩。此其经学取向之缘起也。其弥补阳明夫子致良知学可知也，盖试图修正"二王"流传之弊也，亦足见"二王"心学风行之势。疾革，犹与门人讲《易》不辍于榻前，如平居时。彭山磊落不羁，表里洞达，有过不掩。常悔建宁推官时，断狱，误杀三人。后觉其误，大悔之。比擢去，悉为记，达诸司，令后断者得据其记以解其讼过之勇。性刚介，朋友有过，或面折之。与人夷坦，不露圭角。喜引拔后进。善理卜。家居，不问生计，读书谈道，怡然自得。不嗜酒，好豆。暇时，与同志登山，夹册以往，咏歌讲说，不忘疲。处家阔略，教子孙疏其节，鲔鱼自得，家庭和睦。事伯兄东所公甚为诚谨，出入必告。先生殁后十年，乡民怀之，建祠禹迹寺西林，即其读书之所，并买田若干亩，以供岁祀。名儒、乡贤后学张元忭为之立传。①

张浮峰　张元冲（1502—1563），字叔谦，号浮峰，山阴县白鱼潭里人。弘治壬戌生。嘉靖戊戌进士。授中书舍人，改吏科给事中。分宜入相，先生言其心术不光，不宜在天子左右。又请罢遣中官织造。迁工科都给事中，谏世庙玄修不视朝。一时称为敢谏。出为江西参政、广东按察使。丁母忧，补江西右布政使，转江西左布政使，寻升右副都御史，巡抚江西。因闽贼犯境，坐失职回籍。公论为不平，而先生处之怡然。又二年嘉靖四十二年癸亥卒，年六十二。子：一坤。

为官有建明，不愧良知学本色。著有文集语录若干卷。

曾读书于浮峰，阳明夫子下顾登之，为题"浮峰书室"。梨洲说，浮峰登文成之门，以戒惧为入门，而一意求诸践履。文成尝曰："吾门不乏慧辨之士，至于真切纯笃，无如叔谦。"先生尝谓学者曰："孔子之道，一以贯之；孟子之道，万物我备。良知之说，如是而已。"又曰："学先立志，不学为圣人，非志也。圣人之学，在戒惧慎独，不如是学，非学也。"揭（坐?）左右曰："惟有主，则天地万物自我而立；必无私，斯上下四旁咸得其平。"前后官江西，辟正学书院，与东廓、念庵、

---

① 参见张元忭《长沙守季彭山先生本传》，《国朝献徵录》卷89，《四库全书存目丛书》，史部，第105册，第78—80页；《季彭山先生文集》，第106册；《说理会编》，《续修四库全书》，上海古籍出版社2002年版，第938—939页；《龙惕说》，万历三十一年（1603）刘毅刻本，日本内阁文库藏，国家图书馆缩微制品，第18019号；（明）季本《四书私存》，林氏朴学斋藏本，国家图书馆缩微制品，第12761号；（清）黄宗羲《知府季彭山先生本》，《明儒学案》卷13《浙中王门学案三》，上册，第271—280页。台湾学者朱湘钰详细阅读孤本文献，对彭山夫子的良知学思想有深度研究，参阅朱湘钰《浙中王门季本思想旧说厘正》，《东海中文学报》2010年7月第22期，第195—214页。

洛村、枫潭联讲会，以订文成之学，又建怀玉书院于广信，迎龙溪、绪山主讲席，遂留绪山为《文成年谱》，唯恐同门之士，学之有出入也，其有功师门如此。浮峰卓立其间，反躬实践，传承良知学脉，陪祀阳明夫子于天真书院。①

范栗斋　范瓘（1490—1571），字廷润，号栗斋，绍兴府会稽县人。生而颖异，读书不务记诵，能寻究大旨。为人温润。弱冠，废举子业，卓然以古圣贤自期。当是时，士徒以章句相驰骛，不知有道德之师久矣。初师王司舆、许半圭，两先生并以道德重于时者也。其后卒业于阳明。所造益深，然先生性狷介，议论时相左。博考群经，恍然有悟，以为"孔、孟嫡传，惟周、程得之，朱、陆而下，皆弗及也"。家贫，无旦夕储，不以关怀，啸咏自若，人莫然测。尝对张元忭曰："天下有至宝，得而玩之，可以忘贫。"作古诗20章，历叙道统及太极之说，其奥义未易测也。幼而孤，事母尽孝，授业于外，给甘毳，每御一时。品则愀然曰："吾母安得尝此？"辄投箸不食。既殁，执丧如古制，至病瘠骨立。医者劝之茹荤，先生泣曰："死生，命耳！何可一日忘吾母？"母嗜芋，终身不忍食芋。二兄皆早丧，极力殓之，抚其侄如己子。积塾资婚娶，侄又早丧。其妇将改适，所得聘金悉以授之族人。窃议其迂，先生叹曰："吾恨贫不能止，其他适也，而又可利其入乎？"晚岁，名益著，士大夫咸敬信之。然或以粟帛周之，坚却弗受也。先后守令，屡表其里，曰"范处士里"。辟乡宾社长，辄以疾辞。隆庆戊辰，先生年八十，偶疾且革，呼其子语曰："我卒不讳，宁薄殓。毋妄受人赙□，污我。

---

① 参见刘宗周《大中丞张浮峰先生暨配胡淑人合葬墓志铭》，《刘宗周全集》，《文编七》，吴光主编，第4册，第201—204页；（清）黄宗羲《中丞张浮峰先生元冲》，《明儒学案》卷13《浙中王门学案三》，上册，第300—301页；乾隆《绍兴府志》卷53《人物志·儒林》，《中国地方志集成·浙江府县志辑》，第40册，第246页；《阳明心学流衍考》第312页。世少有人知浮峰先生生卒，王传龙整理，有益于学界。

与其邪而有余，宁正而不足，独不能效黔娄氏之妻乎？寻获愈一二助殓者，悉反之。"其平生廉洁类如此。张元忭尝屈致家塾数年，虽盛暑，冠服俨然。道古今，育人不倦，与人煦煦无倨容，而步趋不越尺寸。里中人，无老幼，皆以"范圣人"呼之。其孜孜问学，老而不衰，每诵卫武公之言语人曰："毋以耄而弃我！"庚午秋，病卧数日，忽起沐振衣，危坐三拱手而逝。①

王龙溪　王畿（1498—1583），字汝中，号龙溪，绍兴府山阴县人。阳明夫子著名弟子，素有"江有何黄，浙有钱王""二王""二溪"诸美誉，阳明夫子晚年最著名的弟子之一。② 万历癸未六月七日卒，年八十六。

为人聪敏。弱冠举于乡。嘉靖癸未下第。从阳明夫子学，深得夫子器重，为教授师。为人有气节。丙戌不廷试而归。阳明夫子捐馆，不赴廷试至广信，参与阳明夫子葬事。壬辰，中进士。授南京职方主事，寻以病归。起原官，稍迁至武选郎中。谪贤外任，疏乞休而归。逾年，察，不愿送礼，罢归。居家四十余年，周游全国，大力传播阳明夫子致良知学。易夫子四句教法，言"无善无恶心之体，有善有恶意之动，知善知恶是良知，为善去恶是格物"，即著名的"四无论"，与同门绪山先生相争辩，并启后学走入虚无学风，师门分裂，清儒多批评之。

梨洲总论其学曰："夫良知既为知觉之流行，不落方所，不可典要，一着工夫，则未免有碍虚无之体，是不得不近于禅。流行即是主宰，悬崖撒手，茫无把柄，以心息相依为权法，是不得不近于老。虽云真性流

---

① 参见（明）张元忭《范处士瓘传》，《国朝献徵录》卷114《儒林》，《四库全书存目丛书》，第497页；乾隆《绍兴府志》，《中国地方志集成·浙江府县志辑》，第40册，第243页；《明儒学案》卷11《浙中王门学案一》，上册，第219页。学术界对范栗斋生卒向来不明，今按《国朝献徵录》所载"隆庆庚午，先生年八十。庚午秋，卒"补。

② 梨洲先生《明儒学案》所述先生之事篇幅甚大，甚详。

行，自见天则，而于儒者之矩矱，未免有出入矣。然先生亲承阳明末命，其微言往往而在。象山之后不能无慈湖，文成之后不能无龙溪。以为学术之盛衰因之，慈湖决象山之澜，而先生疏河导源，于文成之学，固多所发明也。"① 梨洲之论，赞其长，揭其短，颇为中肯。龙溪之学盖以本体即工夫，主顿悟，颇近禅宗教法也。

二 《明儒学案》缺载阳明夫子亲传弟子5人考

杨秘图　杨珂，字汝明，号秘图，绍兴府人。正德十六年辛巳（1521）阳明夫子秋冬之际贵省祖茔时期，秘图与王正心、蒙泉、绪山、徐珊、管州、吴仁、范引年、夏淳、诸阳等74人共从阳明夫子学，侍于余姚县治右龙泉寺中天阁，时以三八为会期，是为"龙山之会"。不以科举为事，自放于山水之间。胡宗宪曾诱之游。为诗潇洒不群，书得晋人笔法，与徐渭齐名。隐居秘图山，养母以孝闻，远近咸敬爱之。②

萧静庵　萧鸣凤（1480—1534），字子雍（子雝），号静庵，山阴县大娄人，文学家徐渭的表姐夫。少从阳明游，讲明圣学，穷极旨归，体认践履。弘治甲子举乡试第一。正德九年甲戌成进士，授御史。副使胡世宁下狱，抗章救之。同官内江高公韶劾王琼误边计……中旨责鸣凤党庇，而谪公韶富民典史。鸣凤又劾江彬恃宠恣肆，蔓将难图。士论壮之。寻巡视山海诸关。武宗将出塞捕虎，鸣凤疏谏，因具陈官司掊克，军

---

① （清）黄宗羲《郎中王龙溪先生畿》，《明儒学案》卷12《浙中王门学案二》，上册，第237—270页；《明史》卷283《儒林二》，第24册，第7274页。

② 参见《文苑》，中华书局2001年版，第9册，第5109页；光绪《余姚县志》卷23《列传九》，《中国地方志集成·浙江府县志辑》，第36册，第819页；《王阳明全集》卷33《年谱二》，第1416页；《王阳明全集》卷36《年谱·附录一》，第1473页。备注：阳明夫子颇为重视余姚"龙山讲会"，夫子出征思、田，遗书绪山、龙溪，望其督同门进学。后，夫子弟子吴仁常聚徒于阁中，合同志讲会不辍。嘉靖十七年戊戌（1538），巡按监察御史傅凤翔（湖北随州人，字德辉，成化二十一年即1485年进士，历任上蔡知县、监察御史、金都御史、兵部右侍郎，有孝声）令建祠于阁，每年春秋二仲月，祀阳明夫子。

民疾苦状。不报。引疾归。起督南畿学政。诸生以比前御史陈选，曰：

"陈，泰山；萧，北斗。"嘉靖初，迁河南副使，仍督学政。考察拾遗被

劾。吏部惜其学行，调为湖广兵备副使。明年复改广东提学副使，督学

政。鸣凤三督学政，廉无私。然性刚狠，以愤挞肇庆知府郑璋。璋惭恚，

投劾去，由是物论大哗。八年考察，两京言官交章论，坐降调。已，与璋

相诋讦。皆下巡按御史逮治。鸣凤遂不出。有子勉、饬，均为国子生。著

有《静庵文录》《诗录》《教录》《杜诗注》若干卷。阳明有《与萧子雍》

信，有《送萧子雍诗》。已丑仲冬癸卯，参与会葬阳明夫子。①

胡双溪　胡纯，字惟一，号双溪，绍兴府会稽县人。阳明夫子学友

胡世宁子。少从阳明学。天性孝友。家无书，每假抄以诵。昼夜不辍。

自弱冠即为塾师，赖自资以奉亲终其身。终日斋坐，不妄言笑，不苟交

动，止必饬其教人，必率人以规矩。歌诗习礼，不从事章句。诸弟子旦

夕供使，令种蔬涤浣，皆欣然任之，不辞。师弟之间，庶几复见古道，

故出其门者，皆多知名士。所著有《双溪稿》《诗礼抄》《泗川志》《崇

安志》。郡太守洪珠高其行，题其碣名"明隐士胡纯墓"②。阳明夫子在

广，聘请其来主绍兴讲席，设帐讲学。③

周晟，字伯融，绍兴府嵊县人。宋汝士之后。独从阳明游。性严毅

难犯，以所学授生徒。士大夫接其言论风采，甚为推服。博览书史，为

诗文有奇声。山东德州齐合县令。丁外艰归，不复仕。子绍祖、孙光复

---

① 参见（明）薛应旗《广东提学副使萧公鸣凤墓表》，《国朝献征录》卷99《广东》，
《四库全书存目丛书》，第648—650页；《明史》卷208《列传96》，第18册，第5488页；
《浙江通志》卷176《人物五·儒林中》，《中国地方志集成·浙江府县志辑》第9册，第4983
页；（明）王守仁《与萧子雍》，《王阳明全集》卷27《续编二》，第1116页；（明）王守仁
《送萧子雍诗》（嘉靖丁亥五月），《阳明佚文辑考编年》，第855—856页。

② 参见乾隆《绍兴府志》卷52《人物志·理学》，《中国地方志集成·浙江府县志
辑》，第40册，第243页。

③ 参阅阳明夫子嘉靖七年（1528）佚文《与德洪汝中书》，原文及考证见《王阳明佚
文辑考编年》下册，第991—992页。

皆知经史之学。①

　　唐西白　唐仲珠，号西白，绍兴府嵊州县人。初以家传堪舆之学拜谒阳明夫子。夫子进之于学，而其堪舆之术也大进。②

　　王世仪，新昌县南屏人，居剡溪源天姥山西南峰下。地方名贤王坦（号竹轩）子。为人诚实不欺。补国学。官知事。官至四川按察司知事。曾从阳明夫子学，与绪山、邦正、引年、省曾、管州相交游。③

第三节　金华地区

　　金华地区，阳明夫子的亲传弟子事迹明确可考者，总计有 8 位。除应典（字天彝，号石门，永康县芝英人）、周莹（1485—1566，字德纯，号宝峰）、程文德（1497—1559，字舜敷，号松溪，永康县人）、程梓（字养之，号方峰，永康县方岩文楼村人）、卢可久（1503—1579，字德卿，号一松，永康县儒堂人）5 人外，尚有李琪、周桐、吕璠 3 位被梨洲遗漏的阳明亲炙弟子，他们均为永康县人，组成较为紧密的"永康王门"学派，以学术为宗，脚踏实地，传承至永康以外的金华地区，传承

---

　　①　参见康熙《嵊县志》卷 10《人物志·儒林》，《中国地方志集成·浙江府县志辑》，第 43 册，第 217 页；民国《辰州府志》卷 14《人物·儒林》，《中国地方志集成·浙江府县志辑》，第 43 册，第 527 页。

　　②　参见（明）黄绾《题唐仲珠西白卷》，《黄绾集》卷 22，张宏敏编校，上海古籍出版社 2014 年版，第 414—415 页。

　　③　王世仪为阳明夫子弟子，参阅阳明夫子嘉靖二年（1523）佚文《赠新昌裘怡处士夫妇九秩寿图诗序》，原文及考证见《王阳明佚文辑考编年》下册，第 845—846 页。可参阅《南屏王氏宗谱》（民国二十二年即 1942 年重修）文，见褚纳新《王氏与王阳明》，《余姚日报》2014 年 11 月 20 日。

数百年，影响特别巨大。①

金华永康县的五峰书院是 16 世纪我国浙江地区传播良知学的极为重要的场所之一，培养了众多地方读书人，推陈出新，彼此接力，推进中国心学的传承与发展。永康阳明亲炙弟子，尚有李琪、周桐、吕璠 3 位大儒，均在五峰书院讲过学，门人辈出，昌明良知学脉，其后学弟子传承良知学脉，一直至清初，甚为殊奇。黄绾撰有《游永康山水记》，记载其相继与应石门、林典卿、周凤鸣、周德纯、程梓等论学交游，为山水增色，一时之美谈。②

一 《明儒学案》后人增补附案所载阳明夫子亲传弟子 5 人考

应石门　应典，字天彝，号石门，金华府永康县芝英人。正德甲戌进士。由职方司主事，仕至尚宝司丞。初谒章懋于兰江，奋然有担负斯道之志。后介黄崇明见王阳明于稽山，授以致良知之学。归而讲学五峰书院。应石门以母病辞兵部职方司主事告归，与仙居应良、黄岩黄绾熟识。从学阳明夫子后，得良知之旨，建丽泽祠于寿山龙湫下，祀吕朱陆三先生，合宗朱陆，集诸生讲授，四方从游者众。乡居时，推广吕氏蓝田乡约，变化风俗。再起兵部车架司主事，为尚书王琼所器重，总四司奏案。南北党论起，告归。事母至孝，升尚宝寺丞，因母丧未赴。巡按御史周汝员（阳明夫子亲传弟子）檄郡守姚文照礼访之，无起意，徜徉寿山五峰间，当道弗能强也。释褐三十年，前后两任，仅一考而已。据

----

①　据永康县志载，松溪为首批被祀五峰书院的儒家。第二批则为应石门、程方峰、卢一峰（"一松"之笔误），时郡守陈受泉命吕瑗创正楼三，楹额曰"五峰书院"。第三批则为李琪、周莹、杜子光（杜维熙），时后学周佑德（1574—1629，字以明，号复初）筑学易斋于楼西。详细的情况，参阅光绪《永康县志》卷 2《建置书院》，《中国地方志集成·浙江府县志辑》，第 47 册，第 475—476 页。周佑德生平从周氏后裔所撰《永康周姓稽考十六：永康周姓的待解之谜》，参阅新浪博客"酌走巅溟的博客"（blog. sina. com. cn/u/2773484394）。

②　参见黄绾《游永康山水记》，《黄绾集》卷 14，第 259—261 页。

载应典在寿山内洞动工兴建丽泽祠，嘉靖元年（1506）建成，初名"丽泽精舍"，当时太守张钺题匾额曰"丽泽祠"，姚文照作碑记。嘉靖二十八年（1533），永康县令洪垣令撤原寿山寺的罗汉像，改建书院，太平人东涧先生吕瑗购材，在岩洞下建楼数间，费时三年，于嘉靖丙申落成，郡守陈京亲书匾额"五峰书院"。嘉靖辛丑后几年，因地方乡绅闹事，书院一度被废，学员被散，程梓等5人都被革去生员籍。程梓再写了《普诉词》，三年后新任郡守上任，书院得以再度复兴。其学术宗旨俱见《明儒学案》。盖，典为人诚悫和粹，孝友兼笃，谨言慎行，廉隅修游。黄崇明称其"笃实谦虚，刻苦好学，浙中罕俪"云。①

周宝峰　周莹（1485—1566），字德纯，号宝峰，金华府永康县人。宝峰先从学于阳明仙居弟子应元忠（原忠），再求学于阳明，阳明循循善诱，劝其自得自信进学。事情俱见《明儒学案》。可能阳明夫子发现他很有才华，便告诉他自信自立，从自己身上用力。故而他学于夫子，甚有所得，乃讲其学于五峰。②

程松溪　程文德（1497—1559），字舜敷，号松溪，金华府永康县人。嘉靖己丑进士第二，授翰林院编修。同年杨名下诏狱，方究主使，而先生与之通书。守者以闻，上大怒，误逮御史陈九德，先生自出承认，入狱。黜为信宜典史，撰《丽泽书院记》。总督陶谐延主苍梧书院。满三年，移安福知县，集士学子600余人。居三月，升南京兵部主事，

---

① 参见（清）黄宗羲《尚宝司丞应天彝先生典》，《明儒学案》《附案一》，下册，第1602—1603页；光绪《永康县志》卷7《人物·儒林》，《中国地方志集成·浙江府县志辑》，第47册，第646页。附案《尚宝司丞应天彝先生典》为慈溪后学郑性编入，其所撰应石门，对其学术旨趣论述甚详，而对其一生行事资料书写较为简略，现补充如上。关于五峰书院建设始末，参阅《永康日报》2010年2月10日。
② 参见（清）黄宗羲《周德纯先生莹》，《明儒学案》《附案二》，下册，第1603页；（明）王守仁《赠周莹归省序》，《王阳明全集》卷7《文录四》，第265—266页；光绪《永康县志》卷7《人物·儒林》，《中国地方志集成·浙江府县志辑》，第47册，第649页。宝峰的生平在学术界一直是个空白，今从周氏后裔所撰《永康周姓稽考十六：永康周姓的待解之谜》，具体详情请参阅酌走巅溪的新浪博客。

转礼部郎中。丁艰，起补兵部，出为广东副使，未行，转南京国子祭酒，擢都御史。丁内艰，起为礼部右侍郎，移吏部左侍郎，兼翰林院学士，掌詹事府事。上在斋宫，侍臣所进青书词，争为媚悦，独先生寓意讽谏，上不悦也。会推南宰，以先生辞疏为谤讪，落职归。三十八年十一月卒，年六十三。万历间赠礼部尚书，谥文恭。①

松溪初学于山阴胡琏、湛甘泉，其后卒业于阳明。嘉靖乙未，其任安福知县，大兴阳明夫子文教，与东廓、徐阶、季彭山、郭松崖（弘化）等集资助建书院，于嘉靖丙申冬十二月建成著名的复古书院。在《复古书院记》中，松溪大发真心说，传承阳明夫子良知之学，以真心为学，为善去恶。② 松溪为欧阳南野校正、嘉兴吴子堂刻本《阳明文录》作跋，该书稿不久修正以前版本的很多讹误，厘正一些错简，推动阳明夫子文录的流传，功业不少。③ 松溪积极主动与同门龙溪、南野、东廓、波石、石玉溪、卢一松、薛中离、应石门、伦白山等相往来论学争鸣，均有大量的书信往来，尤其与台州石玉溪、永康王门诸巨子关系最为深厚，彼此酬酢，丽泽辅仁，有力地推进良知学在广东、江西与浙江等地的继承与发展。

程方峰　程梓，字养之，号方峰，金华府永康县方岩文楼村人。程

---

① 参见《明史》卷283《列传171·儒林二》，第24册，第7280页；（清）黄宗羲《侍郎程松溪先生文德》，《明儒学案》卷14《浙中王门学案四》，上册，第301—302页；（明）罗洪先《明故前吏部左侍郎兼翰林院学士詹事府事松溪程君合葬墓志铭》，《罗洪先集》卷22，《阳明后学文献丛书》，徐儒宗点校，凤凰出版传媒集团2007年版，第904—907页；光绪《永康县志》卷7《人物·名臣》，《中国地方志集成·浙江府县志辑》，第47册，第639—640页。坊间称松溪初受业枫山，后从游阳明门下。今考念庵文，则松溪学于山阴胡琏、湛甘泉诸贤达。另，现松溪后裔程朱昌、程育全编有《程文德集》（上海古籍出版社2012年版），内有其学术旨趣与年谱的详载。松溪与应石门为阳明夫子永康地区两位进士弟子，其中应石门正德八年癸酉（1513）科举人、正德九年甲戌（1514）科进士，松溪为正德十四年己卯（1515）科举人、嘉靖八年己丑进士；而李琪、周桐俱为嘉靖年贡生，参阅光绪《永康县志》，卷6，《选举科第》，第576、580、590页。

② 参见（明）程文德《复古书院记》，《程文德集》卷10，第143—146页。

③ 参见（明）程文德《阳明文录跋》，《程文德集》卷13，第182—183页。

正谊之父,生而明慧。读《正学录》有得,跃然而曰:"学在是矣。"弱冠为诸生,徒步往姚江受业阳明之门。学归,即寿山石洞中讲学。其学以内省不疚为宗旨,可谓良知学脉中的"内省"派。尝与龙溪相印证,龙溪告之以"一念入微承担"心法,一念万年,获得致良知的"真血脉路"。① 隆庆辛未,子正谊司理武昌,迎养署中,诫子为官之道。有讼其建淫祠、倡伪学于御史台者,被黜,且毁院。越数年,而邑绅士诸御史言状,复之。仍建祠祀文成,讲学。晚年好静坐,建阁于五峰洞中,悠游乐道,卒年八十八,祀五峰书院,配享王文成公,崇祀郡邑乡贤。著作有《白翁吟稿》,今散佚。子程正谊(1534—1612),字叔明,号居左,隆庆五年辛未(1571)进士,历官武昌司理、刑部主事、云南副宪、广西参政、四川左辖、顺天府尹等,著有《程正谊集》(《永康程氏遗书》,载《程文德集》,上海古籍出版社 2012 年版)。②

卢一松 卢可久(1503—1579),字德卿,号一松,金华府永康县儒堂人。从阳明子于越,三月,既得良知之学,辞归。处一松山房,端默静坐,恍觉浮翳尽扫,皎月中天之象。再见阳明,商证益密,同门王畿、钱德洪,皆相许可。阳明子殁,归而聚徒讲学于五峰。曰:"本体工夫,不落阶级,不涉有无。悟者超于凡俗,不悟即落迷途。"又曰:"原无所存,更有何亡?原无所得,更有何失?默而识之,神而明之。"又曰:"省愆改过,是真实下工夫处,见得己过日密,则用工益精。"或问学之实功,曰:"非礼勿视听言动,充之而手舞足蹈,充之而动容周旋中礼。"其论学如此。可久负荷斯道,笃实精进,汲引提撕,至老不倦。孝事二亲,居丧尽礼。室人早丧,鳏居四十年,守严一介,芥视千

---

① 参见(明)王畿《答程方峰》,《王畿集》卷 12,第 311—312 页。

② 参见《明儒学案》《附案》,下册,第 1605—1606 页;雍正《浙江通志》卷 176《人物五·儒林中》,中华书局 2001 年版,第 9 册,第 5008 页;光绪《永康县志》卷 7《人物·儒林》,《中国地方志集成·浙江府县志辑》,第 47 册,第 648 页。

乘，襟怀洒落，略无撄滞。享年七十七卒。所著有《光余或问》《望洋日录》《草巷语》《文录》等书。①

二 《明儒学案》缺载阳明夫子亲传弟子3人考

李东溪 李琪，字侯璧，号东溪，金华府永康县人。早有志理学，徒步见阳明，得良知诀。琪独居精思，尽得其旨，同辈绪山、龙溪重之。岁贡，授江西抚州东乡县训导。在东乡，聘为豫章书院教事。升湖南怀化府溆浦县教谕，日与同志订会。提学巡抚聘主崇正讲会，郡人咸事士之。嘉靖乙丑，诏拔异才以风群史，擢大理评事。所至发明良知之训，听从者众。平生不事生业，临终前曰："只此见在良知，吾今紧密受用，性命皆了。"著有《东溪语录》，《千顷堂书目》卷23还载其有《质疑稿》。阳明夫子殁，李东溪与同门王修易、徐需、林文琼等亲迎梓于江西玉山草坪驿，为夫子筑墓，参与解决阳明嫡子家事，即"营墓保孤"事，有实功于阳明夫子家事。余姚姚江之门，有"钱王管李"之称，"李"即东溪也。盖，东溪主"见在良知"之学，躬行实践为其良

---

① 参见《卢一松集》，《重修金华丛书》，第98册，上海古籍出版社2014年版；（清）黄宗羲《卢德卿先生可久》，《明儒学案》《附案三》，第1604页；（清）王崇炳《金华征献录》卷6《儒学传》，《续修四库全书》，第547册，第109—110页；光绪《永康县志》卷7《人物·儒林》，《中国地方志集成·浙江府县志辑》，第47册，第648页。卢一松与程方峰同受业于阳明先生之门。一松别后，阳明曰："吾道东矣。"一松之学，主张"本体工夫不落阶级，不涉有无"，强调见己过，省愆改过，"省愆改过，是真实下工夫处"，"见得己过日密，则用工日精"，可谓良知后学中"见过"派。又据《明史》载，可久传播良知学之功甚伟，善于教化人，其传金华东阳县杜惟熙，惟熙则传同邑陈时芳、陈正道。正道年八十余犹徒步赴五峰讲会。其门人则为吕一龙（永康人）、陈其葱（葱），均以传播良知学为己任。这是阳明良知学脉在浙江地区传播最久、最纯正的一系，均以五峰书院为讲学中心，均为金华人，一直到明清易纪，殊为不易。参阅《明史》卷283《儒林二》，第24册，第7273页。关于杜惟熙、陈时芳、陈正道、陈其葱（葱）等儒家资料的详细情况，参阅道光《东阳县志》卷18《人物志六·儒林》，《中国地方志集成·浙江府县志辑》，第53册，第215—216页。

知学特色也。①

周岘峰 周桐（1483—1564），字凤鸣，号岘峰，金华府永康县人。幼嗜学。年十七从舅氏应鹤邱恩游学南雍。归，负笈姚江，从阳明夫子游。以明经贡授南京武学训导，擢江西抚州府儒学教授。古貌古心，日以讲道为诸生倡。母病，即日弃官归。自应石门后，继主五峰书院讲席者多年。嘉靖己丑正月庚午曾在绍兴哭奠阳明夫子。己丑仲冬癸卯，参与会葬阳明夫子。殁后，抚州人士祀于名宦祠。②

吕石崖 吕璠，字德器，号石崖，永康县人。弱冠为邑博士员。先后从枫山、阳明二先生学。宗良知学。参与五峰书院建设和讲学活动。著有《吕石崖集》，卷1为序传记等15篇，卷2为墓志铭、祭文等22篇，附录5篇，为学术界难得一见的珍贵文献。③

第四节　衢州地区

衢州地区有栾惠、王玑、周积、郑骝、徐需、王修易、林文琼、何伦8位被梨洲遗漏的阳明亲炙弟子。

衢州王门巨子间彼此熟悉，多以笃志力行见长，或出外为官多年造福四方，或居家潜心教学培育地方才俊，聚会讲学，泽被乡里，修路筑

---

① 参见雍正《浙江通志》，中华书局2001年版，第9册，卷176，第5007—5008页；光绪《永康县志》卷7《人物·儒林》，《中国地方志集成·浙江府县志辑》，卷47册，第648页；《金华征献录》卷6《儒学传》，第107页；《江西通志》卷62《名宦·抚州府》，《四库全书》，第515册，第176页。

② 参见光绪《永康县志》卷7《人物·儒林》，《中国地方志集成·浙江府县志辑》，第47册，第648页。

③ 参见黄灵庚《〈重修金华丛书〉提要》，上海古籍出版社2014年版，第621页。另，吕璠《石崖稿》参见黄灵庚等主编《重修金华丛书》，第145册，上海古籍出版社2014年版。关于吕璠的师从归属，属阳明夫子门下还是其弟子门下，学术界多有分歧，特此说明，求教于方家。

桥，赈灾扶贫，尤其是几位江山阳明弟子组成了在当时较有影响力的学术派别"江山王门"，实为阳明良知学脉增劲。

特别是在江西丰城人李遂就任衢州知府的几年时间里，建设书院，组织会讲，连接浙中王门、江右王门，"衢州王门"诸健将引诱后学，前赴后继，开创一个灿烂的王学时代。江山县徐霈告别仕途，居家后，一意讲学，继承与发展阳明夫子的遗教，以徐霈的东溪书院为中心，"江山王门"诸王学巨子心气相应，日夜琢磨，有力地推进了阳明学脉在江山地区的发展。可惜，这么重要的阳明亲炙弟子，居然被梨洲忽视了，地域之遥、文献之缺与诸儒阒然自修之态为其被忽视的重要原因。①

一　衢州市区两位《明儒学案》缺载亲传弟子

栾惠，字子仁，衢州府西安县（今柯城区）人。师阳明。母患疯疾13年，饮食搔摩，必躬必亲。子仁从学阳明归，阳明有诗《次栾子仁韵送别四首》赠：

一

从来尼父欲无言，须信无言已跃然。

---

① 在买舟渡江祭拜徐横山的祭文中，开化的徐文溥曾称阳明为"我阳明之师"，其或为阳明夫子弟子，与邵锐、夏东岩、魏庄渠等为友，今附录其资料，待学者考证。徐文溥（1480—1525），字可大，号梦渔，衢州府开化县芹阳镇（今城关镇）人。正德六年（1511）进士。授南京礼科给事中。在南京，与徐爱等人求学于阳明夫子门下。宁王宸濠求复护卫，文溥谏阻之，时宸濠奥援甚众，疏入，人咸危之，帝但责其妄言而已。又请择建储贰，不报。十年（1515）四月，复偕同官上疏，劝帝勤政诸事，报闻。知府翟唐、佥事韩邦奇等下狱，文溥言瑾乱政，乞治瑶等诬罔罪。帝不听，遂引疾去。隐居梧山读书著述，其《述怀》称："拂袖东归空复忙，无端惆怅别睢阳。蛇行不觉谋身拙，鹰击翻知为国伤。思切高山天正远，病依孤馆日偏长。关西故旧如相问，为报沧州理钓航。"其间，应江山县令吴仲之请，纂修《江山县志》。世宗即位，廷臣交荐，起河南参议。上《新政四要》《地方四事》2疏。未几，以念母乞归。抚按请移近地便养，乃改福建。寻迁广东副使。广东湖田争讼甚多，撰《后湖七弊》请订立律令，以利遵循，多涉权要，恐贻母忧，复引疾归。行至玉山卒。为官清廉。著有《燕程集》等。参见《明史》卷188，第16册，第4989—4991页；（明）徐爱《祭文》，钱明编校《徐爱　钱德洪　董沄集》，《横山遗集附录》，凤凰出版社2007年版，第116—117页。

悟到鸢鱼飞跃处，工夫原不在陈编。

二

操持存养本非禅，矫枉宁知已过偏。

此去好从根脚起，竿头百尺未须前。

三

野夫非不爱吟诗，才欲吟诗即乱思。

未会性情涵咏地，《二南》还合是淫辞。

四

道听涂传影响前，可怜绝学遂多年。

正须闭口林间坐，莫道青山不解言。

子仁再于正德庚辰再拜谒阳明（时阳明 49 岁）于新淦，因军务繁忙，阳明有文赠其归：

> 栾子仁访予于虔，舟遇于新淦。嗟乎！子仁久别之怀，兹亦不足为慰乎？顾兹簿领纷沓之地，虽固道无不在，然非所以从容下上其议时也，子仁归矣。乞骸之疏已数上，行且得报。子仁其候我于梧江之浒，将与子盘桓于云门、若耶间有日也。闻子仁居乡，尝以乡约善其族党，固亦仁者及物之心，然非子仁所汲汲。孔子云："言忠信，行笃敬，虽蛮貊之邦行矣。然惟立则见其参于前，在舆则见其倚于衡也，而后行。"子仁其务立参前倚衡之诚乎？至诚而不动者，未之有也；不诚未有能动者也，聊以是为子仁别去之赠。

阳明勉之以立诚之学。①

---

① 见（明）王守仁《次栾子仁韵送别四首》（子仁归，以四诗请用其韵答之，言亦有过者，盖因子仁之病而药之，病已则去其药），《王阳明全集》卷 20《外集二》，第 820 页；（明）王守仁《书栾惠卷》，《王阳明全集》卷 24《外集六》，第 1013—1014 页。

阳明捐馆，嘉靖己丑，子仁与徐霈、林文琼、王修易迎榇于玉山草坪驿，凭棺而哭者数百人。诸同志护送榇至衢州府上杭驿。远拜墓道吊慰，并与同门友撰祭文，赞夫子之学"四方风动"，夫子之功"为国柱石"。后又拜学甘泉。聘南充胄六堂学长，竟辞。应地方长官之请，在龙游、水北、严陵等处步行乡约，皆有成绩。归家，深居简出，四方学者云集。岁己亥夏四月卒，祀乡贤。著有《下洲隐居集》《乡约书》《〈大学〉〈中庸〉提纲》《求志说》等。栾惠为衢州著名教育家，弟子辈出，出色弟子有王之屏（曾出任奉新知县）、陈情等。①

薛侃记《传习录》卷上第 111 则载字子仁者问学与乐、学习与榜样的关系，夫子谆谆告诫其一心存天理，实实在在存天理，显然阳明夫子中年中正教法，故而此子仁当为栾惠，断非阳明夫子晚年广西所收弟子冯恩。栾惠问学于赣州，薛侃记《传习录》多为赣州从学故事，故而此子仁当为栾惠。故钱等校注所说为非。②

王在庵　王玑（1490—1563），字在叔，晚号在庵、六阳山人，衢州府西安县（今柯城区）人。年三十一，时补郡文学。少时仰慕陈白沙。嘉靖乙酉，中乡举，入万五溪之万松书院，得闻良知学。后渡江拜阳明为师，阳明见其"外朴内炯"甚喜，赞其"笃实"。嘉靖丁亥，阳明赴两广，路经衢州西安，在庵与栾惠、王修易、林文琼、郑礼等人候于江浒，复求印可。嘉靖八年乙丑（1529）进士。庚寅，任兵科给事中，上疏论时政，请分内阁重权，以防朝廷受蔽。后任山东按察佥事等职。癸巳，调任山东按察佥事，常召生员讲学，齐鲁士彬彬向风。任江

---

① 参见民国《衢县志》，《衢州历史文献集成》，王志邦、史为乐点校，中华书局 2008 年版，第 6 册，第 1726—1727 页；《王阳明全集》卷 36《年谱·附录一》，第 1469 页；（明）王守仁《门人祭文》《丧纪》，《王阳明全集》卷 38《世德纪》，第 1591—1592、1610 页。遗憾的是，《丧纪》与《年谱·附录一》所载同一事迹出入甚不一致，请读者阅读时注意。

② 参见《传习录》，第 73—74 页。

西布政司参议时，与徐阶厚契，共倡良知学。辛丑，转山东按察副使，兵备天津，劳疾乞休。六载庐居，申瞿麓讲会，与徐天民、徐用检共倡瀫江之会，令二子念伟、念圣从学天民。庚戌，汔服，补任徐州兵备。秋升任福建布政司参政，进右佥都御史，改任淮、徐、兖招抚营田使。所属五府三州连年灾害，千里萧条。玑节开支，励生产，促垦地，流民返乡者多。嘉靖三十二年（1553）罢归，居家休养，以礼律己，和蔼待人，林居十年，年七十四卒。壬辰，在庵曾提出"认得天理，即是良知；致得良知，即为天理。一也"，为王门弟子中的调和派。曾言："平生无过人处，惟出处分明，未尝屈身降志。"龙溪称其"平生惟讲学一事，以忠信为本，致良知为的，圣贤可期"①。

二　《明儒学案》缺载"江山王门"6人考

周二峰　周积（1483—1565），字以善，号二峰，衢州府江山县石门镇人。曾从枫山、虚斋学。正德五年（1510）举于乡。往从师阳明。初疑知行合一，阳明反复以立诚之道，有悟。龙溪赞曰："于枫山得其旷，于虚斋得其博，于先师得其立诚之旨。"从学阳明夫子归，日以所闻于先生者，启迪后进，一时及门之士，如方伯徐东溪、邑侯林汤溪、学正王西山，咸彬彬焉。嘉靖丙戌，谒选南安推官，闲暇时召诸士之茂异者相与讲明阳明夫子之学，虽寒暑不辍。戊子冬，再署南康。阳明疾薨，亲为殡殓，心丧三年如一日。升知沅州，有政声。迁德王府长史，有惠政。逾年，致仕归。嘉靖三十年（1551）辞官回乡，于界牌创办景濂书院。公善摄生，无声色之奉。尝自称"漠然道人"。年逾八十，犹

---

① 参见民国《衢县志》，《衢州历史文献集成》，第6册，第1729—1730页；（明）王幾《中顺大夫都察院右佥都御史在庵王公墓表》，《王幾集》卷20，第636—639页；方祖猷《明人传记资料索引》，台湾"中央"图书馆编，中华书局1987年版，转引自《王幾友人、弟子简录》，《王幾评传》，南京大学出版社2011年版，第472页。

矻矻如壮夫。性喜讲学。每日黎明起，谒家庙，退居省心亭，焚香前坐，潜真冥思，会有所得，即书之于册，每月有《日录》一本，以验进益。晚年矫甚弊曰："为学如治病，学不身体力行，是徒讲药方类也。"二峰生于成化癸卯三月初三日，卒于嘉靖乙丑二月十二日，享年八十三，葬于宝峰山之原，乃公自营之寿藏也。著有《读易管见》《启沃录》《图说》《山中日录》《二峰摘稿》。阳明44岁时赞其循循善进之心，于正德十年乙亥为其撰《赠周以善归省序》。①

郑鹿溪 郑骝，字德夫（孚），号鹿溪，衢州府江山县协里人。正德九年（1514）五月，鹿溪在南京与中离、致斋、彭山、杞山、二峰、刘晓、栾惠、白说等人同从阳明夫子学，得阳明知行合一、"存理去欲"下学之说。正德十六年辛巳（1521）进士。嘉靖癸卯出任韶州太守，冰洁治政，宽和乐易，以儒术补吏治；寻访余靖子孙，贫不自振者，买地属之；校七学诸生，辟明经馆，拔其优异者禀于明经馆，与之课业，宣讲阳明夫子良知学，士类宗之；刊布霍韬辑《明良集》，自是郡士习知历朝故事。嘉靖十七年（1538）三月戊子，升云南按察司副使。从征安

① 参见（明）赵镗《德府左长史周公积行状》，《国朝献徵录》卷105《藩府僚》，《四库全书存目丛书》，史部，第173—174页；雍正《浙江通志》卷177《人物五》，第5012—5013页；同治《江山县志》卷9，《衢州历史文献集成》，第12册，第459—460页；《王阳明全集》卷7《文录四》，第264页；（清）黄虞稷撰，瞿凤起、潘景郑整理《千顷堂书目》卷1。据赵镗载，适（阳明）先生自广班师得疾，公（二峰）迎候，谓之曰："汝在此，吾心安矣！"继疾亟，召公永诀，公泣曰："复有言乎？"先生微笑曰："此心光明，亦复何言？"此说为非。今据绪山《遇丧于贵溪书哀感》所载，"二十九日疾将革，问侍者曰：'至南康几何？'对曰：'距三邮。'曰：'恐不及矣。'侍者曰：'王方伯以寿木随，弗敢告。'夫子时尚衣冠倚童子危坐，乃张目曰：'渠能是念邪！'须臾气息。次南安之青田，实十一月二十九日丁卯午时也。是日，赣州兵备张君思聪，太守王君世芳，节推陆君府奔自赣；节推周君积奔自南安，皆弗及诀，哭之恸。明日，张敦匠事，饰附设披积，请沐浴于南野驿，亲进含玉，陆同殓襚。"盖二峰未得与阳明夫子亲诀，而后绪山所撰年谱之载，人为地设计夫子临终种种境况，其失实可知也。盖阳明夫子之丧，既无一亲炙弟子在旁，更无一子女亲人在旁守时，夫子临终身体之痛，寂寞之苦，可想而知，真可悲夫！参阅（明）王守仁《遇丧于贵溪书哀感》，《王阳明全集》卷38《世德纪》，下册，第1601页；《王阳明全集》卷35《年谱三》，下册，第1463页。

南，有功。嘉靖二十三年（1544）正月癸丑，吏部会都察院考察天下官员，罢归。阳明44岁时曾传其诚心治学，于正德十年乙亥为其撰《赠郑德夫归省序》。其学以立诚为宗，参解良知。居乡，鹿溪悯族人之党穷创义仓，遇慌施赈；更设义塾，人知向学致行。①

徐东溪　徐霈（约1511—1600），字孔霖，号东溪，衢州府江山县双塔街道人。幼学于周二峰。弱冠时，从阳明先生讲明致知格物之旨，悟良知，得其上乘，遂厌科举之学。及夫子殁，参与迎梓、哭奠、会葬主事。嘉靖辛丑二十年（1541）进士，先后任两湖监察御史、京都给事中御史。监察御史任，疏救夏言，遭廷杖，远谪贵阳。四十一年，严嵩父子遭黜，被起用，出为河南督学，升广东左（右）布政使，以清介闻。隆庆初年辞官回乡，于县城北郊建东溪书舍讲学，与何伦、王西山、林阳溪、柴白岩等传播王阳明致良知学说，定学习制度，每月朔、望大会诸友质疑辩难，各求有得，扩大阳明学在衢州地区的传播。老而不倦，著书谈道，主静，尚自然之理，主张以良知学统摄六经，对龙溪之学近慈湖禅学多有批评，享年九十五岁。著有《世德乘》《道器真妄诸说》《东溪文集》，清乾隆十八年（1753）刻本。②

王西山　王修易，号西山，衢州府江山县西山下人。早游阳明先生之门。嘉靖时以贡生身份任新建县学训导。西山终日对诸生讲解，贫者

---

① 参见同治《江山县志》卷9，《衢州历史文献集成》，第460页；《王阳明全集》，卷7《文录四》、卷33《年谱一》，第260—261、1364页；《广东通志》卷40《名宦志省总》，《四库全书》，第563册，第771页。

② 参见雍正《浙江通志》卷177《人物五》，《中古地方志集成·浙江府县志辑》，第5013页。徐霈墓，位于上溪村布政坛山，列为江山市文物保护点。原墓碑于1958年消失，1982年江山县人民政府重竖。参阅（明）赵镗《东溪先生文集序》、（明）徐霈《答何春泉论〈阴符经〉书》《奉王龙溪先生书》《祭先师周二峰先生文》《〈孝经〉序》《祭林阳溪文》《祭柴白岩文》；同治《江山县志》，《衢州历史文献集成》，第12册，第79、730—731、731—732、745—746、714、746、746—747页；《东溪文集》，（清乾隆十八年即1753年刻本）台湾傅斯年图书馆善本室有手抄本；（明）徐霈《东溪先生文集》（19卷、卷首1卷、卷末1卷，4册），浙江省图书馆孤山分馆，民国十五年（1926）版线装活字本。

辄周恤之。与巡抚山阴张元冲为友。一日遣人召见，西山曰："为公事乎？为讲学乎？讲学当以折柬来相命。"张如礼延请乃赴。盖先生以学问气节自励。日讲良知格物之学，淡泊名利，耿直清介。西山与徐霈同学，亦参加夫子迎榇、会葬诸事。①

林阳溪　林文琼，号阳溪，衢州府江山县人。嘉靖中任南陵丞，不携妻孥，俸钱每赡贫民。阳溪暇即与士人讲明正学，民有"貌古心亦古，节苦身更苦"之颂。阳溪70岁时，同学徐霈有文贺。阳溪亦亲往兰亭参加会葬活动。②

何东山　何伦，字宗道，号东山，衢州府江山县人。当时著名的孝子，贫失学，年二十七始发愤读书。徒步千里，从阳明先生讲学于越。亦参与夫子会葬诸事。既而复从王心斋、王龙溪、薛中离诸公游。晚年复拜甘泉先生于南都。及归，充然如有得也。日与王西山、徐东溪诸公切劘以终其身。著有《何氏家规》，流传甚广。东山仅有一女，其女婿

---

①　参见同治《江山县志》，《衢州历史文献集成》，第 12 册，第 460 页；《江西通志》卷 59《名宦·南昌府》，《四库全书》，第 515 册，第 96 页。《王阳明全集》中绪山弟子程恽《丧纪》《阳明年谱·附录一》文"王修易"误为"王修"，盖缺笔也，参阅《王阳明全集》卷 38《世德纪》，下册，第 1610 页；《王阳明全集》（新编本），《阳明年谱·附录一》，第 1343 页。

②　参见《江南通志》卷 116，《四库全书》，第 510 册；同治《江山县志》，《衢州历史文献集成》，第 12 册，第 460 页；（明）徐霈《赠林阳溪先生七袠序》，《东溪先生文集》卷 5《续三》；《王阳明全集》卷 38《世德纪》，下册，第 1610 页；《王阳明全集》卷 36《年谱·附录一》，下册，第 1469 页。《年谱·附录一》中的"林文巘"盖沿袭《四库全书》版、《四部丛刊》版"林文瓒"之刊印时笔误也。2014 年 11 月 28 日下午，笔者在浙江大学西溪校区图书馆三楼大型文献阅览室遇到业师束先生，特意向先生请教，先生温和而又明确地说"王修""林文巘"应该为"王修易""林文瓒"。盖夫子晚年弟子绪山等人所编《年谱》错误颇多，特别是涉及阳明嫡传弟子姓名尤甚，希望引起有识之士阅读时注意。参见《王文成公全书》卷 38，《世德纪》《年谱附录》，《四部丛刊》初编，上海涵芬楼景印明隆庆刊本，商务印书馆 1926 年重印，上海书店 1989 年印行，第 260 册；《王文成全书》，"嘉靖十三年三月条"（第 98 页）、卷 37《丧记》，《四库全书》，第 1266 册，第 199 页。

即为江山县地方名士白岩先生柴惟道（字允中，严州人）。①

第五节　台州、温州、丽水地区

台州、温州、丽水地区，阳明夫子事迹明确可考的亲传弟子有 11
位。除黄绾（1480—1554，字宗贤、叔贤，号久庵，台州府黄岩县
人）② 1 人外，尚有应良、金克厚、叶慎、林应麒、林元叙、林元伦、
石简、钟世符、王激（温州永嘉县人）9 位被梨洲遗漏的阳明亲炙弟
子。丽水地区仅有朱应钟 1 位被梨洲遗漏的阳明亲炙弟子。

一　台州王门 8 人考

黄久庵（石龙）　　黄绾（1480—1554）字宗贤，号久庵、石龙，
台州府黄岩县人。成化十六年二月十一日辰时生。弱冠通古诗文，为人
聪敏。曾隐紫霞山中读书 15 年，得所学。母命出仕，以祖文毅定轩公
荫入官，授后军都事。虽素贫，却商户某馈金千余两。上疏，为当道所
重。凡三年。告病归，家居十年。嘉靖改元，以荐起南京都察院经历。
同张璁、桂萼上疏主大礼③，升南京工部员外郎，累疏乞休。归三年，

---

① 参见同治《江山县志》卷 9《人物七·孝义》，《衢州历史文献集成》，第 12 册，
第 496 页；（明）徐象梅《两浙明贤录》卷 4《理学》，《续修四库全书》，第 542 册，第
192—193 页；（明）赵镗《孝子何伦传》，《国朝献徵录》卷 112，《四库全书存目丛书》，
史部，第 106 册，第 404—405 页。白岩文集参阅（明）柴惟道《玩梅亭集稿》（2 卷），
《四库全书存目丛书》，集部，第 193 册，第 1—46 页。诗集中，载有不少白岩与绪山、龙
溪、敬所、东溪等阳明嫡传弟子及其后学弟子的诗歌酬和之作。有一定的文献价值。

② 见《明史》卷 197《列传 85·黄绾》，第 24 册，第 5219—5223 页；（清）黄宗羲
《尚书黄久庵先生绾》，《明儒学案》卷 13《王门学案三》，上册，第 280—286 页。

③ 参见（明）李一瀚《礼部尚书兼翰林院学士黄公绾行状》，《黄绾集》卷 40，第
728 页。李一瀚说黄绾反对献帝入祀太庙。

尚书席书纂修《明伦大典》，荐先生与之同事。起光禄寺少卿，转大理寺，改少詹事兼侍讲学士，充讲官。《大典》成，升詹事，兼侍读学士。与宰相议不和，出为南京礼部右侍郎，转礼部左侍郎。云中之变，往抚大同平之，擒斩首恶张玉、穆通等乱贼 230 名，还诸内赈济银 3 万余两。民立祠祀之。明年，知乙未贡举，拔王槐野、薛方山之辈。丁母忧。服阙，起礼部尚书，兼翰林院学士，充安南正使。黄省曾撰《安南问随》。惧，至徐州不行，失期，帝怒，令闲住。迁家翠屏山中，布衣草履，杜门谢客，寒暑未尝释卷。往来之士，多与之语，不倦。亲友贫乏者，多周济。① 家居 15 年，嘉靖三十三年九月初四卒，享年七十五。子七：承文、承廉、承德、承式、承忠、承孚、承恭；次女是阳明夫子嫡子正亿。所著有《明道编》《石龙集》《四书五经原古》《石龙奏议》《思古堂笔记》《家训》等书。②

梨洲对其学所论不可谓不详也，也颇为中肯。壬辰，与方献夫合同门，发明良知之旨。久庵曾编辑《阳明先生存稿》，撰《阳明先生行状》。后在编撰方针上，与阳明夫子著名弟子东廓先生发生分歧，导致阳明夫子文集编撰未获得圆满与理想的效果，直接导致阳明夫子门下的分裂。何乔远说其狡猾圆通，不专一节，随机附和，初附张璁，后背璁附夏言，精通权术，颇不合正道。③ 吏部尚书曾劾其侵盗阳明夫子后裔家财事。④

晚年闭门潜心乡居撰学术日记《明道编》，独立门户，构建自我的艮止、执中之学，直接朱子，全面排斥以"二程"为代表的宋代儒学，

---

① 亦有史书说其纵容子弟奴婢，其子弟多不守法。未知孰是。

② 参见《明史》卷197《列传85·黄绾》，第24册，第5219—5223页；（清）黄宗羲《尚书黄久庵先生绾》，《明儒学案》卷13《王门学案三》，上册，第280—286页。

③ 参见（明）何乔远《黄绾传》，《黄绾集》卷40，第736页。

④ 参见（明）王世贞《黄尚书绾行状》，《黄绾集》卷40，第737页。

公开大肆攻击阳明夫子、甘泉先生二人之学，说其有禅学之嫌，反思自己"始未之信，既而信之，久而验之""方知空虚之弊，误人不细"①，公开放弃对良知学的信仰，对其后学排斥、攻击不遗余力。批评文字累见其与阳明亲传弟子龙溪、绪山书信文集，一如其权谋之术多变性颇相合，此犹可见其诡秘狡黠之处，甚可怕也。余敢断言，其与王道、顾应祥等阳明夫子早年同事类似，未成名时就学于阳明夫子，互相唱和，及晚年位高权重之后，则公开背叛阳明夫子良知教者也，非真心实意相信良知教者，故而自然不得列为阳明夫子亲传嫡系弟子者也，仅可谓学友之间也。

应南洲　应良（1480—1549），字符（原）忠，号南洲，台州府仙居县人。正德六年（1511）进士。官编修。阳明夫子在吏部，南洲学焉，折节称弟子。辄以圣学为己任。亲老归养，讲学山中者将十年，从游者甚众，随材教之。嘉靖初，还任。服阕，升山东提学副使，阐明师教，率以身，士心悦服。任副使时，曾于己丑正月庚午曾在绍兴哭奠阳明夫子。两年后，升河南参政。寻调广西。黜为外官，南洲得山西副使。谢病归，辑家谱，教子弟。闲居小楼，批阅古书为事，浩然自得。经南洲引荐，介山得以正式拜学阳明夫子门下。著有《南洲集》。②

金竹峰　金克厚，字宏（伯）载，号竹峰，台州府仙居县占前人。尚志厉行，困于科举。闻阳明先生为圣贤之学，前往事之，笃信力行，刻志问学。为人温雅忠厚，有长者风。阳明先生丧父，竹峰为人谨恪，令其为监厨，内外井井。嘉靖元年壬午（1522）举于乡。明年成进士。

---

① （明）黄绾：《久庵日录》，《黄绾集》卷34，第657页。其文集中，多次反对与攻击阳明心学，请详细参阅其文集。

② 参见（明）邹守益《应方伯良墓志》，《台学统》卷43《姚江王氏学派上》，《续修四库全书》，第545册，第583—584页；光绪《仙居县志》卷13《人物·儒林》，《中国地方志集成·浙江府县志辑》，第48册，第186页；《明史》卷283《儒林二》，第24册，第7273页。笔者按：邹守益所著《应方伯良墓志》不见于现在通行本，为珍贵的佚文。

嘉靖三年（1524），授南京市六合知县。应容庵赠之以"推是心以行是政"。己丑仲冬癸卯，参与会葬阳明夫子。入都，历工部郎中，以廉治称，寻卒。① 竹峰与南洲关系深厚。正德八年（1513），南洲丁忧，请阳明夫子作墓志铭，往来送信者，当为竹峰。正德八年轶文《寄原忠太史》，有字"伯载"者，或为竹峰也。详见束先生考证。②

叶恒阳　叶慎（1488—1564），字允修，号恒阳，台州府仙居县人。从阳明先生于会稽，得闻良知之旨，跃然曰："是矣！圣人决可学而至矣！"既归，以其说语乡人。乡人皆胶于旧闻，听而骇之，相与指目，呼为"叶圣人"云。读书不求尽记，然经涉省览，必得其宗诠所在。学最精博。九流百氏之专门擅长者，与之往复辩论，雄谈元论，飚发泉涌，使之愕眙倾听，神受心服而已。嘉靖甲子腊月庚辰以疾卒，年七十七。同门林应麒为其撰墓志，见《介山稿略》。③

林介山　林应麒（1506—1583），有作"应麟"，字必仁，号介山，台州府仙居县人。幼颖，有文采。嘉靖壬午年十七获侍阳明夫子，后又因应南洲妻伯正式得游阳明之门④，得良知之训，终身服之，讲明绝学，所造益精。嘉靖四年乙酉（1525）乡荐。嘉靖十五年丙申（1536）进士，授江苏吴江县令。邑多豪右，以严法治之，诬被劾，除国学博士。嘉靖二十年（1541）乞改教职，授六安州判官。嘉靖二十七年

---

① 参见（明）王棻《郎中金竹峰先生克厚》，《台学统》卷43《姚江王氏学派上》，第582页；光绪《仙居县志》卷13《人物·宦业》，《中国地方志集成·浙江府县志辑》，第48册，第186—187页；《阳明弟子传纂》卷1《浙中王门》，第40页。

② 参见（明）王守仁《寄原忠太史》，《王阳明佚文辑考编年》（增订本），第395—396页。

③ 参见（明）林应麒《恒阳叶贞士墓志铭》，《介山稿略》（16卷、补遗1卷），《丛书集成续编》，台北新文丰出版公司1988年印行，第143册，第706—707页；（明）王棻《贞士叶恒阳先生慎》，《台学统》卷43《姚江王氏学派上》，第592页；《阳明弟子传纂》卷1《浙中王门》，第40—41页。

④ 参见（明）林应麒《上东廓邹先生》，《介山稿略》（16卷、补遗1卷）卷9，《丛书集成续编》，第680页。

（1548），从国子监助教调补泰安州判。明年升金溪知县，以廉干闻。嘉靖二十七年升云南提举。嘉靖三十年（1551）八月升惠州府同知，清操愈励，守职奉公，矫正世俗，吏事精敏。善断讼，视民一体，有政绩。佐郡一岁余，以母忧去。嘉靖三十二年（1553），巡按江西，后被劾罢。家居三十余年，万历癸未卒，年七十八。著有《介山稿略》20 卷。①

梨洲《明儒学案》不载其人其学其事，甚为遗憾也。介山之学以反躬实践矫正良知后学"习气意见"之弊，其学多出自阳明夫子，有"自任之勇"。尝与同门东廓、龙溪、南塘等相砥砺，与甘泉、念庵等为学友。龙溪告诫其自反改过，真证实悟，一毫不起怨尤之心。②

林益庵　林元叙，字典卿，号益庵，台州府临海县人。与弟元伦同荐正德庚午乡试。益庵师事阳明夫子，得立诚求仁之旨。吏部乔宇耳其名，嘉靖初荐知解州。殚心治政，查明冤案多起。改广慈寺为解梁书院，以其余地立社学，集诸生与之讲明道理，解人翕然奋兴。卒于官，年四十九。太史吕柟为其治丧。③

林颐庵　林元伦，字彝卿，号颐庵，益庵之弟，台州府临海县人。乙丑下第东归。途中调护病重友人，并为其治丧。从学阳明与甘泉二夫子。七上春官不第，谒选延平府通判。廉平纯良，清釐政，嘉靖十四年（1535）以其地介延、漳、泉三府之交条禀御史白贲奏置立大田县治，

---

①　参见光绪《仙居县志》卷 13《人物·宦业》，《中国地方志集成·浙江府县志辑》，第 48 册，第 192—193 页；《介山稿略》（16 卷、补遗 1 卷），《丛书集成续编》，第 143 册，《文学类·诗文别集》（明）；（明）王棻《同知林介山先生应麒》，《台学统》卷 43《姚江王氏学派上》，第 594 页；《阳明弟子传纂》卷 1《浙中王门》，第 41 页；《介山稿略》（16 卷、补遗 1 卷），《仙居丛书》，第 1 集，民国二十四年（1935）铅印本，浙江省图书馆孤山分馆藏；《介山稿略》（16 卷、补遗 1 卷），《仙居丛书》，第 6 册，浙江人民美术出版社 2013 年影印本。

②　参见（明）王畿《答林介山》，《王畿集》卷 12，第 309—310 页。

③　参见（明）王守仁《龙江舟次与某人书》（正德十一年，1516），《阳明佚文辑考编年》，第 445—447 页；民国《临海县志稿》卷 20《人物·宦业》，《中国地方志集成·浙江府县志辑》，第 46 册，第 417—418 页。此篇佚文的考证，束著填补学术空缺，意义甚大。

民立生祠祀焉。闲时，与徐阶相与讲学。兴礼让，明理学。擢守滁州，助胡松修《滁州志》。礼贤下士，建阳明书院，弘扬阳明之学，民俗丕变。擢湖北承天府（今孝感市）贰守，以不参谒新巡察论罢。居家，以叙《易》自课，年七十一卒。著有《闽游》《守滁》《湖湘》《归田》《虚受》《观颐》《应酬》文稿多种。①

石玉溪　石简，字廉伯，号玉溪，台州府宁海县西隅人。父文彬，官罗田训导。文彬遣简从阳明游。敦尚实行，不务口语。正德十四年（1519）与叔父石文睿同举乡试。嘉靖二年癸未（1523）科进士。历任余干县令，政治化行，民吏怀之。嘉靖七年戊子（1528），升南京兵部武选司主事，竭力奉公。进京，不谒权要。己丑正月庚午曾在绍兴哭奠阳明夫子。仲冬癸卯，参与会葬阳明夫子。升刑部陕西司郎中。改南京吏部文选郎中。嘉靖十一年（1532）八月，升广东高州知府。猺贼焚烧掠夺之余，文武修治，民力得苏，戴之如父母。为官清廉，仅衣物数件。嘉靖十四年（1535）八月，更直隶安庆府知府。当七省之冲，应酬不暇，民力甚困。为之，均徭役，借冗费，岁计省银 4 万，为定式，至今不废。嘉靖十七年（1538）三月丁酉，升云南兵备副使。壤接安南，民苦山贼荼毒，且险阻势难征缴。玉溪设计生擒 200 余人，斩首不计其数。有指挥犯罪，将贿赂以免，玉溪依法处置，货物均追入库。嘉靖二十年五月，升云南右参政。嘉靖二十二年（1543）六月，转湖广按察使。十一月戊辰，升贵州左布政。所至，政声卓著。嘉靖二十四年（1545），招抚铜仁叛贼，群贼惧公威望，皆归顺。抱病乞休，得奉旨归家致仕。嘉靖二十八年（1549），巡按浙江裴御史荐，补山东左布政使，

---

① 参见（明）王守仁《龙江舟次与某人书》（正德十一年，1516），《阳明佚文辑考编年》，第445—447页；民国《临海县志稿》卷20《人物·宦业》，《中国地方志集成·浙江府县志辑》，第46册，第417—418页。

征讨北虏。库有余银三千两，皆资军饷。嘉靖二十九年（1550）十月甲戌，升都察院右副都御史，巡抚云南，讨伐叛贼不克。嘉靖三十年，因对叛贼假降估计不准确，坐徐波石难，罢归。嘉靖三十一年壬子（1552）卒。宁海县城东25里亭头山现存其墓。

平生为人忠信刚介，光明正大。为官三十余年，治理精明，政绩炳炳，家无余藏。尝言："作官自俸入外，丝粒皆非义。"先生制行高洁，心尤长厚，不为矫激。所得俸余，皆周亲族。尝营一室，终未成。终之日，竟不能敛。时有"天下清官，石简、何宽""方正学之后第一人"之称。多入先贤祠、名宦祠。著有《玉溪遗稿》（2卷，朝鲜刊本）、《石氏家藏稿》。①

钟笃庵 钟世符，字介甫，号笃庵，台州府太平县楼下人。从阳明夫子学。筑"读易楼"以居。国子监生，甘泉、王虎谷甚为器重。除广西浔州照磨。未几，谢归。筑"养心窝"，诗酒自适。②

二 《明儒学案》缺载温州、丽水各1人

王鹤山 王激（1479—1537），字子扬，号鹤山，温州府永嘉县场二都英桥里（今龙湾永昌堡）人。正德二年（1507）参加省试，以《春秋》考取第二名。在县庠讲学，项乔、张纯都是他的学生。嘉靖二年以《诗经》考取进士，授吉水知县，政风端正，打击强暴，很受人民爱戴。过三年升吏部文选司主事。嘉靖七年主持广东乡试，嘉靖九年

---

① 参见（明）章诏《都察院副都御史石公简行状》，《国朝献徵录》卷62，《四库全书存目丛书》，史部，第103册，第389页；民国《台州府志》卷103《人物传》，《中国地方志集成·浙江府县志辑》，第45册，第491页；（明）王莱《巡抚石玉溪先生简》，《台学统》卷43《姚江王氏学派上》，第590页；《阳明弟子传纂》卷1《浙中王门》，第40页。章诏《都察院副都御史石公简行状》说玉溪在云南任上殁，方志说其罢归后殁，未知孰是。

② 参见嘉庆《太平县志》卷12，《太平县志三种》，温岭市地方志编校，中华书局1997年版，第404页。

（1530）任考功郎中。后历官南京通政司右通政。嘉靖十三年（1534）二月癸酉，任国子祭酒兼经筵讲官。

正德九年（1514）从学阳明夫子门下于南京，学问渊博，和徐曰仁、朱守忠、蔡希颜、高汝白、应帮升等众多学者交游，互相切磋，颇受推重。著有《文江集》《鹤山文集》。①

现吉林大学图书馆藏有其存世文献《王鹤山集》（4卷），明隆庆间刻本②。

朱应钟，字阳仲，处州府遂昌县人，号青城山人。嗜学多闻，工五七古诗。曾徒步从阳明学于绍兴，深为器重。开化方豪、青田陈中州皆与之游。有著声。年三十二卒，著有《朱阳仲诗选》（5卷）。③ 友人黄中刻其集于滇。祀乡贤。

现吉林大学图书馆藏有其存世文献《青城先生诗选》（5卷），明刻本④。

第六节　杭州、嘉兴、湖州地区

杭嘉湖平原地区，目前考探到的阳明夫子亲传弟子总计有12位，其中杭州5人，嘉兴4人，湖州3人。

---

① 温州历史名人数据库认为其1476年生，瓯海区永昌镇人。
② 《中国古籍总目》，集部，第2册，第650页。
③ 参见光绪《处州府志》，方志出版社2006年版，第2册，第1405页；（明）徐象梅《两浙明贤录》卷2《硕儒·朱阳仲应钟》，《续修四库全书》，第542册，第78页。
④ 《中国古籍总目》，集部，第2册，第692页。

一　杭州地区被梨洲遗漏阳明弟子考

魏直，字廷豹，萧山人。江浙地区著名医学家，精通医术，尤其擅长小孩痘疹。为人博爱，有爱心。能诗。阳明夫子对其绝对信任，多次赞其"忠信君子"，晚年家政大事全权托于他。著有《宝鉴》（2卷）、《稽山集》。①

正德七八年间南京共从学阳明夫子之门二十贤人之一的庠生魏廷霖，或为杭州人，盖廷豹之兄弟也，或未可知，待贤者深考。②

王潼，字本澄，杭州府钱塘人。幼读《朱子语类》，遂弃举业。往稽山从学阳明，阳明嘉其笃志。阳明令其子与之共学。妻任氏卒，不娶。善绘画，善讽咏，有才艺。勤于著述，于程张诸书皆有补注。③

孙景时，字成叔，杭州府右卫人。性耿介，于世寡谐，与汪应轸（山阴人）、邵锐（仁和人）、江晖、钱塘吴鼎为友，慕枫山、胡端敏之为人，师事阳明、甘泉二先生。正德十一年丙子（1516）举于乡，授长洲教谕。后令湖南长沙府攸县。却馈例，雪平民冤状，逮奸豪，以法治，人多称之。无何，解官归。居家，搜辑故典，并询以长老旧闻，检校成集，名为《武林文献录》。晚年，亲撰《杭州府志》，未成而卒。④

许应元（1506—1565），字子春，好茗山，杭州府钱塘县人。阳明

---

① 魏直为阳明夫子亲传弟子，采束先生说，参阅《王阳明佚文辑考编年》，下册，第961页。

② 参见《王文成公全书》卷32《年谱一·附录一》，第4册，第1403页。

③ 参见雍正《浙江通志》卷175《人物五·儒林上》，《浙江府县志辑》，尚海书店出版社1993年版，第9册，第4952页；民国《杭州府志》卷138《儒林》，《中国地方志集成·浙江府县志辑》，第3册，第341页。

④ 参见清雍正朝《浙江通志》（总15册）卷175《人物五·儒林上》，浙江地方志编撰委员会编，中华书局2001年标点本，第9册，第4952页；民国《杭州府志》卷138《儒林》，《中国地方志集成·浙江府县志辑》，第3册，第341页；康熙《仁和县志》卷18《儒林》，《浙江府县志辑》，第5册，第366页；钱明《王学的跨江传播与两浙的地位互换》，《浙江学刊》2013年第6期。以下清雍正朝《浙江通志》（标点本）简称雍正《浙江通志》。

夫子晚年在越弟子。嘉靖十一年壬辰（1532）进士。以刚介忤执政，不得馆职。出知泰安州，廉白自持。擢工部员外郎，迁防州府知府。夔号难治，应元驯以廉靖，时斥其桀黠者法之，郡以苏息，治为一道最。擢四州按察副使，调广西。擒豪贼。转云南布政。官至广西布政使，皆有治声。应元工诗文，有《许水部集》（3 卷）。① 现国家图书馆、上海图书馆、天津图书馆和南京图书馆均藏有其存世文献《阶堂摘稿》（16卷），明嘉靖四十年（1561）李金、黄中刻本②。

陈善（1514—1589），字思敬，杭州府钱塘县太平里人。14 岁时，与父荆献皆游阳明门。阳明赞以"任道敬"之语。甲午举浙江乡试第二人。嘉靖二十年辛丑（1541）进士。令歙县，以至诚化导，讼日简。丁王宜人忧服阙补桐城。擢郎官。转金宪，督学广西。首迪士以正学使知根本，重德行，仿何仲默关中学政，令诵习经书传记子史古文词，粤士彬彬向风焉。未几，转参议，驻惠，休养生息。转副宪，督滇。迁滇右参政，督理银场。被诬，东瓯王侍御白其事，复原官。隆庆改元，起山西按察副使，寻转江西左参政。未匝月，转广东按察使。转云南右布政使。庚午大比，提调云南文武乡试事。辛未，转本省左布政使。告归，家居二十年。助修杭州天真书院，讲明理学，郡中推为主教。赋性端朴，步中规矩，危坐终日，无疾言遽色。家范整肃，庭屏悉题古人言。行遵古礼，尤好施济穷人，待以举火者甚众。收掩道殣，修治东新余杭诸塘、慈云黄泥诸岭。曾续孙景时所撰杭州府志，历十余年而成。万历己丑冬卒，享年七十六岁。子植栋，国子监生。著有《粤台行稿》《杭州府志》（100 卷）、《勋贤祠志》（4 卷）、《族谱二编》《家藏稿》（52

---

① 许应元为阳明夫子弟子，参阅阳明夫子嘉靖七年佚文《与德洪汝中书》，原文及考证见《王阳明佚文辑考编年》下册，第991—992 页。
② 《中国古籍总目》，集部，第 2 册。

卷）等书。①

刘冲庵　刘侯，字原道、元道、伯元，号冲庵，严州府寿昌县六都劳村人。父早故，叔应龙教之甚严，年十九以诗经领正德庚午乡荐。受业阳明，学有源委，得良知之传。嘉靖十三年（1534），提学林同聘为天真书院主教，一时豪杰皆萃焉，后卒于其地。

嘉靖三年（1524）甲申八月，53 岁的阳明有论学书信给他。

> 来喻："欲入坐穷山，绝世故，屏思虑，养吾灵明。必自验至于通昼夜而不息，然后以无情应世故。"且云："于静求之，似为径直，但勿流于空寂而已。"观此足见任道之刚毅，立志之不凡。且前后所论，皆不为无见者矣。可喜可喜！夫良医之治病，随其疾之虚实、强弱、寒热、内外，而斟酌加减。调理补泄之要，在去病而已。初无一定之方，不问症候之如何，而必使人人服之也。君子养心之学，亦何以异于是！元道自量其受病之深浅，气血之强弱，自可如其所云者而斟酌为之，亦自无伤。且专欲绝世故，屏思虑，偏于虚静，则恐既已养成空寂之性，虽欲勿流于空寂，不可得矣。大抵治用药，而不知因药发病，其失一而已矣。间中且将明道《定性书》熟味，意况当又不同。忧病不能一一，信笔草草无次。②

夫子认为，"养灵明"的道德修养论不应该过分主静，要在动静之间寻找合适的方法，不能偏执一方。如果过分追求主静，可能会走上"玩弄光景"的虚无主义毛病。

---

① 参见（明）许孚远《云南布政使陈公善神道碑》，《国朝献徵录》卷 102《云南》，《四库全书存目丛书》，史部，第 106 册，第 8—10 页；民国《杭州府志》卷 138《儒林》，《中国地方志集成·浙江府县志辑》，第 3 册，第 341 页；康熙《钱塘县志》卷 21《人物·儒林》，《中国地方志集成·浙江府县志辑》，第 4 册，第 408 页。

② 《王文成公全书》卷 5《文录二》，第 1 册，第 331—332 页。

又，"嘉靖九年庚寅五月，门人薛侃建精舍于天真山，祀先生……侃奔师丧，既终葬，患同门聚散无期，忆师遗志，遂筑祠于山麓。同门董沄、刘侯、孙应奎、程尚宁、范引年、柴凤等董其事"。①

二 嘉兴地区被梨洲遗漏的阳明弟子考

除萝石（董沄，1457—1534，字复宗，晚更号从吾道人，海盐县人）、两湖（董谷，字硕甫，海盐县人）父子二人之外，尚有钱同文、许相卿2位被梨洲遗的漏阳明亲炙弟子。

---

① 参见雍正《浙江通志》卷177《人物五》，第5017页；光绪《严州府志》卷19《人物·儒林》，《中国地方志集成·浙江府县志辑》，第8册，第447页；民国《寿昌县志》卷8《人物志上·儒林》，《中国地方志集成·浙江府县志辑》，第9册，第715页；万历《重修寿昌县志》，李思悦、洪一鏊、李世芳、易文等纂修，国家图书馆藏；《王阳明全集》，卷35《年谱三》、卷36《年谱·附录一》，第1452、1467页；凯旋《浙中王门弟子刘侯考略：兼辨〈阳明年谱〉的一处时间错记》，《阳明学刊》第6辑，巴蜀书社2012年版。据钱明先生研究，嘉靖九年（1530年），阳明弟子王臣、薛侃、王畿、钱德洪等集资购寺地，建天真精舍，祀阳明。全程参与天真精舍筹建的孙应奎在其《天真精舍前序》言："（阳明）先生没而及门之徒思慕不忘，随在建学舍聚同志而致精之以传先生之学。"天真精舍被王门弟子看作是传播王阳明学术思想关系尤大的据点，所谓："精舍之系属人心与学术相为消长。"［（明）孙应奎：《天真精舍志前序》《天真精舍志后序》，《燕诒录》卷6，《四库全书存目丛书》，集部，第90册，第587、588页。］据《连城童氏族谱》载，童昱曾受教于康斋，其子童世坚于嘉靖四年（1525）春到二月中到会稽问学于阳明。临别时，阳明、王守弟、黄宏纲、曾汴、魏良器、黄文焕、刘侯等人赠别诗文。刘侯赠《送寻乐先生归连城序》："闽之连城有克刚童先生，稽古好学，老而不倦，志在寻乎孔颜之乐，因以寻乐自号，而卒未亦未有以见其真也。不远数千里请学于阳明夫子之门，获闻夫子致良知之教，欣然若有悟焉。既三月，以老而不能久旅也，告别归，同门之士咸绎其寻乐之说以为赠。侯学也晚，未能有得于道，乌乎言，虽然亦概闻之矣。孔颜之乐，吾心之真乐也。吾心之真乐，吾心之本体也。运元化而不劳，流太虚而不息者，吾心之本体也。以其无累然，真乐之所由名也。孔颜非有以乐，有以全其心之本体而靡有加损焉已也。然则乐其可寻乎？曰：可。心之本体一，天人合物我，贯古今而无有或异者也。人之失之者，动于己私，而本体未尝亡也。寻之者，去其己私之动，以复其本，吾夫子致良知之教是也。知也者，本体之明也。己私之动，而本体之明未尝不知也，莫之察而莫之致焉耳。恐惧乎其不闻，戒慎乎其不睹，知之精而去之决焉，本体于是乎可几也。是故致知者，真乐之门也。精焉，明焉，久不息焉，肱枕瓢巷之天斯不专于孔颜矣。昧是而外寻焉，伪也。"参阅刘侯《送寻乐先生归连城序》，《连城童氏族谱》（8修），童魁枫等纂，连城新新书局1950年承印。童昱（1426—1470），字道彰，号东皋，福建省连城县人，康斋弟子，著有《东皋集》。康熙《连城县志》载："童公昱，字道彰，号东皋，恒伊周自命。尝企为学在明道，人惟道之不明，故无以善身善世，遂远从江右吴聘君与弼学，悟道在动静语默间而归。……公著有《东皋集》，其行详《八闽理学源流》及诸载籍。季子世坚，为阳明高第。"参阅连城县地方志编纂委员会编康熙《连城县志》卷7《人物志》"隐逸"条，方志出版社1997年点校本，第176—177页。

董萝石　董沄（1457—1534），字复宗，号萝石、从吾道人、白塔山人，嘉兴府海盐县澉浦镇人。其先汴人。平居乐善好施。兄累于贫，隔私产让之。以能诗闻江、湖间，与沈周、郑善夫、关西孙相交游。家徒壁立，不以经意。嘉靖三年甲申，年六十七，闻阳明讲学山中，不远数百里游会稽，往听之。阳明与之语连日夜，先生喟然叹曰："吾见世之儒者，支离琐屑，修饰边幅，为偶人之状。其下者，贪饕争夺于富贵利欲之场，以为此岂真有所为圣贤之学乎？今闻夫子良知之说，若大梦之得醒，吾非至于夫子之门，则虚此生也。"因何秦以求北面，阳明不可，谓"岂有弟子之年过于师者乎？"先生再三而委质焉。其平日诗社之友招之曰："翁老矣，何自苦！"先生笑曰："吾今而后始得离于苦海耳，吾从吾之好。"自号从吾。丙戌岁尽雨雪，先生幞被而出，家人止之不可，与阳明守岁于书舍。

萝石晚究心内典，皈依佛教，曰"乃今客得归矣"。与法聚结莲社于海门精庐。子男谷，孙男二：鹿鸣、鹤鸣。同门石龙讥之曰，其先诚心学于阳明夫子，后又逃释老，甚可怪也。同门许相卿更是怪之，由诗转学，由学转空，颇不赞同其晚归佛教之趣。梨洲评论说，萝石晚而始学，卒能闻道。其悟道器无两，费隐一致，从佛氏空有而入，然佛氏终沉于空，此毫厘之异，未知先生辨之否耶？①

董两湖　董谷，字硕甫，号两湖，嘉兴府海盐县人。董萝石子。少随父萝石先生游阳明之门。阳明夫子赞其"贤而孝"，谓之曰："汝习于旧说，故于吾言不无抵牾，不妨多问，为汝解惑。"鼓励其多请教，多发问，两湖学问得以大进。正德丙子十一年举人。辛丑进士。历任安

① 参见（明）黄绾《萝石翁董沄传》，《国朝献徵录》卷116，《四部全书存目丛书》，史部，第106册，第581页；（明）许相卿《董先生墓志铭》，《徐爱　钱德洪　董沄集》，《阳明后学文献丛书》，第471—472页；（清）黄宗羲《布衣董萝石先生沄（附子谷）》，《明儒学案》卷14《浙中王门学案四》，上册，第289—294页。

义、汉阳知县，为官所至廉静不苟，与大吏不合而归。罢官后，董谷自号"碧里山樵"，又曰"汉阳归叟"。居海盐之澉水镇。编修地方志，《澉浦续志》。喜著述，另《菊花晚香集》等。董鹿鸣、董鹤鸣为其二子。钱明先生对两湖生平和学术有研究，指出两湖一生坎坷，才高名重，为小人所嫉妒，"九死狱中，三迁海外"，但一生推广阳明夫子良知学之心不变，主张三教融通，以实学推进地方文化发展。①

两湖著有《碧里四存合稿》，现存于上海图书馆。《碧里四存合稿》，为《碧里疑存》（1 卷）、《碧里杂存》（1 卷）、《碧里文存》（1卷）、《碧里达存》（2 卷）4 部文稿的合成，分别记载经、说、诗、文，亦称《碧里后集》。文稿有大量的神化阳明夫子论述，是阳明夫子致良知学神化的代表著作。梨洲说其学主"性无善恶""信如斯言，则莫不堕于恍惚想象，所谓求见本体之失也。阳明先生其言'性无善恶'，阳明'无善无恶心之体'，以之言心，不以之言性也。学者读先生之书，以为尽出于阳明，亦何怪疑阳明之为禅学乎！其多失阳明夫子本意"。从良知后学的发展而言，两湖与龙溪的良知学具有相似性，均主无善无恶说，接近佛学。作为父子同门师出阳明夫子，两湖之学又与王东崖诗意化禅学很相似，值得探究比较。心斋父子、萝石父子都是阳明门下知名人物，后学均步入禅学，令人玩味。

钱同文，字大行，嘉兴府秀水县人。弱冠举于乡。已聘穷人女，有议易婚者，峻拒之。讲学于阳明先生门，洞悉原本。举癸丑进士。嘉靖间，曾任祁门宰。任上，褒节孝，惩凶恶，禁赌博，革酒肆，净化风

---

① 参见董谷《碧里四存合稿》，嘉靖四十四年（1565）从侄董鲲刻本，上海图书馆藏；《碧里杂存》（1 卷），《宝颜堂秘籍》，（明）陈继儒辑，上海文明书局民国十一年（1922）版，第 39 册；《鏊龙子》，《丛书集成新编》，台湾新文丰出版公司 1984 年版，第 21 册；《冥影契》，《丛书集成新编》，第 21 册；《王学在浙西的传播与发展》，《王阳明及其学派考论》，第 298—301 页。

俗，被当地人誉为"良牧"。闲时，与歙县令史桂芳（号惺堂，嘉靖癸丑间任歙县令）为友，相与讲学自励。为官以冰蘖自居。后，移疾归，家贫自得。①

许杞山　许相卿（1479—1557），字伯台，号杞山、云邨老人，嘉兴府海宁县人。正德九年（1514）时，从阳明夫子游。与徐爱、王激、饶文璧等友善，兴起后学林应麒（阳明夫子亲传弟子）。正德十二年（1517）进士。嘉靖元年（1522），授兵科给事中。给事3年，所言皆不听，谢病归。丁父及继母忧。甘泉、阳明皆有书信慰问。徙居村南茶磨山，居三十余年，善治家。参与平定倭寇之乱，多有谋划之功。著有《云邨文集》（14卷）、《许氏贻谋四则》《史汉方驾》（35卷）、《史革志》等。后董谷为杞山撰生平行实。子闻至、闻造皆好阳明夫子良知之学，终身信奉不违。②

---

① 参见雍正《浙江通志》卷175《人物五·儒林上》，第9册，第4957页；（清）黄宗羲《运使史惺堂先生桂芳》，《明儒学案》卷6《白沙学案下》，上册，第108页。另有同名同姓者，钱同文（字怀苏）者，为福建兴化人，为梁汝元（何心隐）（1517—1579）弟子，知祁门县，入为刑部主事，转莱州太守。隆庆三年（1569）年，钱同文卒于家，后梁汝元亲往福建苦之。或，秀水阳明夫子弟子钱同文未任莱州太守也，待学术同人日后再考。

② 参见《明史》卷208《列传96》，第18册，第5492—5493页；（明）王守仁《与徐杞山书》（嘉靖六年即1527），《阳明佚文辑考编年》，第849—851页；《阳明弟子传纂》卷1《浙中王门》，第36页；《王阳明全集》卷33《年谱一》，第1364页。许相卿目前较方便可以阅读到的著述有：《云村集》，《四库全书》，第1272册；《许氏贻谋四则》，《续修四库全书》，子部，第938册。从子许闻至（1517—1569，字长圣，号斗峰），亦从父得阳明夫子良知学，豁然开悟。官布政使参政。精于《易》，著有《易经微言》《地理纂要》。参阅《两浙明贤录》卷2《硕儒》，《续修四库全书》，第542册，第81页。另一子许闻造（1542—1600），杞山子，字长儒，号星石，海宁县人。从父得阳明夫子良知学脉。万历丙子举人，授河间府推官，有能名。任贵州道御史。多有上疏陈言海防事宜。出巡甘肃，再疏不法事，贬山西岢岚州判官。著有《盈缶集》《长孺先生集》。星石不仅富于藏书。星石子许敦倬（1565—1632），字叔起，号起云。曾先后任安徽当涂县训导、严州府学教授。参见王守仁《与徐杞山书》（嘉靖六年即1527），《阳明佚文辑考编年》，第849—851页；许闻造《长孺先生集》，明天启七年（1627）海宁许氏家刊本，台北故宫博物院有藏。

三 湖州地区被梨洲遗漏的阳明弟子考

除陆澄（1485—1563，字原静、清伯，归安县人）、箬溪（顾应祥，1483—1565，字惟贤，长兴县人）2 人外，尚有高冕 1 位被梨洲遗漏的阳明亲炙弟子。

陆原静　陆澄（1485—1563），字原（元）静、清伯，湖州府归安县人。阳明夫子早期著名弟子。正德丁丑进士。授刑部主事，议大礼不合，罢归。后悔前议之非。诏复原官。《明伦大典》成，上见先生前疏，恶其反复，遂斥不用。澄多病，喜养生之术，阳明夫子语之以养德。有议阳明夫子之学者，澄条为六辨，欲上奏，文成闻而止之。朋友见之，因此多有省悟。绪山赞其吐露亦莫能如此曲折详尽也。故阳明夫子谓："曰仁殁，吾道益孤，致望原静者不浅。"执父丧，哀毁失明。① 从子时中，嘉靖元年举人。

《传习录》自曰仁发端，其次即为先生所记，总计 80 则，分别见于上卷和下卷，保存了他与同门孟源、马明衡、王嘉秀、冀元亨、唐诩、徐爱、薛侃 7 人曾拜学于阳明夫子门下的生动与具体的情形。② 其所记语录，深入浅出，容易令读者着迷，足见其对夫子语录曾下过修饰之苦功。

顾箬溪　顾应祥（1483—1565），字惟贤，号箬溪，湖州府长兴县人。弘治乙丑进士。授饶州府推官。桃源洞寇乱，掠乐平令以去，先生单身叩贼垒，出令，贼亦解去。入为锦衣卫经历，出金广东岭东道事，讨平汀、漳寇、海寇、郴、桂寇，半岁间三捷。宸濠乱定，移江西副使，分巡南昌，抚循疮痍，招集流亡，皆善后事宜。历苑马寺卿。奔母

---

① 参见同治《湖州府志》卷 72，第 509 页；（清）黄宗羲《主事陆原静先生澄》，《明儒学案》卷 14《浙中王门学案四》，上册，第 295 页。

② 参见《传习录》，第 25—61 页。

丧，不候代，家居15年。再起原任。时方议征元江，箬溪以那鉴孤豚，困兽不可急。会迁南兵部侍郎以去。后，至者出师，同门、布政徐波石死焉。嘉靖庚戌，升刑部尚书。箬溪以例繁，引之者得意为出入，命郎官吴维岳、陆稳定为永例，在曹中奖拔于鳞、元美，由是知名天下。分宜在政府，同年生不敢雁行，而箬溪以耆旧自处，分宜不悦，以原官出南京。癸丑致仕。晚年归家，捐资建养正书院于长兴，聘请老师教育乡里童弱。卒，年八十三。①

箬溪好读书，诸子百家，无所不读，而尤精于算学。梨洲说其视知行终判两样，皆非师门之旨也。②梨洲所说宜然。盖箬溪回归程朱理学，多以甘泉学为归宗，以一庵先生相默契。时一庵学风行于湖州，受一庵学风影响，箬溪之学转向程朱理学，主张心体本善，对阳明夫子心学多有批评。其著《崇雅堂集》（15卷）、《惜阴录》诸书稿，虽然《崇雅堂集》在日本，吾辈不得观，然《惜阴录》篇篇在目，俨然非阳明夫子致良知学系也。其学术发展变迁过程颇类黄石龙，二人均为阳明夫子早期弟子，晚年位高权重，多反对阳明夫子心学，回归程朱理学。此二人出入于朱王，可谓阳明夫子良知学派的逃遁者、叛逃者。

高冕，字服周，湖州府孝丰县（今属安吉县）人，地处浙西山区，渡江从阳明学。由贡入太学。嘉靖二十年辛丑科进士。后从甘泉、东廓游。母丧服除，授南京刑部主事，升员外郎、郎中。嘉靖三十三年（1554），升广东省南雄知府，卒于官，时年56岁。乡贤年家弟吴维岳（1514—1569）为其作传。③

---

① 参见雍正《浙江通志》，中华书局点校本，第827页。
② 参见（明）顾应祥《崇雅堂集》（15卷），万历三十八年（1610）刻本，日本内阁文库藏；（明）顾应祥《惜阴录》，《四库全书存目丛书》，子部，第84册；（清）黄宗羲《尚书顾箬溪先生应祥》，《明儒学案》卷14《浙中王门学案四》，上册，第296—297页。
③ 参见同治《湖州府志》卷72，《中国地方志集成·浙江府县志辑》，第450页。

愚按：明代湖学兴盛于一庵，刻苦传学，实地用功，多以甘泉学为宗，故湖州阳明学难得其盛也。而一庵、敬庵，传至念台，俨然大宗。

结　语

总之，考之方志等文献，除大家熟知（据《明儒学案》《明史》）的阳明门人如横山、绪山、龙溪、彭山等为代表的 18 位著名弟子，再除去《明儒学案》所载 12 位以孙蒙泉（应奎）为代表的绍宁地方乡贤外，另还有 50 位被史学家们遗忘的阳明亲炙弟子，总计有 80 位事迹可考的夫子门人。从地域上而言，阳明夫子的亲传弟子中，宁波地区人数最多，有 40 人；其次为绍兴地区，为 14 人；再次台州和金华，分别为 9 人、8 人；最后为衢州、杭州、嘉兴、湖州、温州、丽水，分别为 8 人、5 人、4 人、3 人、1 人、1 人，浙江地区共有事迹可考者 72 人拜学于阳明夫子门下。这与阳明夫子的交友地域的频率和用心教学的程度密切相关的。从县域来看，阳明夫子的出生地余姚县最多，为 26 人，不少弟子为阳明夫子的亲戚，这与传统社会的宗族化认同相关。

作为阳明弟子，他们或埋于乡村自修，或献身于社会风俗改善，或常年出仕在外，以良知自适，以良知救世，以良知度人，以高贵而独立的人格发扬良知之善，弘扬良知学脉，可歌可泣，既不详见于《明史》，更不细载于《明儒学案》，唯各类方志对其情有独钟。余姚县所占阳明弟子之多，这与余姚人对他的认同与强烈支持是分不开的。

第二章　江西地区阳明夫子的亲传弟子

　　梨洲以江西地区阳明弟子得其传，不失阳明精神。盖江西诸儒，功夫平实，脚踏实地，故能守得住，绵延百年，居功至伟。至于山农、汝元等泰州后学之辈，因不满江西诸儒的平易，独开一脉，以至于不被当局所容，最后走火入魔，甚为可惜。赣州地区为阳明平定叛乱的地方，军务之余，阳明闲庭信步，开坛讲学，社会风俗为之一开，实为赣州千年以来未遇之圣王局面。赣州、吉安诸生多慕名而来，多参与军务，在戎马生涯、残酷军务中，增长才干，增进学问，师徒之间，惺惺相惜，故而赣州诸儒多有真实之品格，盖军旅生活陶冶之功也。

　　东廓曾经指出，阳明倡学赣州时，江西有很多人来求学，像夏惟中、周南仲、郭昌修、王宜学、李子庸，三十余载后，这些优秀的读书人，都先于何善山而去。东廓表示出自己的担忧和伤痛，痛惜阳明后学缺少坚定的持续推进者。[①]

---

　　① 见（明）邹守益《奠何善山先生文》，《邹守益集》卷20，《阳明后学文献丛书》，董平点校，凤凰出版传媒集团2007年版，第949页。

第一节　赣州地区

赣州地区，阳明夫子的亲传弟子总计有 16 位。除何廷仁（1486—1551，字性之，号善山，初名秦，雩县人）、黄弘纲（1492—1561，字正之，号洛村，雩县人）2 位著名弟子外，尚有谢魁、袁庆麟、何春、管登、刘潜、刘澜、赖贞、赖元、李经纶、董欧、月华、刘宰、刘鲁、刘慎，共 14 位被梨洲遗漏的阳明亲炙弟子。

何长松　何春，字符之，号长松，赣州府雩都（于都）县人，何廷仁（初名何秦，1486—1551）之兄。弘治甲子乡荐。仰慕白沙心学。阳明讲学虔南，春谓弟曰："此孔孟嫡派也，吾辈当北面也。"携弟师事也。闻阳明良知之教，若有所得。辟观善岩，与同志论学其中。春尝曰："心体自静，须冥默存养。静无不动，就随动处省察。几善与，即顺充养将去，若过为拘检，反成动气。几恶与，即发奋克治，若因循放过，便为丧志。丧志是忘动气，是正助诚，时时刻刻念念为善去恶，即孟子有事集义勿正、勿忘、勿助长也，更有甚闲情挂牵着外事?"阳明子语门人曰："何元之工夫，真所谓近里着己也。"又言："心有动静，而道无间于动静。故周子谓：'动而无静，静而无动，物也。动而无动，静而无静，神也。'且夫不睹不闻，静也。起念戒惧，则不可谓之静。隐见显微，动也。极深研几而心不放，则不可谓之动。故邵子曰：'一动一静之间，天地人至妙至妙者欤。'以此观之人者，天地之心性情者。天地之动静也，浑合无间，君子可以时以地而分用其功乎？分用其功，分用其心矣。天地间断人欲、错杂精一之学，恐不如此?"阳明子语门人曰："得之矣！得之矣！"阳明曾在正德七年（1512）以大字题写《观善岩小序》刻于石，其文曰："善，吾性也。曰'观善'，取传所谓相观而善者也。"后，任漳州诏安令，改直隶含山。未几，以忧归。服阕，改霍山知县，所至不事法令，专务德教，崇学校，立社学，均赋役。每月之朔望集诸生于明伦堂，讲明人心道心之旨，三纲八目之微，听者咸有醒发云。未几，卒于官邸。霍人哀之。有《忖言集》藏于家。①

何善山　何廷仁（1486—1551），字性之，号善山，初名秦，江西省赣州府雩县人，成化二十二年丙午十月初三日生。魁形髯广，广目而丰准，为人慈和仁厚，谦冲询濡，语必尽情。举嘉靖元年壬午（1522）乡试。上春官，久不第。至嘉靖二十年辛丑（1541），始谒选，知广东江门新会县。喜曰："吾虽不及白沙之门，幸在其乡，敢以俗吏临其子弟耶？"释菜于白沙祠，而后视事。政尚简易，士民爱之。日进诸生于祠中，始之于静坐之方，申之以无欲之训，久之，环祠门而听者踵相接也。居新会五载，不事法令，专务德化，民皆翕然趋于礼义而耻为不屑，曰："恐无以见何公也。"视邑之要害曰松柏堡，曰临江台，请树兵防卫寇，患遂息。随乡而置礼学，随地而立训规。由是，穷山荒谷皆斌斌有礼让之风。复全节大忠祠于崖门。创义冢以祀勤王死义之士。凡所设施，皆关风教。乙巳，迁南京工部主事，分司仪真，榷芜湖税，不私一钱，市价称平，商旅两便。满考，投牒吏部，致仕，时年六十四，而貌壮盛无衰容，时论莫不以为高。嘉靖三十年辛亥（1551）五月二十五日卒，年六十六。有《善山集》行世。配李氏，封安人，贤明著称，通

① 参见《江西通志》卷94《赣州府》，《四库全书》，第516册，第175页；同治《赣州府志》卷54《儒林》，《中国地方志集成·江西府县志辑》，第74册，第234页；同治《雩都县志》卷10《理学》，《中国地方志集成·江西府县志辑》，第76册，第259—260页；蔡仁厚《赣南罗田岩与上邑王门诸子》，《南昌大学学报》1999年第3期；（明）王守仁《观善岩小序》，《阳明佚文辑考编年》，第334—337页。束师怀疑，可能早在正德六年（1511），赣州籍何春、洛村、善山借会试之机，已与阳明夫子认识。

达理道，尤善处嫡庶之间，无出。长子进德，侧室李氏出，早夭。次子进恒，吴出，今为县诸生。三女，二女出李氏，幼出杜氏，婿为丘循浑、郭凤岭、季子廉。其卒，诸生即北郭旧游之地为专祠。明年，督学宪使郑某令祀乡贤祠。又七年，督学王宗沐配享先生于郁孤台、罗田岩，而在新会、仪真、芜湖，皆树碑识思。

善山为人和厚，与人接，诚意益溢。初慕白沙。闻阳明之学于洛村，慨然曰："吾恨不得及白沙之门，（阳明）先生，今之白沙也。刻期往谒，又何失耶？"友人以不利举业尼之，不为听。裹粮入郡会阳明，时阳明征桶冈，怅然曰："我不能于于而居，徐徐而俟也。"追至南康军门拜之。丁继母忧归，而斩然以礼自度，不徇流俗。阳明先生闻之，曰："不学于言而学于躬，是能以身为学者。"授以"万物一体"之论，与致良知之说。终夜思之，达旦不寐，忽有省悟，刻苦磨砺，希于大成。学人聚会南、赣，而阳明师旅旁午，希临讲席。先生即与中离、药湖诸子接引来学。先生心诚气和，不厌烦缕，善于掖诱，笃于切磋，由是学者益亲。已从阳明至越，先生接引越中，一如南、赣。萝石之能勇，善山之善诱也。阳明殁后，与同志会于南都，诸生往来者恒数百人。故嘉靖七年戊子（1528）间阳明之门所传："江有何、黄，浙有钱、王。"指洛村、先生、绪山与龙溪也。善山以诸生事阳明夫子甚勤，在赣趋赣，在南浦趋南浦，在越趋越，一不以举业为念。每试，据理直书，顾往往出人右。君少，善治生，家故丰，而自奉极啬。及闻学，勇于克己，而急于就义。卒之日，囊无余金，称贷而后襄事。其见重于师门者可知哉！

梨洲说，善山论学，以"察识于起端发念"为学术宗旨，以"迁善改过"为实地下手践履，以"不起私意"为"识本心"功夫，务为平实，使学者有所持循。梨洲先生说，细详善山之言，盖难"四无"而伸"四有"也。①

　　黄洛村　黄弘纲（1492—1561），字正之，号洛村，江西省赣州府雩县人，弘治五年壬子七月十八日生。父思盛，号静轩，里中称长者；母吴氏。洛村为人不假色笑，性简严难近。以《诗经》举正德十一年丙子（1516）乡试第七人。丁外艰。往兄弘彝堕父赀不能偿，父怒，将杖之，洛村怜焉，自代三百金以解。阳明先生闻而异之。尝谓士人曰："黄君来何迟也？"既小祥，始上谒。时正德十二年丁丑（1517），往谒阳明夫子而执贽。甫三日而悟心与理合一之旨。阳明夫子之教士人也，择资之近者，特置左右，时奖掖顿挫而造就之。知用力矣，则又谆谆操习其诵说，与己无悖。士人初至者，令先以意接引，且察其性行何若。俟渐领略，徐共面语，故己不劳而人易知。君首在造就之列，自以接引得朋友益。正德十四年（1519）六月，阳明仓促军旅，洛村行间，凡张疑设间，必相与谋之。阳明归越，先生不离者四五年。阳明夫子卒于南安，亲扶榇至弋阳，遇龙溪、绪山迎丧于岩濑，遂同归越。居守夫子家，计两年，以身同旋，多方调护，以礼自卫，而用情于人，内外大小咸信服，莫可指诽。保护阳明先生嫡子正亿，并携龙溪、绪山走台州请命而纳聘。士人出阳明夫子之门者，无问远近，莫不知有洛村也。新建之传，独归洛村。

　　久之，思得一职自试。嘉靖二十三年甲辰（1544），始任为汀州府推官，厌世俗脂韦，执法明峻，不肯少失尺寸。巡按御史何维柏而下，

　　①　参见（明）罗洪先《南京工部屯田清吏司主事善山何公墓志铭》，《罗洪先集》（下）卷20，《阳明后学文献丛书》，第796—798页；（明）罗洪先《南京工部屯田清吏司主事善山何公墓志铭》，《国朝献徵录》卷53，《四库全书存目丛书》，史部，第102册，第757—758页；（清）黄宗羲《主事何善山先生廷仁》，《明儒学案》卷19《江右王门学案四》，上册，第451—456页；《明史》，上册，卷283《列传第171·儒林二》，上册，第7282—7283页；同治《雩都县志》卷10《理学》，《中国地方志集成·江西府县志辑》，第76册，第257—258页。

率为倚重，遇疑狱及人畏忌不敢发者，必以相属。洛村亦感激知遇，不事姑息，能声渐著，而望者亦众。嘉靖二十七年戊申（1548），升刑部云南清吏司主事。时塞上多故，将校下狱者，吏率刻深以逢上意。先生质任刚直，按法不轻上下，以故不为人所喜，谗者四起，按例考察，当谪调，遂于嘉靖三十年辛亥请原职致仕。归，每岁放舟于青原、玄潭、石莲洞间，与东廓、双江、念庵、刘方兴诸儒讲学，流连旬月。士子有所请质，先生不遽发言，瞠视注听，待其意尽词毕，徐以一二言中其窍会，莫不融然。己未腊，转风痹。嘉靖四十年（1562）五月二十八日卒，年七十，后善山者10年。著有《洛村集》。配易氏，有2女3子。女适易廷科、刘克端。子褒，岁贡国子生；次裴、襄，皆县学生。孙子11人，孙女二。曾孙4人，曾孙女3人。卒之十二月二十五日，褒等葬之西门外生佛寺右。

梨洲说，先生之学再变，始者持守甚坚，涵养本心之天然自有之良知，独知上着力，其后以不致纤毫之力，一顺自然为主，寂感一源。[①]

谢魁，字文杓，赣州府兴国县北隅人。沉潜嗜学，从阳明游。时军务，旁午有谒者，尝曰："先与文杓语来。"选入南雍，阳明高弟欧阳南野命二子师从之。后任河南虞城县知县，筑堤御水，为民利赖。后，又改任广东乐昌县知县，期年而归。著有《南雍语录》。祀乐昌名宦。子稼淹贯经史，有声士林。[②]

袁云峰　袁庆麟（约1455—1519），字德彰（章），晚号云峰，赣

---

① 参见（明）罗洪先《明故云南清吏司主事致仕洛村黄公墓志铭》，《罗洪先集》（下）卷20，《阳明后学文献丛书》，第801—803页；（清）黄宗羲《主事黄洛村先生弘纲》，《明儒学案》卷19《江右王门学案四》，上册，第448—451页；《明史》卷283《列传第171·儒林二》，第24册，第7282—7283页；同治《雩都县志》卷10《理学》，《中国地方志集成·江西府县志辑》，第76册，第258—259页。
② 参见同治《兴国县志》卷23《人物志·儒林》，《中国地方志集成·江西府县志辑》，第78册，第216页。

州府雩都（于都）人。初为诸生，孜孜攻举子业，废寝忘食，不知疲倦。久之，忽有所悟，尽弃旧习，锐志圣贤之学，后涣然有省曰："吾性自足，何事外求耶？"既膺乡贡，以亲老遂不仕。督学邵宝聘主白鹿洞书院，郡守吴珏聘为郡学各邑诸生师，均不就。正德戊寅，携《刍荛余论》谒阳明，阳明见而称服曰："是从静悟中得来者也。"檄有司聘督本府社学。庆麟自谓"从学于朱子之训，余 30 年，非不专且笃也，而竟亦未有居安资深之地"。及闻阳明讲学，受教三月，"方若将有闻"，乃敢归于阳明门下。年六十五卒。阳明于正德十四年亲为之诔文，赞其"朝闻道夕死可者"。同门东廓亦有《袁云峰征士挽卷》怀念他。[1]

今本薛侃记录的《传习录》卷上第 107 则，有字德章者，有怀疑尧舜与孔子之别，问圣贤之别，以精金和分量做分别，阳明夫子甚为之惋惜，谆谆告诫其莫以年老之心懒究良知良能之学，告诫其要看到自己的不足，知不足方可大进学，认清自己的本心本性，以不起意，存精一之心；去分别之心，实实在在诚意明善，一以纯心天理为成圣目标，全心全意于圣学境地。[2]

管义泉　管登，字弘升，号义泉，赣州府雩都（于都）人。嘉靖壬

---

①　参见（清）谢旻监修《江西通志》卷94《吉安府》，《四库全书》，第515册，第176页；同治《赣州府志》卷54《儒林》，《中国地方志集成·江西府县志辑》，第74册，第234页；同治《雩都县志》卷10《理学》，《中国地方志集成·江西府县志辑》，第76册，第259页；（明）王守仁《祭袁德彰文》（正德十四1），《阳明佚文辑考编年》，第579—581页；（明）邹守益《袁云峰征士挽卷》，《邹守益集》卷2，第37页；蔡仁厚《赣南罗田岩与于邑王门诸子》，《南昌大学学报》1999年第3期。据蔡仁厚先生研究，袁庆麟于正德十三年戊寅（1518）六月所写的《〈朱子晚年定论〉跋》。年齿最尊。正德十三年，初刻《朱子晚年定论》于于城，前序由阳明亲撰，后跋则由庆麟执笔。束老师详细考探了袁庆麟的卒年。

②　参见《传习录》第71页。薛侃文集提及袁庆麟，字德章，盖"章""彰"通用。后儒不省事，故而此"德章"当为袁庆麟，符合其在赣州问学时间，非其他人也。参阅薛侃《祭袁德章文》，《薛侃集》卷8，陈椰编校，第263页。薛侃与德章关系甚深厚，故而，德章捐馆，薛侃当仁不让地为之撰写祭文。同门之间关系友善多交往者，二者往来阳明夫子军门，情同手足，多直呼其字，由此可推断此"德章"当为袁庆麟也。

午举人。幼端谨严，动如老成人。弱冠读《中庸·尊德性章》，憬然曰："人性本高明，一为物欲所汨，其卑暗也，谁咎？"于是，以致知为学问关键，亹亹忘倦。闻阳明论学虔中，对洛村、善山曰："昔伊洛渊源实肇于此地，今日圣道绝续之关，其在斯乎！"于是携何黄诸子拜阳明受业矣。阳明一见，即语及门曰："宏升，盛德君子也。"语与格致之要，恍然有悟，如久歧迷途而始还故乡也。自是，省察体验，终食不违。尝曰："人于此道，如捕风捉影未尝真知实究，往往半上落下，若知之真，则行在其中矣。"阳明赞曰："宏升，可谓信道极笃、入道极勇者也。"嘉靖十一年壬辰（1532），授广东肇庆府判。三载，以才优升广州。果于任事，清廉自守。升湖广岳州同知，历寒暑，遍历深山恶水间，收集木材，三年始成。部议将擢，父母相继殁，归。接连治丧，服满，贫寒致疾卒。临终谓其弟曰："吾历官 12 年，故我犹在，或可见阳明先师于地下矣。"①

刘潜，字孔昭，赣州府赣县城西坊人。正德八年癸酉（1513）举于乡。令铜陵，民有讼者，多方勤释之。望朔讲约，亲为解说。临乡，则一盖一舆，裹蔬米以自随。乡立一塾，择子弟之秀者聚而教之。时讲学于明伦堂，为诸生辨析精一危微之旨，参究太极两仪之奥，由是士知理学，民知礼让，讼狱日稀。胥役贫不自给，多求去，潜令经制在官者勿去，余悉归农。例有羡耗，悉除去。岁以俸薪自给。上察其贤，交章荐，潜力辞。闻阳明讲学于乡，乞归受业。时阳明誓师虔江，潜趋谒行间。时从阳明学，学益坚。阳明赞其曰："刘君所学，实措诸行事，犹程子令晋城乡。

---

① 参见《江西通志》卷 94《吉安府》，《四库全书》，第 515 册，第 176 页；同治《赣州府志》卷 54《儒林》，《中国地方志集成·江西府县志辑》，第 74 册，第 236 页；同治《雩都县志》卷 10《理学》，《中国地方志集成·江西府县志辑》，第 76 册，第 260—261 页；蔡仁厚《赣南罗田岩与于邑王门诸子》，《南昌大学学报》1999 年第 3 期。据蔡仁厚先生研究，黄宏纲《重修罗田岩濂溪阁记》，言："阳明先师倡学虔台，及门诸子，于（邑）独多于他邑。"又云："虔台之学，及门虽多，惟袁子庆麟、何子春、何子廷仁、管子登，独久于诸子。"嘉靖年间，赣州太守增祀旧制……右室祀王阳明，并以于邑王门弟子袁庆麟、何春、何廷仁、管登四人配享。

惜未遇吕公，学未大展所学耳。"家居 10 余年，郡学者多宗之。①

刘一斋　刘澜，字汝观，号一斋，会昌县人。同雩都（于都）洛村、善山从阳明学，得天人性命之旨。后以岁贡授湖广平江县知县，素敦孝友，居官清洁。告归，恬淡自喜。有犯不校，人服其雅量。著有《太极图说》《〈小学〉补义》《莲塘杂咏》等。②

赖贞，字洛川，会昌县人。与兄赖元（字善长）俱太学生（国子监生）。同及阳明门，讲学虔台。阳明捐馆后，贞复游学白鹿洞。三年不归，寄语家曰："昔舒璘云：'敝床疏席，总是佳趣；栉风沐雨，反为美境。'信不虚矣。"手抄《传习录》及往来辩学诸书，复以己所心得者，识于后。嘉靖乙酉，与兄赖元捐千金建湘江书院于县治射圃后，讲学其中。宁都亦有赖元者，大小冠子忧云。③

赖蒙岩　赖元，字善长，号蒙岩，宁都县人。邑诸生。尝叹士读圣贤书，当为圣贤事。时阳明讲学郡中，元裹粮及门，闻良知之训，辄窥见实际。归，与同门洛村、善山书往返辩证所学。洛村与刘龙山书曰："近得阳都朋友相次兴起，甚得力者，皆善长一人倡率之功也。"邑令陈大纶设讲堂，推之为首。常与同邑人蒙泉先生李经纶一起讲学于青原山，时目为"二蒙"。与双江有善。④

李经纶，字成甫，号蒙泉，宁都县人。邑诸生。父亲为著名的地方

---

①　参见《江西通志》卷94《赣州府》，《四库全书》，第516 册，第176 页；同治《赣州府志》卷54《儒林》，《中国地方志集成·江西府县志辑》，第74 册，第235 页；同治《赣县志》卷34《理学》，《中国地方志集成·江西府县志辑》，第75 册，第363—364 页。

②　参见同治《赣州府志》卷54《儒林》，《中国地方志集成·江西府县志辑》，第74 册，第236 页；同治《会昌县志》卷22《理学》，《中国地方志集成·江西府县志辑》，第79 册，第184 页。

③　参见同治《会昌县志》，卷9《书院》、卷22《理学》，《中国地方志集成·江西府县志辑》，第79 册，第60、184 页。

④　同治《赣州府志》卷54《儒林》，《中国地方志集成·江西府县志辑》，第74 册，第236 页；道光《宁都直隶州志》卷22《人物志·理学》，《中国地方志集成·江西府县志辑》，第80 册，第420 页。

名士李佩（1474—1528，字必达、德孚，号云石山人）。受父意，与同邑赖元共往学阳明夫子门下。学有得，屏绝举业，一意于乡间阳明夫子学之传播。学养深厚，深得双江赞誉。①

董欧，字希永，自号九宾主人，宁都县田头镇璜坊村。父董天锡（弘治九年进士），官大理卿，号璜溪。遵父意，与东廓同往赣州受学于阳明夫子门下，得万物一体之学。为人好静，不喜交游。曾筑小斋读书其中。在东廓看来，他属于阳明亲传弟子中颓废不求上进者。②

俞庆，字子有（善），信丰县人。笃志学问，泛观博取，反而约之身心。即冠，领正德五年（1510）乡举。正德六年不第，时阳明夫子为会试同考官，遂游太学，尽交海内名士。诗文冲淡，自可名家。从阳明夫子学，益有妙悟。正德十三年，寻卒。王阳明哭之曰："呜呼庆也！欲寡其过而未能，盖骎骎焉有志而未睹其成也。"太史舒芬为之撰铭。③

月华，龙南坊内堡人。郡廪生。性至孝。少以经学著。从阳明学。归后，日坐一室，超然默悟，学者宗之。王阳平浰头回，军驻邑中，有议欲迁明伦堂，嘱华经理。华捐金助之。④

刘宰，字彦卿，大庾县人。嘉靖元年乡荐。受业阳明，与刘鲁同里。⑤

刘玄洲　刘鲁（1495—1544），字希曾，号梅泉、玄洲，大庾县人。刑部侍郎刘雪台子。嘉靖七年乡荐。长于文学，相与刊落词华，究心理

---

① 李经纶的发现，感谢王传龙博士后的细心整理。参阅《送李子归宁都序》《云石山人传》，《聂豹集》卷4、卷7，第83—84页、第216页；《阳明心学流衍考》第285页。

② 董欧为阳明夫子亲传弟子，采王传龙说。参阅（明）邹守益《九宾主人辩》，《邹守益集》卷17，下册，第824—825页；《阳明心学流衍考》，第278页。

③ 参见同治《赣州府志》卷54《儒林》，《中国地方志集成·江西府县志辑》，第74册，第235页；（明）王守仁《祭俞子有文》，《王阳明佚文辑考编年》（增订本），第562页。

④ 参见同治《赣州府志》卷54《儒林》，《中国地方志集成·江西府县志辑》，第74册，第236页；《光绪龙南县志》卷7，《人物志·儒林》，《中国地方志集成·江西府县志辑》，第82册，第183页。

⑤ 参见《同治南安府志》卷16《儒林》，《中国地方志集成·江西府县志辑》，第84—85册，第348页。

学。受业阳明，玄洲与南野同舍砥砺。刘玄洲闻阳明夫子之教，理性情之奥，曾说："性含灵识，故神明其德……心虚而神，故欲净神应。"玄洲三试而不第，于济宁得寒疾，途卒。玄洲著有《梅泉稿》《玄洲日录》。子尧弼。①

正德十三年戊寅，刘鲁曾与众门友一起游学夫子门下。②

刘慎，大庾县人。刘永曾孙。善医术。正德十二年以贡入京。官至连山知县。其曾往学阳明夫子于赣州，夫子赠其千里之行。③

仁者以天地万物为一体，酱书以手足痿痹为不仁。大庾刘生慎请为仁之说。生儒而善医，吾尝见其起危疾，疗沉疴，皆应手而验。夫儒也，则知一体之仁矣。医也，则知痿痹之非仁矣。世之人仁义不行于伦理，而私欲以戕其天性，皆痿痹者也。生唯无以其非仁者而害其仁焉，求仁之功尽此矣，吾何说？生方以贡入京，自此将为民社之寄。生能以其素所验于酱者而施之于政民，其有瘳乎！④

此为《王文成公全书》散佚之文，见于稀见本善本王杏序、陈文学与叶梧校正本《新刊阳明先生文录续编》，甚为珍贵。夫子已在赣州，多用兵如神，然目睹战争之惨烈，常怀万物一体之仁，故而在与门弟子讲学时，多发挥仁学思想，并在未来，以仁学为基础，又提良知学思想。刘慎此书信可见夫子学术发展由立志、立诚再到仁学之变迁，故而极为重要。

---

① 参见《同治南安府志》卷16《儒林》，《中国地方志集成·江西府县志辑》，第84—85册，第348页；（明）欧阳德《刘玄洲墓志铭》，《欧阳德集》卷25，《阳明后学文献丛书》，陈永革点校，凤凰出版传媒集团2007年版，第676—678页。

② 参见《王文成公全书》卷32《附录一·年谱一》，第4册，第1427页。《王文成公全书》与《王阳明全集》（新刊本）两书此处校对者均出错，参阅王传龙的研究。

③ 《王阳明佚文辑考编年》（增订版）第542页。

④ 永富青地"瘳"作"廖"，今据钱明本、束景南本改，见其文《关于上海图书馆藏〈新刊阳明先生文录续编〉》第251页；参阅《王阳明全集》（新刊本），第5册，第1789—1790页。

第二节　吉安地区

吉安地区，阳明夫子亲传弟子考探得 48 人。除东廓（邹守益，1491—1562，字谦之，安福县人）、南野（欧阳德，1496—1554，泰和县人）、两峰（刘文敏，1490—1572，字宜充，安福县人）、狮泉（刘邦采，1492—1577，字君亮，安福县人）、三五（刘阳，1496—1574，字一舒，安福县人）、印山（刘秉监，字遵教，安福县人）、柳川（王钊，字子懋，安成县人）、梅源（刘晓，字伯光，安福县人）、晴川（刘魁，字焕吾，泰和县人）9 位收录于《明儒学案》被我们熟知的弟子之外，尚有刘文快、刘文恺、刘文协、刘文悌、刘子和、刘熏、刘佑、刘继汉、欧阳瑜、刘肇衮、王学益、尹一仁、黄旦、刘独秀、张崧、刘子和、刘宾朝、王铸、邓圉、邓周（州）、刘敬夫、龙光、龙履祥、罗琛、周汝员、王思、胡尧时、欧阳阅、王贞善、曾才汉、刘冕、周禄、王舜鹏、刘业、王时柯、曾忻、梁廉、刘汝翱、汤克宽、刘孔愚 40 位被梨洲遗漏的阳明亲炙弟子。[①]

---

① 双江（聂豹，1486—1563，字文蔚，江西永丰县人）虽然没有在阳明夫子面前亲赞弟子礼，严格说来，不应该算为阳明亲传弟子，但是他生前多次称阳明夫子为"先师"，有时甚至认为自己是阳明的亲传弟子，且多次向阳明夫子请教，书信往来多次，这在他的文集里表现得很明显，故本节将他与念庵、一庵、西川等人为阳明后学或私淑不类，需要区别对待。另外遗憾的是，晚年他自得归寂之学，似乎对阳明夫子的致良知教发生明显的怀疑，他在给刘三五、罗念庵等人的书信中反复说，认为阳明夫子本人让良知学术失去发展的动力，"此学自先师而明，亦自先师而晦""令人丧心弃天"，甚至断言"其祸不在洪水猛兽之下"，其对阳明夫子之学说敢于如此严厉地抨击，似应该不得列为阳明夫子亲传弟子也。参见（清）黄宗羲《江右王门学案贞襄聂双江先生豹》，《明儒学案》卷 17，上册，第 369—385 页；《寄罗念庵太史十六首》（十一）、《简刘三五侍御》，《聂豹集》卷 9，第 289、313 页。

一　安福县阳明弟子考

有邹守益、刘文敏、刘邦采、刘秉监、王钊、刘晓、刘文快、刘文恺、刘文协、刘文悌、刘子和、刘熏、刘佑、刘继汉、欧阳瑜、刘肇衮、王学益、尹一仁、黄旦、刘独秀、张崧、刘子和、刘宾朝、王铸、邓圜、邓周（州）、刘敬夫、王梅、王仲，总计29人。

邹东廓　邹守益（1491—1562），字谦之，号东廓，江西省安福县北乡澄源人，弘治辛亥二月一日生。先幽州范阳人，后家宜黄，徒永丰，再徒安福县城冈。父贤，号易斋，居家以孝友称。登弘治九年丙辰（1496）进士，授南京大理评事。仕至福建按察佥事，擒杀武平贼渠黄友胜。母周夫人。9岁从父宦于南都，巡抚彭礼见而奇之，"是儿出，必争锋天下！"从司寇胡琏（南津）学，多所问难。博学，以理学气节自命。正德二年丁卯（1507），年十七，以《春秋》中江西乡试，娶王夫人。未几，母周夫人卒。授徒讲《春秋》。正德六年辛未（1511）会试，阳明夫子以李部主事为同考官，事主考得先生卷，甚喜，谓阳明曰："子善知文者，此为谁者？"曰："次必安福邹某。"东廓遂冠南宫，廷试第三，授翰林院编修。父在漳南，得报，喜曰："吾志有托矣！"遂解官而去。东廓在翰林逾年，上疏告归养父。授经山房，教学子。正德十一年丙子（1516），丁外艰，悉力丧葬，待庶母弟三人，咸遵父亲遗言，抚爱有加。宸濠反，阳明夫子起兵吉安，东廓星驰军门，阳明喜曰："君臣师生之谊，在此一举！"嘉靖改元，起用。与经筵，修国史，加文林郎。二月，帝欲去兴献帝本生之称（"大礼议"），上疏，不报。嘉靖三年甲申（1524），复上疏，忤旨，下诏狱，杖。修撰吕柟继疏，下狱。二人在狱中讲学不辍，有《狱里双况集》。谪广德州判官。作谕俗文以告父老子弟，毁淫祠，建复初书院讲学，著有《时习讲章》。能发奸摘状，一时称为神明。满三年，擢南京主客司郎中，与甘泉、吕柟诸同志相与讲学。嘉靖七年戊子（1528），服阳明夫子之丧。嘉靖十年辛卯（1531）四月，给由，至真州，以病告归，由吴中就医，与魏壮渠力论知行合一之学。趋会稽，哭阳明公，与同志大会于天真书院。既南归，以讲学为事，每岁会于青原、白鹭之间，数入吉水、泰和、万安、永新、乐安、崇仁、临川、南昌，从游者恒数百人。嘉靖十五年丙申（1536），浙江阳明弟子程文德量移安福，东廓相与行乡约，并里役，省粮长，朔望聚诸生于明伦堂。建复古书院，东廓为记。

嘉靖十七年戊戌（1538），起南吏部考功郎中。过南浦，督学徐阶请讲于贡院，发明性善之旨，闻者悦然。明年，改司经局洗马。与霍渭崖上《圣功图》。世宗犹以议礼前疏弗悦也，下礼部参勘，终救得免。充经筵讲官。嘉靖十九年庚子（1540），上薛文清从祀议，品据精确。是夏，迁太常少卿，兼侍读学士，掌南院。六月，王夫人殁。十二月，升南京国子祭酒，以严为教，端严士气，意不少回，士风为之一变。嘉靖二十年辛丑（1541），九庙灾，有旨大臣自陈。大臣皆惶恐引罪，先生语太直，上疏独言君臣交儆之义，遂落职闲住。明年壬寅五月，娶李夫人。归家，筑东阳行窝，待四方来学者。以培养人才、讲明学术为生平实际。遍游四方，随处讲学，动经数月。同志建连山复真书院，东廓岁主其中。其言明白简易，学者多所启发。甲辰、乙巳，岁连大饥，上书当道，率诸子赈灾，创义仓，多行善举。嘉靖三十九年庚申（1560），以季子考绩恩复职致仕。此年，先生69岁，士大夫及门生来复古书院贺寿，无虑数千人。嘉靖四十一年壬戌（1562）十一月十日卒，年七十二，家居逾二十年。隆庆元年（1567），赠礼部右侍郎，谥文庄。不逾年，双江亦捐馆。五子：义，癸卯乡试；美，辛酉顺天乡试；善，登进士，刑部郎中，娶陈明水女；养；盖。女三。孙男11人，孙女9人，曾孙男 8 人，曾孙女 2 人。葬于里之白竹陂。

阳明夫子令庐陵，东廓慕其名，往拜，备受推许。正德十四年己卯（1519），东廓时年 29 岁，见阳明夫子于虔台，求表父墓。阳明日夕谈学，先生忽有省曰："往吾疑程、朱补《大学》，先格物穷理，而《中庸》首慎独，两不相蒙，今释然，格致之即慎独也。"论辩反复，幡然悟曰："道在是也。"遂执弟子礼。夫子赠之曰："君今一日真千里，我亦当年苦相迷。"嘉靖二年癸未（1523），又见阳明夫子于越，留月余，既别，而阳明念之曰："曾子羡友，'以能问于不能'，谦之近之矣。"又自广德至越，久而复行，阳明夫子叹其不以迁谪为意，先生曰："一官应优人，随遇为故事耳。"阳明默然，良久曰："《书》称'允恭克让'，谦之信恭让矣。自省允克如何？"先生歉然，始悟平日之恭让，不免于玩世也。得问如保赤子之教。海内之士，谓阳明夫子之学赖以不坠，东廓先生之功为大。

梨洲说，东廓之学，得力于敬。其学术宗旨，梨洲论之甚详。①

张石盘　张鳌山，字汝立，号石盘（南轩），吉安府安福县西乡梅溪人。初从乡贤李宗拭学，得求放心之学。正德五年庚午（1510）举人。六年辛未（1511）进士，选庶吉士，时阳明夫子为会试同考官。授监察御史，屡疏荐。曾巡山海关，多上经国疏。督学南畿，巡历松江，所取文字，专尚清新，江南文体为之一变。丁内艰。家居，举发宁王朱宸濠叛乱，并协助阳明夫子勤王。凡阳明夫子檄奏文移，多所草创。后

① 参见（明）罗洪先《明故国子监祭酒致仕东廓邹公墓志铭》，《罗洪先集》卷 20，《阳明后学文献丛书》，第 806—809 页；（明）宋仪望《明故中顺大夫南京国子监祭酒前太常少卿兼翰林院侍读学士追赠礼部侍郎谥文庄邹东廓先生行状》，《邹守益集》，《阳明后学文献丛书》，第 1367—1374 页；（清）黄宗羲《文庄邹东廓先生守益》，《明儒学案》卷 16《江右王门学案一》，上册，第 331—343 页；同治《安福县志》卷 11《理学》，《中国地方志集成·江西府县志辑》，第 67 册，第 195—196 页；《明史》卷 283《列传第 171·儒林二》，第 24 册，第 7268—7270 页。

不慎语触权贵，正德十五年（1520）十一月遭逮入狱，罢归。阳明夫子鼓励其在患难中做本体恒一的功夫，勉语"不做好官，便做好人"。嘉靖间起任浙江佥事，督学御史等。著有《南松堂稿》（7 卷）、《山居杂兴》等。尝在安福县创办兼山书院（文明书院）、乐育书院。卒年七十四，罗洪先为之撰《石盘张君墓志铭》。祀乡贤祠。①

石盘平生孝友，尚气节，维持风教。擅文法，东廓以为得之左氏真传。早在正德六年就与阳明夫子熟识，夫子与其有座主之情。石盘于嘉靖元年（1522）曾往绍兴求学于夫子门下。为学认真，为人细心，编夫子与自己来往的多封论学书信为《会稽师训》，好友东廓敬题。②

现江西省图书馆藏有其存世文献《南松堂稿》（7 卷），万历四年（1576）张程刻本③。

刘梅源　刘晓，字伯光，号梅源，安福县南乡三舍人。正德八年癸酉（1513）举于乡。见阳明夫子于南京，时夫子为南鸿胪，遂禀受焉，日与徐曰仁、薛侃切磋，充然有悟，为较早拜学阳明夫子门下的安福人。阳明夫子赠诗"谩道《六经》皆注脚，还谁一语悟真机？"备受期许。梅源受业阳明夫子归，归语族叔邦采（晓年龄虽然很大，但从辈分上讲为邦采族子），邦采遂与从兄文敏及弟侄 9 人谒阳明夫子于里第，师事焉。梅源后为新宁知县，有善政，时称"循吏"。归家，创梅源书屋于县南祖父刘戡读书之处，植梅浚源，以光谕德公之休，成别墅，合诸同志岁时讲谈，而题其端曰"惜阴"。《惜阴会约引》载："晓之事夫

---

① 参见同治《安福县志》卷 10《人物·名宦》，《中国地方志集成·江西府县志辑》，第 67 册，第 164 页。张鳌山的详细介绍，请参阅钱明《王阳明遗像中的历史记忆与文化信息》，《贵州文史丛刊》2016 年第 2 期。张鳌山为阳明夫子亲传弟子，参阅阳明夫子正德十五年佚文《辞爵赏救张鳌山疏》，原文及考证见《王阳明佚文辑考编年》，下册，第 730—731 页。

② 参见阳明夫子嘉靖元年佚文《答张汝立书》，原文及考证见《王阳明佚文辑考编年》下册，第 823—825 页。

③ 《中国古籍总目》，集部，第 2 册，第 665 页。

子也最早，愧无以为诸君子倡，因念生也异方，不能往受教。在乡也，又势各有便，不能聚一。惧夫离群索居，固有因而怠焉者矣。乃与诸同志立为'惜阴会'，期以各双月望日轮有志者若干入主供应，择地之雅胜居焉，互相切磋，各殚厥心，尽五日而散。与会者非有大故，不得辄免。"

阳明夫子丙戌为著《惜阴说》。次年丁亥，阳明夫子再作《寄安福诸同志》："诸友始为惜阴之会，当时惟恐只成虚语。迩来乃闻远近豪杰闻风而至者以百数，此可以见良知之同然，而斯道大明之几，于此亦可以卜之矣。喜慰可胜言耶！"可见当时阳明后学以惜阴会为平台磨磋良知学之盛况。安成惜阴之会，实自梅源始，盖非绪山年谱所论之狮泉也。吉安之多学者，先生为之五丁，而吉安心学之兴盛，先生首倡也。邑人刘阳初从先生受经学。先生下语无有枝叶，尝诵少陵"语不惊人死不休"之句，叹曰："可惜枉费心力，不当云'学不圣人死不休'耶？"学者举质鬼神无疑，先生曰："人可欺，鬼神不可欺；今世可欺，后圣有作，真伪不可欺。"盖先生之学以勿自欺为宗也。著有《梅源集》。其著名弟子为刘三五。①

刘三五　刘阳（1496—1574），字一舒，号三五，安福县南乡福车人。儿时端重若成人。耻私食，食必广坐。年十三，请焚先世积券。弱冠受业于彭石屋（彭簪，字世望，县东乡松田人）、刘梅源。两先生深器之。阳明在虔，三五极慕夫子禀学焉。得阅梅源所录夫子之语录，益

---

① 参见《明史》卷283《列传171·儒林二》，第24册，第7283页；（清）黄宗羲《县令刘梅源先生晓》，《明儒学案》卷19《江右王门学案四》，上册，第447页；《大清一统志》卷250《吉安府二》；光绪《吉安府志》卷31《人物志·儒林》，《中国地方志集成·江西府县志辑》，第61册，第71—72页；同治《安福县志》卷11《儒林》，《中国地方志集成·江西府县志辑》，第67册，第201页；李才栋《江西古代书院研究》，江西教育出版社1993年版，第325页；陈时龙《〈三舍刘氏七续族谱〉的史料价值》，《文献季刊》2008年第1期，第177—181页；（明）王守仁《惜阴说》，《王阳明全集》卷7《文录四》，第298页；（明）王守仁《寄安福诸同志》，《王阳明全集》卷6《文录三》，第248页。学者李才栋、陈时龙均认为使惜阴良知学读书会得倡导者为梅源先生而非狮泉也。

向往，遂如虔问学。除夕，泊舟野水，风雪霏霏，齿指麻木，不以为恶，津津然喜也。阳明见之，顾谓诸生曰："此生清福人也。"于是语先生，苟不能甘至贫至贱，不可以为圣人。三五跪受教，自是日两谒。与元亨辈共相切磋。数月后归。某督学使者发策污夫子之学，则明正学为言，其护卫夫子良知学之心可见。嘉靖四年（1525），举乡试。任砀山（属安徽宿州市）知县，居四年，视身如处士。邑多盗，捕其首以正法，盗为衰止。邑苦河患，斋戒七日，疏通河道27里。旋示以礼教，尚理学，训喻士民，变其风俗，民获其益。待佐僚情同手足，同事间关系特别融洽。大得惠政，别去，哭声震天，士民为之建仁政祠、去思碑。

入拜福建道御史，侃侃持风裁。世宗改建万寿宫为永禧仙宫，百官表贺，御史以先生为首，先生曰："此当谏，不当贺。"在廷以危言动之，卒不可。中官持章奏至，故事南面立，各衙门北面受之，受毕，复如前对揖。先生以为，北面者，重章奏，非重中官也，章奏脱手，安得复如前哉？改揖为东向，无以难也。在官，官舍萧然，日恒蔬食，勤俭持身，真不愧为青菜侍郎、长斋御史也。相嵩欲亲之，先生竟引疾归。执亲丧，墓栖者3年。服除，徐文贞当国，陪推光禄寺少卿，不起。晚筑云霞馆于三峰翠微间，日与士子谈学不倦。尝过复真书院，夜讲罢，门弟子就先生，遮床跌坐。其清明有得如此。两峰过之，萧然如在世外。先生曰："境寂我寂，已落一层。"两峰曰："此彻骨语也。自东廓殁，江右学者，皆以先生为归。东至岱宗，南至祝融，夜半登山顶而观日焉，残冰剩雪，柱杖铿尔，悠然乐之。发为诗文，自成一家。阳明所谓清福者，悬记之矣。"

三五尝曰："美尧舜之孝弟而无称于乡党，习温公之诚实而不践其然诺，言独言幽耐无忌于可指可视，言着言察乃未极乎行之力者，吾不知所学何在？""为学不务行，恐无救，虚于高而无实，非学也；务行不研几，恐无救，行于直而罔觉，非行也。"其述夫子之语曰："人能甘至贫至贱，斯可为大儒。义利之辨，最为学者大关头。"吾辈可不慎思此言？居乡以礼让化俗。人有争端，多不讼有司而诣三五。先生天性驯良，深造自得，温文尔雅。自少至老，不能害物，仁经义纬。悠游有余味，听者不逆耳也。谙达事体，善为乡人排纷解难。乡民莫不益仰慕服敬。卒，哭于其庭者，数以千计。祀乡贤祠暨复古、复真书院。著有《洞语》《人伦外史》《接善篇》《吉州正气录》《晚程记》等书，后一并收入《三五刘先生集》。

梨洲赞叹说，先生于师门之旨，身体精研。①

刘两峰　刘文敏（1490—1572），字宜充，号两峰，吉安府安福县南乡三舍人。自幼端庄朴实，不苟言笑，饮食出入必禀于父母。长，不治家人生事，喜读书深思，亦不知世有机械事。游邑庠，擅文章之誉。嘉靖元年壬午，年二十三，与狮泉共学，思所以自立于天地间者，每至夜分不能就寝。尝曰："吾侪欲自立于天地，必何修而可？"谓狮泉曰："学苟小成，犹不学也。"初从族子晓得阅阳明夫子讲学语录，恍然悟反身自知之学。已读《传习录》而好之，绝信不疑，反躬实践，唯觉动静未融贯，曰："此非师承不可。"与其弟文快、从弟文协、文恺、文悌、族弟子和、继汉、族子熏、佑及其邦采共9人同买舟入越而禀学焉，来往三寒暑，一时成儒林名士佳话。自此一以致良知为鹄，操存克治，瞬息不少懈。毋谈高远而行遗卑近，及门之士，不戒而孚，道存目击。外艰既除，绝意科举，不应科目。所居东南有两高山峰，故号曰"双峰"。与东廓、双江、念庵诸公时时相聚，七往青原山，共证良知学之精密处。其布袍疏食，安于躬耕，韬光养晦，不求闻达，决意圣学，专一涵

---

① 参见（明）王时槐《御史刘先生阳传》，《国朝献徵录》卷65，《四库全书存目丛书》，史部，第103册，第608—609页；（清）黄宗羲《御史刘三五先生阳（附刘印山、王柳川）》，《明儒学案》卷19《江右王门学案四》，上册，第442—446页；同治《安福县志》卷11《理学》，《中国地方志集成·江西府县志辑》，第67册，第196页。

养，养深学粹，身任斯道，一意实修，上接白沙，下启来学，可谓阳明夫子门下的涵养种子也，可见当时江西之学风。

华亭（徐阶）为学使，以贡士征之于礼部，不起。梨洲总评说，两峰于师门之旨，未必尽同于双江，盖双江以未发属性，已发属情，先生则以喜怒哀乐情也，情之得其正者性也。年八十，犹陟三峰之巅，静坐百余日。谓其门人王时槐、陈嘉谟、贺泾曰："知体本虚，虚乃生生，虚者天地万物之源也。吾道以虚为宗，汝曹念哉，与后学言，即涂辙不一，慎勿违吾宗可耳。"隆庆六年壬申（1572）五月卒，年八十三。督学邵梦麟檄有司助葬。刘阳传其行。两峰不喜著述，其子昭谅检艺高，得百余条，刻之为《论学要语》。万历十二年（1584），郡守余之祯、邑令闵世翔建祠于复古书院祀之。①

刘狮泉　刘邦采（1492—1577），字君亮，号狮泉，安福县三舍人。初为邑诸生，即以希圣为志，曰："学在求诸心，科举非吾事也。"受族子梅源拜学阳明夫子的启发，偕两峰等族人共 9 人入越，谒阳明，称弟子。阳明契之曰："君亮会得容易。"先生资既颖敏，而行复峻拔。丁外艰，蔬水庐墓，服阕不复应试，士论益归。嘉靖七年秋，当乡试，督学赵渊下教属邑，迫之上道。先生入见，渊未离席，即却立不前，渊亟起迎之。先生以棘闱故事，诸生必免冠祖裼而入，失待士礼，不愿入。御史储良材令 13 岁郡诸生并得以常服入闱，免其简察。揭榜，先生得中式。已授福建省宁德市寿宁县教谕，升嘉兴府同知，寻弃官归。与诸同

---

① 参见（明）王时槐《两峰刘先生文敏墓志铭》，《国朝献徵录》卷 114，《四库全书存目丛书》，史部，第 106 册，第 475—476 页；（清）王守仁《处士刘两峰先生文敏》，《明儒学案》卷 19《江右王门学案四》，上册，第 430—437 页；《明史》卷 283《列传第171·儒林二》，第 24 册，第 7283 页；同治《安福县志》卷 11《理学》，《中国地方志集成·江西府县志辑》，第 67 册，第 196—197 页。两峰与狮泉所携 7 人均为阳明夫子亲传弟子。参阅陈时龙《〈三舍刘氏七续族谱〉的史料价值》，《文献季刊》2008 年第 1 期，第 177—181 页；同治《安福县志》卷 11《儒林》，《中国地方志集成·江西府县志辑》，第 67 册，第 201 页。

志聚讲于复古复真青原五云之间，引掖弗倦，学者多豁然有省。年八十六卒。

狮泉为阳明夫子江右重要嫡传弟子，为同门所敬重。但其对同门之见在良知多有批评，多从功夫之真实处用工，梨洲有详论。疾起，仍讲学不辍。遗命"毋得乞铭请祠"，遂卒。可见其涵养良知学之得力。①

刘印山　刘秉监，字遵教，号印山，安福县南乡三舍人。父宣，工部尚书。性孝友。父殁，甫10岁，哀毁如成人。事生母左右，顺志。怒则免冠以俟解。早岁励志功名，既而曰："道止于是耶？"先生登正德三年戊辰（1508）进士第，授宁津（属山东德州市）令。以平寇功，升历刑部主事。署员外郎。得罪正德帝幸臣、锦衣卫钱宁，宁怒，伺撼，无所得。出为河南佥事。迁大名兵备副使。兼理河道，毁淫祠四十余，构元成书院。以忤巨奄，或讽之谒谢。印山曰："屈节，耻也。祸福，命也。忘耻以益命，吾不忍也。"竟以诬逮系诏狱，得不死，谪判韶州，量移太平。贰潮州，重新韩山书院，来学者众。擢临安知府，未至而卒。河南之俗惑鬼，多淫祠，先生为文谕之曰："灾祥在德，淫鬼焉能祸福。"于是毁境内淫祠以千数，已而就逮，寓书其僚长曰："淫祠伤害民俗，风教者之责。监以祸行，奸人惑众，必为报应之说，非明府力持，鲜不动摇。"其守正不挠如此。事伯兄太守秉常唯谨。俸入不私于室。先生初学于甘泉，而尤笃志于阳明，

<hr>

① 参见《国朝献徵录》，《四库全书存目丛书》，史部，第104册，第603页；（清）黄宗羲《同知刘狮泉先生邦采》，《明儒学案》卷19《江右王门学案四》，上册，第437—441页；《明史》卷283《列传第171·儒林二》，第24册，第7283页；同治《安福县志》卷11《理学》，《中国地方志集成·江西府县志辑》，第67册，第197页。嘉靖二十四年（1545），刘邦采校正增略刘秉监所遗谱稿，作《三续族谱》，距族谱初刻69年，为学术界保存重要的史料。民国刘良楷纂修《三舍刘氏七续族谱》（38卷、卷首1卷，29册），民国三十三年（1953）木活字本。刘良楷修《七续族谱》则距《六续族谱》仅隔39年。陈时龙对其有研究，参阅陈时龙《〈三舍刘氏七续族谱〉的史料价值》，《文献季刊》2008年第1期，第177—181页。

讲学之会，匹马奚童，往来山谷之间，俭约如寒士。母夫人劳之曰："儿孝且悌，何必讲学？"先生对曰："人见其外，未见其内，将求吾真，不敢不学。"兄初沮之，后亦助之。先生殁时年未五十。刘三五评曰："先辈有言，名节一变而至道，印山早励名节，烈烈不挫，至临死生靡惑，宜其变而至道无难也？"①

王柳川　王钊，字子懋，号柳川，安福县南乡金田人。始受学于梅源，既学于阳明夫子。尝为诸生，弃之。安贫乐道，栖栖于山巅水涯寂寞之乡，以求所谓身心性命。盖三十年未尝不一日勤恳于心，善不善之在友朋，无异于己，逆耳之言，时施于广座。人但见其恻怛，不以为怨，皆曰："今之讲学不空谈者，柳川也。"居家庭，以孝友称。时有康南村者，性耿介，善善恶恶，与人不讳。尝酌古礼为图，摭善行为规，岁时拄杖造诸大家之门，家家倒屣以迎。先生视南村如一人，南村贫，先生亦贫，敝衣粝食，终其身，非矫也。著有《柳川学语》。②

刘文快，字宜慎，号竹冈，惕省夜气，专事良知。③

刘文恺，字宜修，号密斋，学求归一，心不苟安。

刘文协，字宜中，号密斋，文敏（两峰）从弟。

① 参见（清）黄宗羲《御史刘三五先生阳（附刘印山、王柳川）》，《明儒学案》卷19《江右王门学案四》，上册，第443页；光绪《吉安府志》卷31《人物志·儒林》，《中国地方志集成·江西府县志辑》，第61册，第71页；同治《安福县志》卷10《人物·宦绩》，《中国地方志集成·江西府县志辑》，第67册，第180页。

② 参见（清）黄宗羲《御史刘三五先生阳（附刘印山、王柳川）》，《明儒学案》卷19《江右王门学案四》，上册，第443页；同治《安福县志》卷11《理学》，《中国地方志集成·江西府县志辑》，第67册，第201—202页；光绪《吉安府志》卷31《人物志·儒林》，《中国地方志集成·江西府县志辑》，第61册，第75页。安福也称"安成"。

③ 两峰与狮泉所携下述8人问学绍兴，均为阳明夫子亲传弟子，遗憾的是由于他们未获取功名，也未有著述传世，故而此8人事迹不见于县志。参阅陈时龙《〈三舍刘氏七续族谱〉的史料价值》，《文献季刊》2008年第1期，第177—181页；同治《安福县志》卷11《儒林》，《中国地方志集成·江西府县志辑》，第67册，第201页。特别感谢陈时龙研究员对珍贵地方史料的挖掘。

刘文悌，字宜真，号西坞，髫年奋志，晚修不倦。

刘熏，字应成，号退斋，好古明宗，勇于行义。

刘佑，字孟吉，号北山，敦恪好学，履蹈不轻，后隐于北山下，故别号北山。

刘继汉，字霖卿，功求戒惧。阳明亲书致知说授之。

刘觉斋　刘子和，字以节，号觉斋，岁贡生，安福县人。闻阳明倡学会稽，抱病与兄狮泉、两峰往师之。赉疾问道，委顺遗物。立志有闻。①

欧阳瑜，字汝重，安福县东冈人。自少端悫鲜嗜欲，从阳明先生学，雅见器异。将别请益，先生曰："常见自己不是（常歉然无自是），此吾六字符也。"公奉令承教，终身力践之，不为奇辟语。不就会试，"老亲在，三公不与易也。"母死，庐墓侧。虎环庐嗥，不为动。嘉靖戊子举于乡。服阕，授通州学正。萃诸生讲论，剖析几微，及门之士，多所成就。值州守缺署篆，数月雪，冤抑奖良善，轻罚节费，民甚安之。升南博士去，通士立碑纪其德政。程文德与其忘年交。以博士被召入京，不见权贵。或讽以荐贿，公曰："我平生所学谓何？"竟得南大理评事。莅任，释大冤十数。寻晋本寺正，升云南佥事。起艰，补广西。清积牍，远娼优，禁龙舟，捕真盗，平反冤狱二十余人。所至有惠政。整饬左江道，兵备南宁。南宁土官故骄横，终不敢动。未几，升四川布政司参议。拂袖归山。

在官二十余年，所至有廉惠声，恒产不及中士。既归，以讲学兴起后进为务，岁时会聚虽隆冬盛夏无不赴其所开导。力守师说，不奇僻语，至其谦虚受人，则后生来学有所陈说，亟称赏。性宽厚，守身恒如

---

①　参见同治《安福县志》卷11《人物·儒林》，《中国地方志集成·江西府县志辑》，第67册，第201页。

赤子。公至诚感物，待民如子。年近九十而卒。①

刘石峰　刘肇衮，字内重，号石峰，安福县东乡栎冈人。初为诸生，不赴试，自陈养母。如赣州，从学阳明，后为阳明安福县重要弟子。为人气势雄伟。东廓赞之曰"直谅"。闻阃闾民瘼，请东廓转道，罢行之。

阳明在嘉靖四年乙酉，时年五十四岁，回信给石峰。

书来警发良多，知感知感！腹疾，不欲作答，但内重为学工夫尚有可商量者，不可以虚来意之辱，辄复书此耳。程子云："所见所期，不可不远且大。然而为之亦须量力有渐，志大心劳，力小任重，恐终败事。"夫学者既立有必为圣人之志，只消就自己良知明觉处朴实头致了去，自然循循日有所至，原无许多门面折数也。外面是非毁誉，亦好资之以为警切砥砺之地，却不得以此稍动其心，便将流于心劳日拙而不自知矣。内重强刚笃实，自是任道之器，然于此等处尚须与谦之从容一商量，又当有见也。眼前路径须放开阔，才好容人来往，若太拘窄，恐自己亦无展足之地矣。圣人之行，初不远于人情。鲁人猎较，孔子亦猎较。乡人傩，朝服而立于阼阶。难言之互乡，亦与进其童子。在当时固不能无惑之者矣。子见南子，子路且有不悦。夫子到此如何更与子路说得是非？只好矢之而已。何也？若要说见南子是，得多少气力来说？且若依着子路认个不是，则子路终身不识圣人之心，此学终将不明矣。此等苦心处，惟颜子便能识得，故曰"于吾言无所不悦"。此正是大头脑处，

① 参见（明）王时槐《四川布政司参议欧阳公瑜传》，《国朝献徵录》卷98，《四库全书存目丛书》，史部，第105册，第543页；《明史》卷283《列传171·儒林二》，第24册，第7277页；《江西通志》卷76《吉安府》，《四库全书》，第515册，第700页；同治《安福县志》卷11《人物·儒林》，《中国地方志集成·江西府县志辑》，第67册，第203页；《阳明弟子传纂》卷2《江右王门》，第44页。

区区举似内重，亦欲内重谦虚其心，宏大其量，去人我之见，绝意必之私，则此大头脑处。自将卓尔有见，当有"虽欲从之，末由也已"之叹矣！大抵奇特斩绝之行，多后世希高慕大者之所喜，圣贤不以是为贵也。故索隐行怪，则后世有述焉，依乎中庸，固有遁世不见知者矣。学绝道丧之余，苟有以讲学来者，所谓空谷之足音，得似人者可矣。必如内重所云，则今之可讲学者，止可如内重辈二三人而止矣。然如内重者，亦不能时时来讲也，则法堂前草深一丈矣。内重有进道之资，而微失之于隘。吾固不敢避饰非自是之嫌，而叨叨至此，内重宜悉此意，弗徒求之言语之间可也。①

阳明夫子谆谆告诫其要有开阔的胸襟，不要"太拘窄"，不要"失之于隘"，与同门东廓等人多多商学，要有容人来往的气魄。塘南谓："两峰自修于己，石峰交修于人。"

嘉靖三十七年（1558），邑南士民就县北真观废址建复真书院，刘阳题其名"砥德""砥材"，楼曰"萃胜"，内藏书籍。后为聚奎楼，附祀人中有刘石峰。万历十二年，郡守俞之祯、县令闵世翔建二贤祠于复古书院茂对堂内，左祀布衣刘时敏与刘肇衮，附以黄旦，邑人塘南撰文记其事。万历二十一年（1593），刘淑唐等于治东二十里梅田建道东书院，祀六主，内有刘石峰。②

王大廓　王学益，字虞卿，号大廓，安福县东乡蒙冈人。从学阳明夫子。阳明夫子正德十三年（1518）曾题其蒙冈书屋铭。嘉靖乙丑进

---

① 《王文成公全书》卷5《文录二》，第1册，第338—339页。
② 参见光绪《吉安府志》卷31《人物志·儒林》，《中国地方志集成·江西府县志辑》，第61册，第74页；同治《安福县志》卷11《人物·儒林》，《中国地方志集成·江西府县志辑》，第67册，第201页；同治《安福县志》卷5《学校》，《中国地方志集成·江西府县志辑》，第76—77页；（明）王守仁《答刘内重》（乙酉），《王阳明全集》卷5《文录二》，第219—220页。

士。授都水主事，改武库。上书清京卫及各省军伍，有功。迁职方员外，进郎中。擢福建按察副使、应天府丞，巡抚贵州兼理军务。被冤，后事白，起南京佥都御史，改刑部左、右侍郎，升南京工部尚书。以疾乞休。年六十七卒。①

正德十三年，阳明夫子为其蒙冈书屋作铭，发周易蒙卦之意，果行育德，为圣之功。束先生认为，以王学益为首，形成一个庞大的安福弟子群体，气候在蒙冈建惜阴会，笃志圣学，讲学论道，生生不息，让良知光芒照耀世间。②

尹一仁，字任之，安福县南乡厚村人。年十五，以大学致知格物验诸心，多不合。每夜半，起坐苦思，后赴越，受业阳明，乃稍稍洞然。嘉靖乡举，官虞衡主事，历都水郎。忤中贵，出守归德，多惠政。被诬劾，罢归里居。一仁于县治南建南林书屋，日读书其中。卒之前数日，遗书其友刘阳曰："某不敢不死于君子之手！"阳趋往视，相对屡日而卒。复真书院附祀人中亦有一仁。万历三十一年（1603），知县潘浚修葺复古书院，建二贤祠于尊经阁西，易名同德堂，以一仁等祀。③

王暎，字天民，安福县南乡圳头人。幼通敏有闻。受学阳明夫子，精修益勤。历嘉靖壬午乡举。署宁国教，立学规会约以端士习，授仪真

---

① 参见（明）王守仁《蒙冈书屋铭（为学益作）》（正德十三1），《阳明佚文辑考编年》，第529—530页；同治《安福县志》卷10《人物·宦业》，《中国地方志集成·江西府县志辑》，第181页。束师在整理阳明佚文中，注意到欧阳瑜、刘肇衮、王学益、尹一仁、黄旦、刘独秀、张崧、刘子和、刘宾朝、王钊等多位安福县阳明弟子，盖先生仔细阅读了同治《安福县志》。先生还指出，在安福县，形成以王学益为首的阳明弟子群，这些阳明弟子以惜阴会为活动平台，互相丽泽求益，传播并发展阳明学。

② 参见（明）王守仁《蒙冈书屋铭（为学益作）》（正德十三1），《王阳明佚文辑考编年》（增订本），第568—569页。

③ 参见光绪《吉安府志》卷31《人物志·儒林》，《中国地方志集成·江西府县志辑》，第61册，第74页；同治《安福县志》卷11《人物·儒林》，《中国地方志集成·江西府县志辑》，第67册，第203页；同治《安福县志》卷5《学校》，《中国地方志集成·江西府县志辑》，第79页。

令。仪故习华糜，暎禁裁源费利民者。开亲民馆，讲学其间。或集童子习所集四礼，俗几无讼。会当道有恶之者，引疾归。寻以治行征授南京工部主事，卒于官。①

黄旦（府志作"黄昌"），字朝周，安福县赤谷人。仪观魁伟，性磊落。弱冠闻里人治良知家言，心慕之。见阳明于螺川。归从东廓游，东廓以"畏友"称之。东廓聘之家塾，子弟辈多其所造就。从阳明学有得，以洞见本心为宗。处朋友，有过，尽言不讳，而辞气委婉，使人易入。事母，躬负薪水。教授里中，取少量粮食，余以食其兄。若侄岁祲，且周济贫乏焉。复古书院附祀黄旦。②

刘独秀，字孤松，安福县人。淹贯群书，不求闻达。尝受业阳明。阳明赞其"存遏之功独至"！年八十九卒。门人王一夔铭其墓。③

张崧，号秋渠，安福县南乡书冈人。学博文赡。尝受学阳明，充然有得。甲寅大饥，为保民，蠡测数千言上之当路，亟檄郡邑举帐，全活者甚众。生平书册未尝去手，著《从录》（20卷）及《三传性理》《通鉴节要》诸书。弟嵩，字仲瞻，以贡任光泽教谕，终周府教授。学行与兄俪美，时称"二张"。④

刘宾朝，字心川，安福县竹园人。少为邑诸生，有契良知之学。师事阳明。复卒业东廓。晚年，徜徉青原、白鹭间，与马勋相友善。⑤

王铸，字子成，安福县南乡金田人。邑庠生。性至孝。庐母墓三

---

① 参见同治《安福县志》卷10《人物·宦绩》，《中国地方志集成·江西府县志辑》，第181页。
② 参见光绪《吉安府志》卷31《人物志·儒林》，《中国地方志集成·江西府县志辑》，第61册，第73页；同治《安福县志》卷11《人物·儒林》，《中国地方志集成·江西府县志辑》，第67册，第201页；同治《安福县志》卷5《学校》，《中国地方志集成·江西府县志辑》，第76页。
③ 参见同治《安福县志》卷11《人物·儒林》，《中国地方志集成·江西府县志辑》，第67册，第201页。
④ 同上。
⑤ 同上。

年。与兄钊、镜师事阳明。卒业东廓。东廓以"致远友"称之。尝题其额曰"道侔二陆"。往来衡岳、石鼓、白鹿洞各书院。归，则与复古书院诸君子讲学不辍。祀复真书院。①

郭宏（弘）化（1481—1556），字子弼，号松崖，安福县山庄乡山塘下人，正德五年乡试第一。嘉靖二年进士。历任湖北江陵知县、贵州道监察御史等。从阳明先生游，得良知之学。归家，与东廓等来往于青原、复古之间。家居24年卒。②

邓北山　邓圍，字昭宾，晚号北山。性格温厚简默，有孝声。曾往绍兴游学阳明。后，复卒业东廓。③

邓周（州），字昭文，号前川，安福县人。邓圍弟。诸生。曾偕同志往绍兴游学于阳明。后，复卒业东廓之复古书院。④

刘半洲　刘敬夫（1491—1532），字敬道，号半洲，或为安福县人。少与两峰、石峰、易台山、三五、湖山诸君从学阳明于赣州，听讲月余，始而信，中而疑，终而卒业。阳明家居，半洲再往越从学，日夜坐小楼，在越二三年。得阳明印证，愈自信。尝曰："良知即是独知时""良知知是知非"。辛卯应试，得劳疾。次年，卒。⑤

彭一之，安福县人。中正德八年乡试榜。正德九年（1514）、十年

①　参见同治《安福县志》卷11《人物·儒林》，《中国地方志集成·江西府县志辑》，第67册，第207页。

②　参见（明）罗洪先《前文林郎贵州道监察御史松崖郭公墓表》，《罗洪先集》卷19，《阳明后学文献丛书》，第786—788页。

③　参见（明）邹守益《明故北山邓君偕配伊氏墓志铭》，《邹守益集》卷23，《阳明后学文献丛书》，第1082—1083页。

④　邓周（州）为阳明夫子亲传弟子，采王传龙说，参阅（明）邹守益《明故北山邓君偕配伊氏墓志铭》，《邹守益集》，《阳明后学文献丛书》，第1082—1083页；《阳明心学流衍考》第278页。

⑤　参见（明）王畿《半洲刘公墓表》，《王畿集》卷20，《阳明后学文献丛书》，第639—641页；《阳明弟子传纂》卷2《江右王门》，第36—37页。

（1515）间，从学阳明夫子于南京。①

易宽，字栗夫。江西安福县南乡圆溪人。为人雅敦行诣，屡空自如。先后从学于阳明夫子、东廓先生。嘉靖十四年乙未（1535）进士。嘉靖十六年（1537）官礼部精膳司郎中。时太庙灾，风致会议，宽斟酌古制，定为成。后官至四川提学副使，教先本实。卒于官。著有《释义一编》。祀乡贤。②

王梅，安福县人。母孀居 30 年，自教之。补邑庠生。闻夫子贤，令梅往学之。梅得夫子教，事夫子如所生。③

王仰（1495—1533），字孔桥，安福县汶源里人。少家贫，刻苦力学，废寝忘食。以《春秋》补邑庠，乡之士家争延聘为弟子师。不自足，正德十五年庚辰，与王钊提一囊共学于阳明夫子门下。复乡约。卒业东廓山房。东廓判广德，令儿辈师之。介然自守。习礼于南太学，甘泉先生器重之，令撰《圣学格物通》。声誉鹊起。后从教于南京、太平、浙江、松江，子弟日亲。过劳累，嘉靖癸巳秋九月癸亥卒，年仅三十九岁。盖先生先后从学于阳明夫子、东廓先生，为人孝友，一时之名士也。子二：楼珠、杭珠。④

同门好友离世，东廓子甚为悲之，他沉痛悲悼阳明夫子门下乡贤同门，曰：“昔阳明夫子倡道于虔，四方豪杰咸集，益趋而受学……（30）相继云亡，若宪副刘印山秉监、邑尹王天民暎，甫试于政而未展；若刘德芳醮、刘子和周，则文则武，刘原理琼治，李畏夫俨，皆未试早

---

① 参见《王文成公全书》卷32《附录一·年谱一》，第4册，第1406页；《阳明心学流衍考》第297页。
② 参见《安福县志》卷10《人物·宦迹》，《中国地方志集成·江西府县志辑》，第182页；《礼部志稿》卷44；《阳明心学流衍考》第310—311页。
③ 王梅为阳明夫子亲传弟子，参阅王传龙说，见《阳明心学流衍考》，第303页。
④ 王仰为阳明夫子亲传弟子，得益于王传龙的研究，见《阳明心学流衍考》，第304页；（明）邹守益《王孔桥墓志铭》，《邹守益集》卷23，下册，第1058—1059页。

殁；而王孔桥仰，复没于旅邸……若彭子阎。"① 由此可见，阳明学兴起过程中，还有很多尚默默无闻便遗憾地离开人间的青年才俊。他们的过早离开，是阳明学发展的重大损失。

二 吉水县阳明弟子 4 人考

龙北山 龙光（1470—1554），字冲虚，号北山，吉水县人。其先永新县人，后从吉水。8 岁为诸生，12 岁入赀国子生，30 岁为大足丞。因子从阳明夫子学，执事终身。曾集田僮百十人以从阳明军营中，出入帷幄，密受方略，多助阳明。又随阳明从田州之役。阳明夫子没，龙光与刘镗（号易斋，赣州人）、杨基（号竹溪，赣州人）、武栾（号和斋，左广人）等以营护至越，绪山深赞之。授直隶滁州判官。85 岁卒。②

龙履祥，字子寿，龙北山之子。故侈汰骄难近，正德丁丑从阳明处学数月后归，驯驯如处子。北山甚喜。③

罗琛，吉水县松坪人。年十二，为弟子员。闻阳明讲学赣州，既往师之。一日，侍阳明于招提，阳明问："钟声叩之即应？"答曰："钟空则鸣，心虚则灵。一物实其中，钟声必不应。一欲横于中，则心必不明。"阳明深然之。念庵赞叹："从学阳明，习静左右，心斋其所得力固已深醇，笃挚戛然，与然绝殊。"殁时，属二子惟曰："立志！立志！"④

周冷塘 周汝员，号冷塘，吉水县南岭人。与弟文矩同受学阳明。

---

① （明）邹守益《彭子阎墓铭》，《邹守益集》卷 21，下册，第 957—958 页。
② 参见（明）罗洪先《龙光传》《北山龙公墓志铭》，《国朝献徵录》卷 116，《四部全书存目丛书》，史部，第 577—579 页；《江西通志》卷 78《吉安府》，《四库全书》，第 515 册，第 696 页；（明）王守仁《书稽山感别卷》，《王阳明全集》卷 38《世德纪》，下册，第 1602、1611 页。
③ 参见（明）罗洪先《北山龙公墓志铭》，《国朝献徵录》卷 116，《四部全书存目丛书》，史部，第 578 页。
④ 参见光绪《吉安府志》卷 31《人物志·儒林》，《中国地方志集成·江西府县志辑》，第 61 册，第 72 页；光绪《吉水县志》卷 36《儒林》，《中国地方志集成·江西府县志辑》，第 65 册，第 444 页。

性刚介不能容人过，亦不容己过。父仲。嘉靖壬午乡试。己丑进士，授行人，选河南道御史。丁酉，典乡试。袁炜、茅赞皆出其门。元辅、张孚敬居乡暴横，汝员疏劾之。孚敬奸汝员典试有私。汝员疏辨，俱发孚敬不法事，上令回籍听勘。未受代，仍理浙务一年。嘉靖十六年丁酉十月，周汝员以御史按浙来越，与知府汤绍恩拓地建新建伯祠于楼前。十一月，周汝员立师位于中堂，春秋二仲月，率诸生虔祀事，歌师诗以侑食。复任，升福建巡海副使。闽中忤直指诬，劾罢归。

目前江西省图书馆藏有其文集 5 卷。①

三　泰和县阳明弟子 9 人考

刘魁（1486—1552），字焕吾，号晴川，泰和县城西人。父敬，敦行古道，由教谕转县令，有政声。敬有《除夕示子诗》："宦邸萧然岁又除，天伦良会足欢娱。新春且遂趋庭愿，来岁还听绕殿瞩。勋业岂能追二谢，文章直欲追三苏。区区温饱何须计？清白家声是远图。"举正德二年丁卯乡试。嘉靖二年癸未，谒选，授湖南宝庆府（今邵阳市）通判。判宝庆 5 年，改濂溪堂为景濂堂，复于池畔建"风月堂"，颂扬周子教化之功。宝庆产茶，镇守巨珰（有权势的宦官），横索不行。会岷王府有疑狱，事连宫壶，梗于钧治。巨珰坐以难公，狱竟得理，巨珰愧服。苏溪峒蛮反，方议进剿，公恩信素结，谴使曲谕，缚其酋渠，卒以抚定。

守河南钧州（今禹州市）7 年。抵任讲道学。辟佛老，僧尼悉令还俗。其政先宽后严，丈地均粮俱有成法，废毁淫祠，建禹、汤庙，先贤祠，八蜡祠及书院社学之属，立社仓。历任 7 年，建社学 95 所，先棠等书院 5 处，教化大行，儿童走卒咸以父母戴之。每月朔望定期在全州讲学习礼，从事学者甚众，时钧州进士郭学书（字道伯，从晴川魁受阳明之学，博极经史，戊子中乡荐）即其著名弟子。钧州陶瓷，转输病民，奏罢常额，寻得俞旨。

任广东潮州府同知 6 年，曾代理揭阳令数月。洁己爱人，扶植风教，助修府学明伦堂、尊经阁、昌黎旧治坊。升工部员外郎，上《安攘十事》《筑外城议》，皆为要务，上皆听纳。诏徙雷坛禁中，先生上疏，请缓雷殿工作，以成庙建，足边备。上怒，杖四十，而先生时年五十六矣。入狱，创甚，锦衣百户戴经（金）密以药酒饮之，得不死，与杨斛山、周讷溪讲学不辍，自壬寅至乙巳，凡 4 年。乙巳秋八月，上斋醮，神降于箕，为先生三人诉冤，释之。未抵家而复逮，十月还狱。遣家奴上疏，愿献愚忠以死报国事，其言切指执政。明年上祈雪不应，狱禁加严，不许入食者 9 日。狱友杨周俱约自尽，晴川独慰解之，已而复许通食。丁未十一月五日夜，高元殿火，上恍惚闻火中呼先生三人名氏，赦还家。放归，每岁必与念庵诸君子相聚于青原、云津古城之间，角巾野服，徒步往来，相究良知学。

先生受学于阳明夫子，闻良知之说，坚志反观，动有依据。每一动念，求勿自欺，是非由中，然后敢发。禁抑节忍，久令自消。以直节著名，而陶融于学问。出入诏狱，下锦衣狱 7 年，静定详审，无少殊怠，足见其良知学涵养存察功力之深。北方王门宗师西川先生时在京城，常以不获师事守仁为恨，闻晴川得阳明夫子良知学之传，遂师事之，时时从狱中质问，学业大进。晴川天性忠孝，独立颓俗中，屹然不可移，气宇和焠，才具经济而笃志切忧。

李脉泉言在钧州与先生同僚一年，未尝见其疾言遽色。乡人饮酒，令之唱曲，先生歌诗，抑扬可听。门人尤熙（西川）问"为学之要"，曰："在立诚。"每举阳明遗事，以淑门人。言阳明"转人轻快"。一友与人讼，来问是非，阳明曰："待汝数日后，心平气和，当为汝说。"后数日，其人曰："弟子此时心平气和，愿赐教。"阳明曰："既是心平气和了，又教什么？"朋友在书院投壶，阳明过之，呼曰："休离了根。"问阳明言动气象，先生曰："只是常人。"黄德良说阳明学问，初亦未成片段，因从游者众，夹持起，歇不得，所以成就如此。有举似先生者，曰："也是如此，朋友之益甚大。"著有《晴川漫稿》《省愆稿》（5卷，为其狱中所作诗集，其六世族孙承琦所编）、《仁恩录》。①

王改斋　王思（1481—1524），字宜学，号改斋，吉安泰和县人，原吏部尚书王直曾孙。正德六年登进士，授翰林院编修。正德九年，因乾清宫火灾，而上疏请求明武宗重整吏政纲纪。同年九月，再次上疏进谏，而被贬为潮州三河驿丞。阳明讲学赣州，改斋从之游。及阳明讨宸濠，檄思赞军议。寻充经筵讲官。嘉靖三年与同官屡争"大礼"，不报。时张璁、桂萼、方献夫为学士，改斋羞与同列，疏乞罢归。不许。其年七月，偕廷臣伏左顺门哭谏。帝大怒，系之诏狱，杖三十。逾旬，再杖之。改斋与同官王相，给事中张原、毛玉、裴绍宗，御史张曰韬、胡琼，郎中杨淮、胡琏，员外郎申良、张濂，主事安玺、仵瑜、臧应奎、余祯、殷承叙，司务李可登，凡17人，皆病创先后卒。隆庆初，各荫一子，赠官有差，赠右谕德。改斋，年少气锐，每众中指切人是非。已悔之，自敛为质讷。及被谪，怡然就道。志行迈流俗，与李谷平、邹东

　　①　参见（明）罗洪先《明故工部虞衡清吏司员外郎晴川刘公墓表》，《罗洪先集》卷19，《阳明后学文献丛书》，第791—793页；同治《泰和县志》卷17《列传·正传·明》，《中国地方志集成·江西府县志辑》，第64册，第349—350页；《明史》卷209《列传97》，第18册，第5530—5531页；（清）黄宗羲《员外刘晴川先生魁》，《明儒学案》卷19《江右王门学案四》，上册，第447—448页；《禹州现存唯一的古书院：清流社学》，《今日禹州》2011年1月18日；刘魁《刘晴川集》，重修广理学备考本，与甘泉文集合刻，北京国家图书馆藏。

廓相友善。《千顷堂书目》载其著有《改斋集》。①

欧阳南野　欧阳德（1496—1554），字崇一，号南野，江西吉安府泰和县人，弘治丙辰五月二日生。9 岁以奇童称邑，13 为弟子员，甫冠（22 岁）举乡试，从学阳明夫子于虔台，裹粮从之。力践精思，食贫自乐。不赴春官者二科，阳明夫子呼为"小秀才"，盖阳明夫子语来学，必曰"先与崇一论之"，而先生自视欿然。嘉靖二年癸未，策问阴诋阳明夫子，先生与黄直、魏良弼等直发师训无所阿，竟登进士第。知六安州，兴教化（建龙津书院，聚生徒论学），省追呼，绝宴享之供，导源泉之利。岁大饥疫，捐俸倡赈，设糜煮药，全活数万人。丁亥，迁刑部员外郎，以文行茂异改翰林院编修，闭门读书，不随众谒候。逾年（壬辰），迁南京国子司业，造讲亭，日进诸生于馆下，诲以身心之要，闻风至者至不能容。乃复辟斋宇，周贫病，均劳逸，恩义蔼然。时当事者不悦，迁南京尚宝司卿。三载，迁太仆寺少卿，寻出为南京鸿胪寺卿。丁父忧，扶柩归，哀毁骨立。除服，不复出，暇与东廓、念庵等君子周旋于青原梅陂之上，相与探求阳明夫子之良知学，若将终身也。丙午，以旧起，乃旧任。丁未，迁南京太常寺卿。寻召为太常卿，掌祭酒事，升礼部左侍郎。己酉，改吏部兼翰林院学士，掌詹事府事，复命教庶吉士于翰林。公曰："是我朝储相基也，讵文辞已哉？"每试暇，辄聚一堂，考天人之际，探理乱之原，讲经纶之略，士咸知所向往。庚戌，主会试，黜浮崇雅，最号得人。是夏，母卒，扶柩归。先生器宇温粹，遇事侃侃，意气自如，而学务实践，不尚空虚，有通和济变之才，晚见知于帝。庐墓服未阙，壬子冬初召至京拜礼部尚书兼翰林院学士，直无逸

---

①　参见《明史》卷192《列传80》，第17册，第5083—5085页；《江西通志》卷78《吉安府》，《四库全书》，第515册，第688页；同治《泰和县志》卷17《列传·正传》，《中国地方志集成·江西府县志辑》，第64册，第350—351页；（明）王守仁《檄王学宜便赞军务》（正德十三年，1518），《阳明佚文辑考编年》，第523页。

殿。嘉靖三十三年甲寅（1554）三月二十一日卒于官，年五十九。赠太子少保，谥文庄。配康氏，累封淑人。子男二，余庆荫太学生，绍庆举壬子乡试第二。女一，侧室萧出。孙男三，宗符、宗翰、宗发，俱邑庠生。孙女三。丙辰年四月二十八日葬公于万安县十五都上宏崖山首庚趾甲之原。

先生立朝大节，在国本尤伟。宗藩典礼，一裁以礼。先生以讲学为事。当是时，士咸知诵致良知之说，而称南野门人者半天下。阳明夫子倡道东南，一时豪杰，云集影从，人人自以为莫若公也。癸丑、甲寅间，京师灵济宫之会，先生与徐少湖、聂双江、程松溪为主盟，学徒云集至千人，其盛为数百年所未有。梨洲说，当时同门之言良知者，虽有浅深详略之不同，而绪山、龙溪、东廓、洛村、明水皆守"已发未发非有二候，致和即所以致中"，独聂双江以"归寂为宗，功夫在于致中，而和即应之"，故同门环起难端，双江往复良苦，而双江与南野发明阳明宗旨，两不相妨也。①

胡尧时（1499—1588），字子中，泰和县人。嘉靖五年丙戌（1526）进士。历官兵科给事中、攸县主簿、云南按察副使。官至贵州按察使。尝师事阳明。谓："识在刑名，宜先教化。"以躬行为士人倡，修阳明书院。凡阳明著作在贵州者，皆刊行之。家居时，平籴济人。②

欧阳阅，字崇勋，泰和县蜀江人。南野族兄。从阳明游。见宸濠，有异志。进曰："以时事论，将有汉七国之变，计将安出？"阳明不应而密诏之曰："书生何容易谈天下事？可读《易》洗心。"沉思有悟。兼

---

① 参见《资善大夫礼部尚书兼翰林院学士赠太子少保谥文庄南野欧阳公墓志铭》，《聂豹集》卷6，第155—158页；文集见《欧阳德集》（《阳明后学文献丛书》）；（清）黄宗羲《文庄欧阳南野先生德》，《明儒学案》卷17《江右王门学案二》，上册，第357—369页；《明史》卷283《列传171·儒林二》，第24册，第7276—7277页。

② 同治《泰和县志》卷17《列传·正传》，《中国地方志集成·江西府县志辑》，第64册，第352—352页。

长诗赋。后为滁州学正。子况，博览群书。①

王自斋　王贞善（1491—1558），字如性，号自斋，泰和县南富人。性严正，耻流俗。少闻良知之旨，有会于心，遂师事阳明于赣州。及闻良知之教，非德性用事，日敛削以就和平。后从甘泉，体认天理，益进。嘉靖乡举，授海阳知县。以守正忤上官，不满岁而归。闭门著书，本王湛之学，课子问学，行乡约，归休十六载。曾于丙辰春，携郭平川趋谒甘泉于南岳。

其学合宗湛王，尝曰："学主实际，学在不息。向来只落见解，安望有至？"又曰："提醒改悔，终非第一义。只须从本体戒惧，常精常明，方是有得。"著有《读史法戒》《王氏静谈》及诗文若干卷。季子一俞（字信卿）为吴门令，以守正为世惮令，拂衣归。与弟一视同学于东廓、念庵门。②

曾才汉，泰和县人。阳明门人。嘉靖时，曾任温州太平知县、四川陵州知州。为政之余，主修《太平县志》（嘉靖十九年修成）、《广平府志》。嘉靖二十四年七月丁丑，任陵州知州时因政绩卓异升俸一级。嘉靖三十三年，得钱氏手钞本，复傍为采辑，名曰《阳明先生遗言录》，刻行于湖北江陵，于阳明夫子文献传承之功甚伟。③

---

①　参见光绪《吉安府志》卷 31《人物志·儒林》，《中国地方志集成·江西府县志辑》，第 61 册，第 70—71 页；同治《泰和县志》卷 17《列传·正传》，《中国地方志集成·江西府县志辑》，第 64 册，第 352 页。

②　参见光绪《吉安府志》卷 31《人物志·儒林》，《中国地方志集成·江西府县志辑》，第 61 册，第 72 页；同治《泰和县志》卷 17《列传·正传》，《中国地方志集成·江西府县志辑》，第 64 册，第 353 页；（明）邹守益《海阳令自斋王君墓志铭》，《邹守益集》卷 21，《阳明后学文献丛书》，第 1003—1005 页。

③　据钱明先生《阳明全书成书经过考》研究，日本学者吉田公平先生《传习续录的编纂》一文说：《阳明先生遗言录》分 2 卷，上卷卷首记"门人金溪黄直纂辑，门人泰和曾才汉校辑"，收语录 55 条；下卷卷首记"门人馀姚钱德洪纂辑，门人泰和曾才汉校辑"，收语录 55 条。另，泰和尚有乐镰，字景隆。正德中诸生。与东廓、双江讲求良知学，时年五十余，见《江西通志》卷 75《吉安府》，《四库全书》，第 515 册，第 693 页。

曾前川　曾忭（1498—1568），字汝诚，号前川，泰和县人。嘉靖五年进士，授光泽知县。时阳明夫子讲学越中，取道往学受业。① 曾任婺源知县，建紫阳书院。官兵科给事中，掌兵垣 14 年，为民穆庙。敢言事，以廷净夺职为民。隆庆元年，复官致仕。晚年居家，与同门、学友讲学于青原山，传承良知学。与甘泉弟子郭应奎建萃和书院，泽被乡里。著有《汝诚诗文集》（4 卷）、《前川奏疏》等。②

郭中洲郭治，字昌修，号中洲，泰和县人。正德二年举人。知孝丰县。清修苦节，期年之间，文教聿兴，井邑改观。首建学宫，制礼器典籍，别立定性书院，集诸生以时，讲习其中。建预备仓，设立五山官渡，民尤便之。县志阙，手辑成书。升任去。③ 中洲于正德十三年戊寅间，曾从学阳明夫子于赣州。④

四　庐陵县阳明弟子 3 人考

刘冕（勉），字文中，庐陵县沣田人。弱冠，补郡诸生，博览群书。弃举子业，服膺阳明良知学。与兄辂鬻产并往余姚受业。阳明深器之，为其易名"勉"。阳明捐馆，为之心丧三年。聂双江入狱，周旋北京 3 年。其学务实践履，身体力行。尝曰："忧贫，则忧道之心亦贫；忧道，则为贫之心亦道。"⑤

周禄，字以道，庐陵县人。阳明弟子，以"见过"为宗。以贡历青

---

① 《阳明年谱》说其在嘉靖三年正月左右，从泰和来学，不知孰是，见《王文成公全书》卷34《附录三·年谱三》，第 4 册，第 1469 页。

② 参见光绪《吉安府志》卷 29《人物志·庶官三》；吕妙芬《阳明学士人士群：历史、思想与实践》，新星出版社 2006 年版，第 150 页。

③ 泰和郭治为阳明亲传弟子，采王传龙说，见《阳明心学流衍考》第 280 页；《孝丰县志》。

④ 参见《王文成公全书》卷 32《附录一年谱一》，第 4 册，第 1427 页。

⑤ 光绪《吉安府志》卷 31《人物志·儒林》，《中国地方志集成·江西府县志辑》，第 61 册，第 73 页；民国《庐陵县志》卷 19 上《耆献·列传·儒林》，《中国地方志集成·江西府县志辑》，第 62 册，第 470—471 页。

阳训导、黄冈教谕。笃志精修。尝静坐一室，或数月不出，人莫窥其际人。双江尝馆之京。为人严峻，拒边将求谒者。归，与同志订西原、惜阴之会。著有《〈大学〉约言》。弟祉亦向学，贡至肇庆通判。①

梁定斋　梁廉，号定斋，江西庐陵人。早以道自任，主讲会稽时，日与余姚徐珊侍阳明于鉴湖，益有所得。嘉靖二十一年（1542），由举人历工部主事，出为辰州府通判。谒阳明祠，创见江轩其侧。与徐珊等人会士人相与讲论良知学。由是，阳明夫子之学大昌于辰州。②

五　万安县阳明弟子5人考

郭浅斋　郭持平（1483—1556），字守衡，号浅斋。祖庐陵县人，迁居万安县桥门。7岁知学。正德八年癸酉，领乡荐。正德十二年丁丑（1517），成进士。归省。阳明夫子倡道赣州，与四方豪杰近问退辩，闻格致之学。己卯，宸濠叛乱，咨军事，献轻舟火具之策，得以俘濠。论功升一级。庚辰，授工部都水司主事，理吕梁洪。有惠政，改设吕梁书院。癸未，补刑部。甲申，改兵部。净大礼，下诏狱，廷杖。改吏部。升员外郎。丙戌，升湖广副使。改福建提刑。壬辰，云南宪长。乙未，除福建。丁酉，陕西右布政使。己亥，改河南。秋，升右副督御史。升，少司空。癸卯，改南京少司寇。乙巳，致仕归。子五：原定、原寀、原宾、原宣、原宏。浅斋不好虚学，着实地方实事。诗文简重委

---

① 参见《江西通志》卷79《吉安府》，《四库全书》，第515册，第702页；光绪《吉安府志》卷31《人物志·儒林》，《中国地方志集成·江西府县志辑》，第61册，第73页；民国《庐陵县志》卷19上《耆献·列传·儒林》，《中国地方志集成·江西府县志辑》，第62册，第471页。另，庐陵县刘教喜讲良知之学。刘教，字见川，庐陵县人。嘉靖乡举。令广平，进诸生，讲良知之学于所部，以诚信感孚人心。擢刑部主事。参阅《江西通志》卷79《吉安府》，《四库全书》，第515册，第701页。

② 参阅乾隆《辰州府志》卷34《名宦传二》，岳麓书社2010年版，第495页，湖湘文库影印湖南图书馆藏；王兴国《王阳明及其弟子在湖南的活动情况略考》，《浙江学刊》1997年第6期，第81页。

婉，著有《浅斋存稿》。①

薛侃录《传习录》卷上第 119 则，有字守衡者问《大学》诚意正心功夫再三，阳明夫子耐心告诫，从自家身心上用功夫，着实好善恶恶，理会自家心体，究未发之中，方知正心只是诚意功夫。此守衡在赣时间正好合乎浅斋在赣时间，既非"朱衡"之笔误，更非"党以平"，当为与东廓交游四十余年的乡贤郭浅斋也。②

东廓曾有信给他，即便是离索，依然要去旧习，勉以真知实学。③福建理学家张净峰（名岳，字维乔）与浅斋往书信，多记其绍兴问学语录，往来辩论良知之学。④

王舜鹏，字希元，万安县雁塔人。以岁贡授益阳训导。改溆水教谕。乞休。性甘苦茹淡，敦朴以正家。尝受学阳明。讲学于县北门外二都即白云寺故址云兴书院（朱子讲说之地）。与其说与士大夫相证悟，倦倦汲引，耆年不倦。⑤

刘丹峰　刘业，号丹峰，万安县城西横街人。正德间乡举。工诗学。阳明讲学虔州，业列高座。居家授徒，从游者皆有成就。历金华府同知，己丑正月庚午曾在绍兴哭奠阳明夫子。任山东王府长史，知礼，甚得王喜。归家，披书史，自撰墓志铭。⑥

---

① 参见（明）邹守益《明故南京刑部右侍郎浅斋郭公墓志铭》，《邹守益集》卷 22，第 1011—1015 页。今据邹守益文说"嘉靖丙辰八月十一日……公卒于家，年七十有四"，推理其生卒。

② 参见《传习录》第 78—79 页。

③ 参见（明）邹守益《复郭浅斋》，《邹守益集》卷 12，第 627 页。

④ 参见《明儒学案》卷 52《诸儒学案中六》，第 1226—1228 页。

⑤ 参见光绪《吉安府志》卷 31《人物志·儒林》，《中国地方志集成·江西府县志辑》，第 61 册，第 70 页；同治《万安县志》卷 13《人物志·儒林》，《中国地方志集成·江西府县志辑》，第 68 册，第 711 页；同治《万安县志》卷 6《学校志·书院》，《中国地方志集成·江西府县志辑》，第 600 页。

⑥ 参见光绪《吉安府志》卷 31《人物志·儒林》，《中国地方志集成·江西府县志辑》，第 61 册，第 70 页；同治《万安县志》卷 13《人物志·儒林》《中国地方志集成·江西府县志辑》，第 68 册，第 710—711 页。

王时柯,字敷英,万安县人。正德十二年丁丑进士。授行人。曾在
赣州侍学阳明夫子门下,喜听夫子之教。嘉靖三年甲申擢御史,上疏,
请求"除张璁、桂萼别任",忤旨切责。未几,有服阙之事,再予杖,
除名。阳明夫子没,时柯与同门友共撰祭文,自述为学,"柯等亲炙至
教,恩沾肺腑",赞夫子良知之学"道宗邹鲁,羽翼程朱"。①

陈明水录《传习录》卷下第219则,有字敷英者,同在赣州进学,
闻良知之所,并说:"诚然。尝读先生《大学古本序》,不知所说何事。
及来听讲许时,乃稍知大意。"赞同亲自听讲阳明夫子学之时效,理解
《大学古本序》,此敷英即是明水同门王时柯。②

刘汝翱,吉安府万安县人。从阳明夫子学。③

六 永丰、永新二县阳明弟子3人考

邹龙井 邹祺(1493—1556),字兆贤,号龙井。本姓邹。后改曾
氏。吉安府永丰县人。弘治癸丑三月初三生。补邑弟子员。与冀元亨同
拜学阳明夫子门下于赣州。因途中梦母病,往绍兴拜学阳明夫子中途折
返,归家一月,母安心而卒,人以为孝子。屡不中。嘉靖乙未,得任永
平郡判。与州守刘皋节、同门推官柯乔相得甚欢。署滦州,救济旱灾,
全活数千计。修沙河,区划甚多,朝廷赏赐之。巡抚戴金甚为赏识其才
华,荐举之,升沧州太守。三年之治,与民休息,得罪来往达官贵人,多
生怨议。公不为动。嘉靖二十年癸卯冬,当事者谤于朝,不辩,乞归。

居家,构龙冈书院,与同门传播琢磨阳明夫子致良知学。东廓、念

① 参见《王阳明全集》卷3《传习录三》(黄直录),上册,第108页;《明史》卷
192《列传80》,第17册,第5098页;(明)王守仁《门人祭文》,《王阳明全集》卷38
《世德纪》,下册,第1596页。
② 参见《传习录》第187页。
③ 参见光绪《吉安府志》卷29《人物志·庶官三》。

庵、双江皆其好友，往来青原、玄潭之会，共商定论。细读六书，诸子百家无多不读。诗歌直吐胸臆。为人坦诚和易，学友多喜与之接。娶上罗陈氏。五子。子多中进士。嘉靖三十五年丙辰五月初十捐馆。①

汤克宽，字希皋，吉安府永丰县人。从学阳明夫子。致仕归，与双江相与论学。②

刘双泉　刘孔愚，字可明，号双泉、衡汀，吉安府永新县石桥镇樟枧村人。博学善诗文。以图经魁。念母失节，侍养十余年。曾受学阳明夫子之门。曾任安徽省祁门县知县。嘉靖间为宁波府定海县训导，造士有方。尝捐官俸馆资贫者，两考，皆称得士，擢知县。热心公益，尝助筑村青龙桥。著有《衡订集》。③

安福县阳明夫子亲传弟子，考有邹守益、刘文敏、刘邦采、刘秉监、王钊、刘晓、刘文快、刘文恺、刘文协、刘文悌、刘子和、刘熏、刘佑、刘继汉、欧阳瑜、刘肇衮、王学益、尹一仁、黄旦、刘独秀、张崧、刘子和、刘宾朝、王铸、邓圉、刘敬夫，总计 26 人；吉水县考有龙光、龙履祥、罗琛、周汝员，总计 4 人；泰和县考有刘槐、王思、欧阳德、胡尧时、欧阳阅、王贞善、曾才汉、曾忭，总计 8 人；庐陵县考出刘冕、周禄、梁廉，总计 3 人；万安县考得郭持平、王舜鹏、刘业、王时柯、刘汝翱，总计 5 人；永丰、永新两县考探出汤克宽、刘孔愚，总计 2 人。

---

① 参见《龙井曾刺史公行状》，（明）宋仪望撰《华阳馆文集》，卷 11，《四库全书存目丛书》，集部，第 116 册，第 754—757 页。

② 参见光绪《吉安府志》卷 29《人物志·庶官三》，《中国地方志集成·江西府县志辑》。

③ 参见同治《永新县志》卷 16《人物志·列传》，《中国地方志集成·江西府县志辑》；光绪《镇海县志》卷 16《名宦传》，《中国地方志集成·江西府县志辑》；吴宣德《江右王门弟子知见录》，《江右王学与明中后期江西教育发展》，江西教育出版社 1996 年版，第 382 页。需要特别褒奖的是，吴宣德先生早在二十年前就仔细地阅读很多江西地方志，勤加抄录，辑佚出如胡汝焕、刘冕、刘柯、黄株、刘孔愚等罕见不知名阳明夫子亲传弟子，用功不少也，可补缺者。

这样，综合起来，整个吉安府，阳明夫子亲传弟子，有实际姓名并事迹可考者，目前考探，得 48 人，于江西省最盛，在府一级别的城市里，最可翘楚也，恰可印证阳明夫子之标榜军功之巨大影响力。

第三节　南昌地区

南昌地区，阳明夫子亲传弟子总计有 17 位。除魏水洲（魏良弼，1492—1575，字师说，号水洲，南昌新建人）、魏良政（字师伊）、魏药湖（魏良器，字师颜）3 兄弟之外，尚有魏良贵、魏良辅、王臣、唐尧臣、吴子金、王贵、裘衍、舒柏、万虞恺、万世芳、万世桂、郭升、程度、万潮、艾铎、李逢 16 位被梨洲遗漏的阳明亲炙弟子。

南昌为阳明平叛反贼宸濠的枢纽之地。平定叛乱之后，阳明多在南昌讲学，南昌诸生从游者甚多，除魏良政、魏良弼、魏良器、魏良贵 4 兄弟受学有成之外，尚有多名弟子从学阳明。

魏水洲　魏良弼，字师说，号水洲，南昌府新建县人。嘉靖癸未进士。知浙江松阳县。入为刑科给事中。累迁礼科都给事中。嘉靖十年（1531），水洲以疏救南京御史马扬下狱。寻复职。明年，彗见于东方，水洲弹劾张孚敬，受杖于廷，而孚敬亦致仕。越月，劾吏部尚书汪铉。又明年，疏救同门、副都御史王应鹏，再下狱拷讯。孚敬复位，以京察罢。史誉"铁黄门"。家居，在象牙潭建丹陵书院（后改为丹陵观），讲学乡里，讲明良知学，泽被四方。梨洲总结水洲之学，引用其说，"致良知自明而诚，知微以显，天地万物之情与我之情自相应照，能使天回象，君父易虑，夫大夫永思，至愚夫孺子，亦征于痒痹"，并评论曰："何者？不虑之知，达之天下，智愚疏戚，万有不同，孰无良焉？此所以不戒而孚也。"万历乙亥卒，年八十四。著有《魏水洲先生文集》，传世。弟良政、良器，均为阳明夫子亲传弟子。①

魏良政，字师伊，南昌府新建县人。水洲弟。与水洲、弟药湖、良贵诸兄弟同从学阳明夫子于南昌。副使邵锐、御史唐龙不喜心学，严诫诸生勿往学于阳明夫子，诸生多畏避，独良政兄弟与数辈不顾，独得阳明夫子欢心，深得夫子赞许。功尤专，甚孝友。为人淳朴，燕居无惰容。嘉靖丁酉举乡试第一而卒，令人扼腕叹息。尝言："学问头脑既明，惟专一得之。气专则精，精专则明，神专则灵。"又言："不尤人，何人不可处？不累事，何事不可为？"水洲尝曰："吾梦中见师伊辄流汗浃背。"盖以严自处，笃行实践之辈。②

魏药湖　魏良器，字师颜，号药湖，南昌府新建县人。水洲弟。药湖自南昌从学阳明夫子之后，后再至越，二度从学。为人好学，崇拜阳明夫子。在绍兴，药湖与诸生龙溪甚相投，竭力劝导龙溪从学阳明夫子阳明，功劳甚大。尝教导绪山需有洒脱之心，方可临事权变，周游四方，成事有余。尝教导龙溪严肃之心，方可敬义夹持，临事不乱，无懒散荒废之恶习。后归家，教书乡里。曾主庐山白鹿洞书院，传播阳明夫子良知学。病，不听医劝，卒。年仅四十二，儒林叹息之。

阳明夫子殁，良器曾撰祭文，赞阳明夫子"振千年之绝学，发吾人之良知，靡用志以安排，曷思索而议拟，自知柔而知刚，自知显而知

---

①　参见光绪《南昌县志》，《中国地方志集成·江西府县志辑》，第4册，第555页；（明）魏良弼《魏水洲先生文集》，《四库全书存目丛书》，集部，第85册；《明史》卷206《列传94·魏良弼》，第18册，第5354—5455页；（清）黄宗羲《大常魏水洲先生良弼》，《明儒学案》卷19《江右王门学案四》，上册，第463—466页。《魏水洲先生文集》有天津社会科学院李会富博士在其新浪博客上发布自己整理的全文电子稿，可参阅。

②　参见同治《南昌府志》，《中国地方志集成·江西府县志辑》，第1册，第557页；（清）黄宗羲《解元魏师伊先生良政》，《明儒学案》卷19《江右王门学案四》，上册，第464页；《明史》卷283《列传171·儒林二》，第24册，第7283页。

微。挽人心于根本，洗末学之支离"，指出良知与易道相通，良知柔刚合一、显微无间，并自述自己"坐春风于会稽，先生携某于阳明之麓，放舟于若耶之溪，徘徊晨夕，以砭其愚而指其迷"，表彰夫子对他的辅仁之功和教导之恩。尝曰："理无定在，心之所安，即是理。孝无定法，亲之所安，即是孝。"盖以阳明夫子心学诠释程朱理学也，汇通朱王，属于阳明弟子中洞见心学秘密的高手。①

魏良贵，字师孟，南昌府新建县人。嘉靖乙酉，与诸位兄长一起问学于绍兴阳明夫子门下。起将北上考试，临别，夫子有文赠。

> 心之良知是谓圣。圣人之学，惟是致此良知而已。自然而致之者，圣人也；勉然而致之者，贤人也；自蔽自昧而不肯致之者，愚不肖者也。愚不肖者，虽其蔽昧之极，良知又未尝不存也。苟能致之，即与圣人无异矣。此良知所以为圣愚之同具，而人皆可以为尧舜者，以此也。是故致良知之外无学矣。自孔孟既殁，此学失传几千百年。赖天之灵，偶复有见，诚千古之一快，百世以俟圣人而不惑者也。每以启夫同志，无不跃然以喜者，此亦可以验夫良知之同然矣。间有听之而疑者，则是支离之习没溺既久，先横不信之心而然。使能姑置其旧见，而平气以绎吾说，盖亦未有不恍然而悔悟者也。南昌魏氏兄弟旧学于予，既皆有得于良知之说矣。其季良贵师孟，因其诸兄而来请。其资禀甚颖，而意向甚笃，然以偕计北上，不得久从于此。吾虽略以言之而未能悉也，故特书此以遗之。②

师孟甚得阳明器重，阳明 54 岁时于嘉靖乙酉的文中，赞其天资甚美，意志纯笃，是可造之才，勉以致良知之学。阳明夫子指出，前贤未

---

① 参见（清）黄宗羲《处士魏药湖先生良器》，《明儒学案》卷 19《江右王门学案四》，上册，第 464 页；《王阳明全集》卷 38《世德纪》，下册，第 1590 页。
② 《王文成公全书》卷 8《附录五》，第 1 册，第 340 页。

有能发现良知学，而自己是第一个。父子甚至把良知学上升为唯一正确的学问，"致良知之外无学矣"。阳明夫子甚至说，他的良知学是所有人都会相信的。其自信自觉可知也。

嘉靖十四年（1535）进士，历任宁波知府、广东左布政使，官至南京都察院右副都御史。师孟之政治前途，阳明夫子盖先有所预料也。其果不其然，师孟位列重卿。[1]

魏此斋　魏良辅（1489—1566），字师昭，号此斋，晚号尚泉、上泉、玉峰，新建县人。嘉靖员外郎、广西按察司副使。嘉靖三十一年（1552）擢山东左布政使。三年后致仕，流寓于江苏太仓的音质和强调，有"曲圣"之称。[2]

钟文奎，字应明，南昌府新建县人。[3]

王瑶湖　王臣（1493—1552），字公弼，号瑶湖，南昌县人。为诸生从文成学。嘉靖二年（1523）癸未科进士，此年曾与水洲、南野共处一室讨论良知之旨。官泰州太守，建尊经阁。嘉靖五年，聘泰州学派大师王心斋主讲于安定书院，一时里巷皆弦歌之声，宣传"百姓日用即道"。升刑部员外郎。员外郎时，曾于己丑正月庚午在绍兴哭奠阳明夫子。历浙江参事，曾不避嫌抚恤文成后裔。广东参议罢归。曾作《论民录》。晚年居家，筑室静养，功夫益密。闲时，则与东廓、绪山相往来，无罪而有功，笃实君子。曾参加青原、冲玄之会。瑶湖与阳明在嘉靖三年甲申（1524）、四年乙酉（1525）、五年丙戌、六年丁亥（1527）有

---

①　参见《明史》卷283《列传171·儒林二》，第24册，第7283页；（明）王守仁《书魏师孟卷》，《王阳明全集》卷8《文录五》，第312页；（明）邹守益《广西参议瑶湖王君墓志铭》，《邹守益集》卷21，《阳明后学文献丛书》，第1007—1010页。

②　魏良辅为阳明夫子弟子，参阅阳明夫子嘉靖七年佚文《与德洪汝中书》，见《王阳明佚文辑考编年》下册，第991—992页。参阅钱明《王阳明及其学派论考》，第197页。

③　参见《阳明心学流衍考》，第313页。可参阅万历《新修南昌府志》卷19所涉资料。

多篇书信往来，交往频繁。瑶湖主"提醒良知"新论，阳明勉之以"人一己百"的"纯熟"功夫，"自知""自慊"，一心一意在"良知上体认"，并告诫一体无间断功夫。而且阳明对瑶湖在泰州之文政多表欣赏、敬意，并建议瑶湖与心斋、南野等同门之间保持良好的合作关系。①嘉靖乙丑春，龙溪吊念念庵，路经南昌，为其子辑录的瑶湖文集一篇作序。②

唐尧臣，字士良，南昌县人。早年跟随阳明先生学习，有才名。嘉靖七年（1528）举人。授湖州府通判，迁桂林府，首设方略，擒土酋萧公，反赦而赍之，令稽首受约于麾下，平定土司之乱。以功升杭州府同知。擢浙江按察佥事，备兵台，严料理，军饷不绝。倭至，尧臣以戚继光兵连破之，增俸级一等，寻归，著《两馀阁笔》2卷。嘉靖三十二年（1553）又刊《墨子》一书，陆稳为之作序。曾嘉靖三十七年（1558）唐尧臣校正钱德洪、王畿编《阳明先生别录》（10卷，1558年新安胡宗宪刻本）并作序。该书卷10末有"后学生郧唬、徐天民、方木、钱君泽、郑忠、钱彪校对"6行，尾嘉靖丁巳王畿跋。凡收录《奏疏》7卷、《公移》3卷，每篇均注明年月日。③唐尧臣事迹《明儒学案》不载。

---

① 参见《江西通志》卷68《南昌府》，《四库全书》，第515册，第403页；同治《南昌府志》卷43《人物·儒林》，《中国地方志集成·江西府县志辑》，第2册，第556页；（明）王畿《王瑶湖文集序》，《王畿集》卷13，第350—352页；（明）王守仁《与王公弼》（乙酉、丙戌、丁亥），《王阳明全集》卷5《文录二》，第220页、第239—240页；（明）王守仁《与王公弼》（一、二），《王阳明全集》（新编本）卷45《补录七》，第5册，第1823页；（明）王守仁《与王公弼》（二首），《阳明佚文辑考编年》，第790—793页。吾之钱师和束师在阳明写作《与王公弼》（一、二）书信的时间上有嘉靖四年与嘉靖三年、五年分歧，参阅束师文。

② 参见（明）王畿《王瑶湖文集序》，《王畿集》卷13，第350—352页。

③ 参见《江西通志》卷68《南昌府》，《四库全书》，第515册，第409页。可参阅沈德寿《抱经楼藏书志》所涉资料。天津社会科学院李会富博士亦曾注意到唐尧臣、吴子金二儒事迹，见其《魏水洲兄弟生平事迹与佚文》，参阅其新浪博客。值得赞誉的是，李会富同志还整理校对《魏良弼文集》《见罗先生书》等。

吴子金，字维（惟）良，南昌县人。为邑诸生，从王文成学。及文成归越，子金与魏良政徒步往从之，三年，充然有得而归。嘉靖乙酉，同良政登乡举。时严嵩方掌北雍延之训子。未几辄谢去竟不仕以讲学终。著《壁箴》《屏铭》《夜气说》诸篇。邑人陈源少受学于子金，后师安福狮泉刘邦采，而友南城近溪罗汝芳，造诣益进。①

王贵，字道充，清江县人。嘉靖乡荐。少从阳明、甘泉学。授湖州府同知。升刑部主事。转盐运司同知。致仕，卒。②

裘鲁江　裘衍，字汝中，号鲁江，南昌府新建人。举正德十一年（1516）乡举。从阳明学，鞭辟入里，深造自得。授岳州推官，覆民拾河巴皇木冤情。宸濠叛，随阳明剿之，有功。任南京工部主事，转郎中。乞休，家居，留心民瘼，多陈民情，见诸施行。鲁江与双江、东廓、良弼、明水诸阳明夫子亲传弟子多次相与论学。著有《语录》《寤歌亭稿》（8卷）等，诗歌清逸流畅，真意从胸出，延续阳明性灵诗派的风格。③

舒柏，字国用，靖安县高湖乡舒家人。少有圣贤之学。从阳明学，《传习录》载其有敬畏之问。正德丙午乡荐，任歙县右训导，以四礼无伦为教。知府郑玉命主管紫阳书院，训六邑诸生。柏条规约束，以身率先。所造门下士，称盛行。取赴都，升梧州府同知，主梧山书院。都御史陶公谓："柏抱温故知新之学，有成己成物之心。"复主岭表书院，两广之士多从之游。从阳明先生平田洲有赞画工。升南京刑部员外郎。即两

①　参见《江西通志》卷68《南昌府》，《四库全书》，第515册，第410页；同治《南昌府志》卷43《人物·儒林》，《中国地方志集成·江西府县志辑》，第2册，第556—557页。

②　参见《江西通志》卷73《清江府》，《四库全书》，第515册，第553页。

③　参见同治《南昌府志》卷43《人物·儒林》，《中国地方志集成·江西府县志辑》，第2册，第556页；光绪《南昌县志》卷47《儒林》，《中国地方志集成·江西府县志辑》，第4册，第557页。魏水洲有《祭裘鲁江文》，见其文集卷5，李会富编校整理，参阅其新浪博客。

浙盐运司运。寻知南宁知府。祀乡贤。著有《亚岩遗稿》《系言》等书。

正德十三年戊寅（1518）间，与26同门共拜学夫子于赣州军旅中。① 阳明夫子嘉靖二年癸未52岁时有《答舒国用》信。

来书足见为学笃切之志。学患不知要，知要矣，患无笃切之志。国用既知其要，又能立志笃切如此，其进也孰御！中间所疑一二节，皆工夫未熟，而欲速助长之为病耳。以国用之所志向而去其欲速助长之心，循循日进，自当有至。前所疑一二节，自将涣然冰释矣，何俟于予言？譬之饮食，其味之美恶，食者自当知之，非人之能以其美恶告之也。虽然，国用所疑一二节者，近时同志中往往皆有之，然吾未尝以告也，今且姑为国用一言之。

夫谓"敬畏之增，不能不为洒落之累"，又谓"敬畏为有心，如何可以无心？而出于自然，不疑其所行"。凡此皆吾所谓欲速助长之为病也。夫君子之所谓敬畏者，非有所恐惧忧患之谓也，乃戒慎不睹，恐惧不闻之谓耳。君子之所谓洒落者，非旷荡放逸，纵情肆意之谓也，乃其心体不累于欲，无入而不自得之谓耳。夫心之本体，即天理也。天理之昭明灵觉，所谓良知也。君子之戒慎恐惧，惟恐其昭明灵觉者或有所昏昧放逸，流于非僻邪妄而失其本体之正耳。戒慎恐惧之功无时或间，则天理常存，而其昭明灵觉之本体，无所亏蔽，无所牵扰，无所恐惧忧患，无所好乐忿懥，无所意必固我，无所歉馁愧作。和融莹彻，充塞流行，动容周旋而中礼，从心所欲而不逾，斯乃所谓真洒落矣。是洒落生于天理之常存，天理常存生于戒慎恐惧之无间。孰谓"敬畏之增，乃反为洒落之累"耶？惟夫不知洒落为吾心之体，敬畏为洒落之功，歧为二物而分用其

---

① 参见《王文成公全书》卷32《附录一·年谱一》，第4册，第1427页。

心，是以互相抵牾，动多拂戾而流于欲速助长。是国用之所谓"敬畏"者，乃《大学》之"恐惧忧患"，非《中庸》"戒慎恐惧"之谓矣。程子常言："人言无心，只可言无私心，不可言无心。"戒慎不睹，恐惧不闻，是心不可无也。有所恐惧，有所忧患，是私心不可有也。尧舜之兢兢业业，文王之小心翼翼，皆敬畏之谓也，皆出乎其心体之自然也。出乎心体，非有所为而为之者，自然之谓也。敬畏之功无间于动静，是所谓"敬以直内，义以方外"也。敬义立而天道达，则不疑其所行矣。

所寄《诈》说，大意亦好。以此自励可矣，不必以责人也。君子不蕲人之信也，自信而已；不蕲人之知也，自知而已。因先茔未毕功，人事纷沓，来使立候，冻笔潦草无次。①

夫子以心体自然混一的一体功夫，消解敬畏、洒落二分的冲突与张力，试图解决国用在追求成圣过程中的忘助之弊。与明初康斋的勿忘勿助、白沙的自然心学消解忘助之弊心法不同，阳明提出以心体上用功，表示其崭新的心学类型。②

舒柏在广州担任公职期间，利用职务之便，编辑刊印阳明夫子《阳明寓广遗稿》2卷，收集了夫子书信、问答、祭告、题咏，还有夫子给黄石龙的绝笔书，文献保存意义巨大。③

万枫潭　万虞恺（1505—1588），字懋卿，号枫潭，南昌县东溪人。正德乙丑三月十三日生。嘉靖五年丙戌，枫潭受学于阳明夫子弟子吴子金（字惟良，号石冈，南昌人）于游湖寺。此年冬，补邑庠弟子。嘉靖

---

① 参见《王文成公全书》卷5《文录二》，第1册，第229—231页。
② 参见同治《南昌府志》卷43《人物·儒林》，《中国地方志集成·江西府县志辑》，第2册，第558页；（明）王守仁《答舒国用》，《王阳明全集》卷5《文录二》，第211—213页。
③ 参见《王阳明全集》（新编本）卷53，第6册，第2191—2192页。

六年丁亥秋，阳明夫子过南昌，寓洪都月余，枫潭"尝屡侍先生视学讲授"，闻良知之教，"终日跃然如大寐得醒"，"始深信其如水寒而火躁也。第亲见之晚，将欲从之，则（阳明）先生寻物故矣。可胜恨哉！"嘉靖十年辛卯，举江西乡试。

嘉靖十七年戊戌（1538），成进士。授无锡知县，均贫富。擢南京兵科给事中。曾任山东参议、福建副使、贵州粮储参政、湖广按察司副使、福建右布政。丁忧，复补山东，寻改山西左布政使。公文武全才，所至著政绩。擢南京都察院副右金都御史，提都操江。升南京都察院副右都御史，总督漕运。寻南京刑部侍郎改北致仕。敦朴有行义，不为务名行官，一时称长者。又尝就学于欧阳南野先生。在正学书院与张元冲、念庵、东廓、洛村等讲会，亦一时盛况。晚独坐小楼，日以进学为务。暇时，爱读《金刚经》《圆觉经》，谓此即"我儒无声无臭"。万历戊子六月十七日卒。子万廷言（1530—1603，字以忠，号思默），富学问，为江西阳明夫子再传重要弟子。父子自为师，后世称之豫章之学。①

万世芳（1505—1557），允华之子，字惟德，号文江。县庠生，受业阳明，来往师门八载。荐孝廉不就。②

万世桂，字惟馨，行生一，号守介。允贤之子。受业阳明，高志不仕。③

---

① 参见吴震《明代知识界讲学活动系年（1522—1603）》第 32—33 页；《阳明弟子传纂》卷 2《江右王门》，第 25 页；（明）王锡爵《刑部右侍郎枫潭万公虞恺墓志铭》，《国朝献徵录》卷 46，《四库全书存目丛书》，史部，第 102 册，第 440—441 页。请参阅近人万氏后裔万卿所撰《明代王阳明对南昌以及其学术思想对南昌万氏的影响》，网上有其查阅家谱所撰写的学术论文。万虞恺文集参阅节本《枫潭集钞》（2 卷），《四库未收书辑刊》，集部，第 5 辑，第 19 册，北京出版社 2000 年版。内有其回忆龙溪、念庵的诗作，并有怀念阳明夫子的诗歌，有和阳明夫子诗韵作。枫潭对龙溪的良知学有批评，对阳明夫子的良知学敬仰有加。万虞恺文集日本内阁所藏《枫潭集钞》（5 卷、附录 3 卷）为较全本；台北图书馆所藏《枫潭集钞》（2 卷、文录 2 卷）为节本。

② 参见（明）萧敏道《明征士文江万先生墓志铭》，载《古巷万氏宗谱》。请参阅近人万氏后裔万卿所撰《明代王阳明对南昌以及其学术思想对南昌万氏的影响》。

③ 参见《阳明弟子传纂》卷 2《江右王门》，第 44 页。请参阅近人万氏后裔万卿所撰《明代王阳明对南昌以及其学术思想对南昌万氏的影响》。

郭升，字东旭，南昌新建县人。事亲以孝闻。尝至虔从阳明学。宸濠反，居室罹兵燹，阳明给以逆产，不受。巡按檄为白鹿洞书院山长。以明经授兴国训导。谆谆教授，捐资助学，改善风化，礼让之风颇盛。著有《大学中庸问答》。①

程度，新建县人，郭升同里人。师事阳明。操行介洁，终身无惰容。后为连州训导。②

万潮（1488—1543），字汝信，南昌府进贤县人。正德六年（1511）进士，时阳明先生为会试同考官，为阳明所赞赏。由宁国推官入为仪制主事，与舒芬、良胜、九川称"江西四谏"。世宗立，起故官，为兵部职方员外郎。升浙江提学副使。调广西参政。屡迁陕西左布政使、右副都御史巡抚延绥，所至著声。嘉靖二十二年（1543）正月己酉，卒于任上。嘉靖己丑仲冬癸卯，参与会葬阳明夫子，撰祭文，赞夫子之效"豪杰之才，圣贤之学，社稷之臣"，赞夫子之教"不徒文字，循循善诱……剖障决藩，直指本体"。著有《五溪文集》等。③

艾铎，南昌人。先后从学于阳明夫子、东廓先生。《传习录拾遗》载其问学语录。

> 艾铎问："如何为天理？"先生曰："就尔居丧上体验看。"曰："人子孝亲，哀号哭泣，此孝心便是天理？"先生曰："孝亲之心真切处才是天理。如真心去定省问安，虽不到床前，却也是孝。若无真切之心，虽日日定省问安，也只与扮戏相似，却不是孝。此便见

① 参见光绪《南昌县志》卷47《儒林》，《中国地方志集成·江西府县志辑》，第4册，第556页。

② 同上书；《阳明弟子传纂》卷2《江右王门》，第44页。

③ 参见《明史》卷189《列传77》，第16册，第5023页；《阳明弟子传纂》卷2《江右王门》，第45页；《明世宗实录》卷270；（明）王守仁《正德六年会试批语》，《阳明佚文辑考编年》，第323—325页；（明）王守仁《门人祭文》，《王阳明全集》卷38《世德纪》，下册，第1595页。

心之真切,才为天理。"①

东廓文集载其问学门下事迹,赞其志向笃实,赠其《读书箴》。②

李逢,字邦吉,丰城县人。理学名家李材父李遂(邦良,嘉靖五年丙戌进士)弟。嘉靖八年己丑(1529)进士。授绍兴府推官。有廉明誉。擢兵科给事中。大同叛卒,据城逆命。言者以用兵激变归罪总督刘源清,下狱。上疏申救源清,乃得免。转户科。服阙谏逮系,谪永福典史。稍迁历知德安府。为政以正纲纪、重教化为先,黜吏黜民持法不少假,提身清肃,境内凛然。卒祀名宦。③ 嘉靖十一年(1532)九月,其在任绍兴府推官,曾协助同门王臣、绪山、龙溪、南野、李琪、管州等正亿读书、跟读之事。④

第四节　抚州、上饶地区

抚州和上饶地区,阳明夫子的亲传弟子总计有 9 人,其中抚州 5人,上饶 4 人。

一　抚州地区阳明弟子考

除陈明水(陈九川,1494—1562,字惟浚,临川人)1 人之外,尚有黄直、饶瑄、黄株、胡汝焕 4 位被梨洲遗漏的阳明重要亲炙弟子。尤其是黄直,整理阳明夫子很多珍贵的语录,在王门中居于特别重要的地

① 参见《王阳明全集》(新编本)卷 39《补录一》,第 5 册,第 1553 页。
② 参见《邹守益集》下册,第 828 页。
③ 请参阅四库版《江西通志》卷 96 所涉资料。
④ 参见《王阳明及其学派论考》第 87 页。

位，不可不书也。

饶行斋 饶瑄（1482—1529），字文璧，以字行，改字德温，号行斋，抚州府临川县人。少不羁，好驰马舞剑。弱冠委己于学，即不为举业、剽掇之习。星历、算数、山经地志、九流百家之书无不通彻，已乃觉其泛。初宗朱子、横渠，初善以礼为先之教。中慕邵子静生百原之学。正德四年己巳（1509）28 岁时曾讲于临汝书院遗址南郊西塔寺。正德八年癸酉（1513）乡试不第，遂安心居家授学为业。独深信象山而遵体之。不意仕进。居家授学，多以静坐教人，门人弟子辈出。最著者为同邑明水先生陈九川。①

行斋曾于正德九年（1514）从阳明夫子学于南京，与众多同门交游，一时之盛会，一见倾心，证悟知行合一之学。行斋九川本为师生，后又同拜入阳明夫子门下，可见阳明夫子作为老师的教学魅力；师生同出一门，且均为抚州学者，可见抚州学者之好学敬师也。阳明夫子在与顾箬溪的信中，曾指明行斋与宗兖、中离、子莘同门，其作为阳明夫子之弟子确实也。②

行斋为抚州地区与象山、草庐和康斋齐名重要的讲学家、教育家之一。

陈明水 陈九川（1494—1562），字惟浚，号竹亭、明水，抚州府临川县人，弘治甲寅十月十六日生。先安徽宣城宁国县人。母梦吞星而娠。幼善记诵属文。十余岁，从乡贤饶行斋学，相喜教学相长。年十

① 参见（明）《造士行斋饶先生墓志铭》（壬寅），《明水陈先生文集》卷4，《四库全书存目丛书》，集部，第 72 册，第 65—66 页；光绪《抚州府志》卷57《人物·儒林》，《中国地方志集成·江西府县志辑》，第 310 页。李会富同志对明水先生的文集进行了全面点校，泽被学林，贡献较大，参阅李会富的新浪博客。可参阅四库版《江西通志》卷82 所涉资料。

② 参见（明）王守仁《与顾惟贤》，《王文成公全书》卷27《续编二》，第 3 册，第 1148 页。

九，为督学李岷峒所知。正德八年癸酉，与老师饶行斋同举乡试，独徒步归。正德九年甲戌进士，故县志赞其弱冠成进士，少年得志。观政礼部，与同舍共一驴，不避媸毁。忽觉难仕，三疏请告。正德十二年丁丑（1517），起告授太常博士。讲习靡倦。正德十四年己卯（1519），武宗欲南巡，先生与舒芬、夏良胜、万潮连疏谏止，午门荷校五昼夜，杖五十，几死，除名。直声动朝野，遂有"江西四君子"之称也，而病日甚，然南巡竟止，识者壮之。正德十六年辛巳（1521），世宗即位，起原官，补太常。嘉靖二年癸未（1523），进礼部员外郎，册封弋阳王。嘉靖四年乙酉（1525），转主客郎中，以主客裁革妄费，群小恨之。会天方国贡玉石，明水简去其不堪者。所求蟒衣，不为奏复，复怒骂通事胡士绅等。士绅恚，假番人词讦明水及会同馆主事陈邦偶。帝怒，下二人诏狱。而是时张璁、桂萼欲倾费宏夺其位，乃属士绅再讦九川盗贡玉馈宏制带，词连锦衣指挥张潮等。帝益怒，并下诏狱。频数死，不变。指挥骆安请摄士绅质讯，给事中解一贯等亦以为言，帝不许。狱成，明水戍镇海卫，邦偶等削籍有差。嘉靖五年丙戌（1526），谪戍镇海卫。嘉靖八年己丑（1529），郊祀，遇恩解还。后两遇诏，得闲住致仕。归余2年，六旬内连遭父母兄弟四丧，躬视敛含无遗憾。周流讲学名山，如雁荡、罗浮、九华、匡庐，无不至也。晚而失听，书札论学不休。一时讲学诸公，谓明水辩驳甚严，令人无躲避处。嘉靖四十一年壬戌秋八月卒，年六十九。其卒后数月，东廓亦捐馆。初娶潘氏；继董氏，大理卿璜溪公之女；侧室王氏、李氏。子三：本，嘉靖壬子举人；朱，县学生、休。女三，幼适刑部员外郎邹善。孙男三，孙女二。葬城北南冈山。衡州推官舒化为其状。入乡贤祠、五贤祠、报功祠、崇儒祠。曾往绍兴，经纪夫子家事。晚年著有《续传习录》，记载阳明夫子语录21则，见于《传习录》下卷卷首，多与同仁蔡希颜、夏良胜、舒芬、邹守益、欧阳德、王时柯（字敷英，江西万安县人）共同侍学阳明夫子门下，可谓阳明夫子弟子中流砥柱也。

正德十年乙亥（1515），先生拜学阳明于龙江，有所闻，"良知之学非空言，六经岂欺我哉"？即自焚其著《周易》《春秋》《诗》《礼》书。家居时，以书信求教格物之学于阳明夫子。正德十四年乙卯，见阳明夫子于南昌；正德十五年庚辰（1520），业于虔，求学之志绝坚。嘉靖三年甲申（1524），侍阳明夫子于越。自从夫子学后，明水谨丧祭，正庙制宗法茔域诸役，不一他诿。宗族不足者，捐己助之。闲走宁国，扫丘垅以毕先志。阳明既殁，往拜其墓，复经理其家。明水自叙其为学旅程曰："自服先师致知之训，中间凡三起意见，三易工夫，而莫得其宗。始从念虑上长善消恶，以视求之于事物者要矣。久之自谓瀹注支流，轮回善恶，复从无善无恶处认取本性，以为不落念虑直悟本体矣。既已复觉其空倚见悟，未化渣滓，复就中？致廓清之功，使善恶俱化，无一毫将迎意必之翳，若见全体，炯然炳于几先，千思百虑，皆从此出。即意无不诚，发无不中，才是无善无恶实功。从大本上致知，乃是知几之学。自谓此是圣门绝四正派，应悟入先师致知宗旨矣。乃后入越，就正龙溪，始觉见悟成象，恍然自失。归而求之，毕见差谬，却将诚意看作效验，与格物分作两截，反若欲诚其意者，在先正其心，与师训圣经矛盾倒乱，应酬知解，两不凑泊，始自愧心汗背，尽扫平日一种精思妙解之见，从独知几微处谨缉熙，工夫才得实落于应感处。若得个真几，即迁善改过，俱入精微，方见得良知体物而不可遗，格物是致知之实，日用之间都是此体，充塞贯通，无有间碍。致字工夫，尽无穷尽，即无善无恶非虚也，迁善改过非粗也。始信'致知'二字，即此立本，即此达用，即此川流，即此敦化，即此成务，即此入神，更无本末精粗内外先后之间。证之古本序中，句句吻合，而今而后，庶几可以弗畔矣。"念庵认为，明水之学得阳明夫子极深也，致吾内心之良知于事物感应之间，即为格物，深契先生之学也。故而嘉靖二十年辛丑（1541），二人相会于螺川之上；又五年，再晤于昆陵；二十九年庚戌（1550），相聚于青原；三十一年壬子（1552），聚会于玄潭雪浪阁；三十三年甲寅（1554），相聚于桐江；三十五年丙辰（1556），再对于旅社。明水与念庵二儒交游之深，当为儒林佳话。

梨洲认为，明水合寂感为一，寂在感中，即感之本体，感在寂中，即寂之妙用。阳明所谓"未发时惊天动地，已发时寂天寞地"，其义一也。盖先生之学，独得阳明夫子精奥，越求越深，永不放弃，绝不气馁，永不怀疑，独探良知格物"无物"本原，善学阳明夫子之诚心诚意高徒也。故方志赞其不以老壮穷通易其守而回转订正之功独多。从学者数百人，足见其传播阳明夫子良知之功。晋江王道思赞其人品，曰："姚江倡道东南，怪疑之众甚于洛闽之际，唯明水数人者慕悦而勇从之……能以数人而胜一世之所非，其志可谓勤矣！"[1]

黄卓峰　黄直（1489—1559）[2]，字以方，号卓峰，抚州府金溪县人。幼负奇资，善属文。14 岁，邑庠生。正德十一年丙子（1516），乡试中举。游太学。曾谏阻武宗南巡。作书遍谒杨廷和、毛澄、陆完，3人见其书词激烈，极称之。十五年庚辰，卒业北太学。既归，徒步往赣州，从学阳明夫子。嘉靖二年会试，主司发策极诋阳明之学，卓峰与同

---

①　参见（明）罗洪先《明故礼部主客郎中致仕明水陈公墓志铭》，《罗洪先集》卷20，《阳明后学文献丛书》，第 803—806 页；（明）罗洪先《明故礼部主客郎中致仕明水陈公墓志铭》，《国朝献徵录》卷 35，《四库全书存目丛书》，史部，第 101 册，第 684—685 页；（清）黄宗羲《郎中陈明水先生九川》，《明儒学案》卷 19《江右王门学案四》，上册，第 456—462 页；《明史》卷 189《列传 77》，第 16 册，第 5032 页；《临川县志》卷 42 上《人物·理学》，第 622—623 页；光绪《抚州府志》卷 57《人物·理学》，《中国地方志集成·江西府县志辑》，第 297 页；《传习录》，第 177—188 页。

②　黄直生平学界素来不晓，今采抚州市金溪县地方乡贤曾铭（网名"金川鸿泥"）的研究成果，参阅金川鸿泥新浪博客，具体见《心直以方：记王阳明金溪大弟子黄直》。

门欧阳南野不阿主司意，力阐圣学，编修马汝骥奇之，两人遂中，赐同进士出身。成进士，疏"隆圣治、保圣躬、敦圣孝、明圣鉴、勤圣学、务圣道"六事。六月，乞恩养疾，留中不报。除漳州府推官，励精民事，御吏甚严，官吏惧怕之，不敢纵。生活极其俭朴，励清操，家人不能堪。尽废境内淫祠，易其材以葺桥梁公廨。大兴教育，浦泰之第为漳最。暇时，与侍郎马森、郡守王时中论学。以长揖忤御史，诬以受金活人罪，送吏部降用。赴讯日，行至中途，雷雨暴作，事大白。卓峰复疏请早定储贰。帝怒，遣缇骑逮问。人皆危之，其赋诗云："孤舟独力撑将去，不管前头有急滩。"后嘉靖帝感悟得释。贬为沔阳州判官。尝署崇阳县事，有惠政。丁外艰，三年不御酒肉。嘉靖十一年壬辰（1532），服阙赴部，授翰林院编修。时杨名、黄宗明因言吏部尚书汪铉、武定侯郭勋、方士邵元节3人不法事触怒嘉靖帝下狱，疏救，帝怒，"有黄直这厮，累来奏扰，着锦衣卫挐送镇抚司，着陆松好生用刑，推究得实来说"。编成雷州卫。欣然就道。不一年，嘉靖帝册立青宫，覃恩海宇，得赦还。识者谓其，真乃天地直臣也。

卓峰闭门家居，喜谈经论道。贫甚，妻李氏织纫以给朝夕。不入公门，至于事关利弊，辄为申白，无所顾。喜读文艺书，乐道自如，恒手不释卷，下笔数千言，理致明备。为诗豪壮雅淡，著有《往莱集》《还江集》《易说》《遗言录》诸书，均可以传。家居二十余年，卒。乡邑弟子吴悌为其立行状。①

卓峰为阳明夫子著名弟子之一，为人细心，甚热心。据项乔记载，嘉靖十一年间，阳明夫子嫡子正亿有难，请求育正亿于宫中，以

---

① 参见（明）吴悌《推官黄公直行状》，《国朝献徵录》卷91，《四库全书存目丛书》，史部，第105册，第184—185页；同治《金溪县志》卷21《名臣》，第160页；《明史》卷207《列传95》，第18册，第5472页。

待前星之耀。①

勤学好问，记载了大量的阳明语录，刊于《传习录》《阳明先生遗言录》中，其中《传习录》载其记录的语录 42 条，《遗言录》有 40 条稀见语录不见于通行本《传习录》中，其记录保存阳明学之功甚大。其中，阳明夫子稀见弟子林致之、谢弘之语录各一条。②

卓峰弟子有戴绶、周德崇、黄株、吴守真等，其中最著名者当为吴悌（1502—1568，字思诚，号疏山，金溪县琅琚镇疏口村人）。疏山为阳明良知学，清修果介，反躬自得。官至南京大理卿。疏山多与阳明弟子主办讲会，研习讨论争鸣，传播良知学实有功。时吴岳、胡松、毛恺并以耆俊为卿贰，与悌并称"南都四君子"。居家二十余年，涵养益粹。吏部尚书孙丕扬称其为"理学名臣"。疏山与陆九渊、吴澄、吴与弼、陈九川并祀抚州"五贤祠"。疏山子吴仁度（1548—1625，字君重），廉隅，慈爱，克自振励，邹元标亟称之。③

黄株，字应沙，抚州府金溪县人。年十六，补邑庠生。少从乡贤黄卓峰学。阳明夫子倡道赣州，诣谒。阳明扣其所得，株曰："良知是顶门一针，躬行实践才有归宿处。"阳明大加赞赏。生平所得，实守良知之训而扩充之云。④

胡汝焕，字文甫，后更字孟弢，抚州府宜黄县胡家坊人。有才名。从王阳明学。龙溪赞其笃信师门良知之旨，以天地万物为宗，一毫不为玄见异论所累。隆庆庚午（1570）举孝廉。为人好倜傥大节，喜谈兵

---

① 原文见《项乔集》第 799 页，转引自《王阳明及其学派论考》第 87 页。

② 参见《江西通志》卷 81《抚州府》，《四库全书》，第 515 册，第 791 页；《明世宗实录》卷 90、卷 144；《传习录》第 189—201 页；《王阳明全集》（新编本）第 5 册，第 1597—1606 页。

③ 参见《江西通志》卷 82；《明史》卷 283《列传 171·儒林二》，第 24 册，第 7280—7282 页；万斯同《儒林宗派》卷 15。

④ 采吴宣德先生的研究，参阅光绪《抚州府志》卷 57《人物·儒林》。

事，抵掌而谈图经、地络、扼塞要害处。缕缕数千言，谈兵料敌多奇中。与胡应麟、汤显祖、吴梦旸为友。①

二　上饶地区阳明弟子考

尚有徐樾、方洋、俞文德、桂轼4位被梨洲遗漏的阳明亲炙弟子。

徐波石　徐樾，字子直，号波石，广信府贵溪县人。数次从学阳明。早期，从学阳明，谓圣人比可为，静坐自得。后阳明过江西征思田，阳明注意到波石静坐之弊，并为之教解。后又从心斋，得心斋之学。嘉靖十一年进士。嘉靖二十三年（1544），以副使督学贵州，讲明心学，陶镕士类，不屑于课程。尝去苗民子弟衣冠之，训诲谆切，假以道矣。盖信此理无古今无中外，苟有以兴起之，无不可化而入之矣。历官云南左布政使。元江土酋那鉴反，诈降。樾信之，抵其城下，死焉。诏赠光禄寺卿，予祭葬，任一子官。其贵溪县弟子有李九韶（字太和）、叶思忠（字从本）、方基（字本立）等。李九韶从事涵养本原之学，崇尚静坐，注意讲学、讲会和讨论的联结，著名大臣杨时乔则为其弟子。叶思忠则以致良知为主，注意日用功夫，主张勿自欺。②

方湘源　方洋，号湘源，上饶人。仑子。阳明弟子，以贡监授镇东卫经历。有《讲学语录》《湘源诗集》。③

俞文德，字纯夫，永丰县人。嘉靖元年壬午（1522）乡荐。南归，

---

① 采吴宣德先生的研究，参阅道光《宜黄县志》卷32《人物二》，《中国地方志集成·江西府县志辑》。

② 参见《明史》卷283《列传171·儒林二》，第24册，第7275页；同治《广信府志》卷9之3《人物·理学》，《中国地方志集成·江西府县志辑》，第21册，第76、91页；（清）黄宗羲《布政徐波石先生樾》，《明儒学案》卷32《泰州学案一》，第724—732页；《贵州通志》卷19。其实，严格来说，按照入门先后的顺序，徐波石应该算阳明"江右王门"，不过归宗于心斋而已。

③ 参见同治《广信府志》卷9之3《人物·儒林》，《中国地方志集成·江西府县志辑》，第21册，第88页。

见阳明，证良知之旨。遂决志岩居。学士宗之。①

王心斋曾有信给他，"只心有所向便是欲，有所见便是妄。既无所向，又无所见，便是无极而太极。良知一点，分分明明，亭亭当当，不用安排思索，圣神之所以经伦变化而位育参赞者，皆本诸此也。此至简至易之道，然必名师良友指点，功夫方得不错。故曰：道义有师友有之。不然，恐所为虽是，将不免行不着，习不察。深坐山中，得无喜静厌动之僻乎？肯出一会商榷，千载不偶"。②

桂信斋　桂轼，号信斋，江西省饶州府安仁县（现余江县）人。阳明夫子亲传弟子。嘉靖三十四年（1555）以举人知富阳县。明察能断，务以振作伤靡。人咸敬畏之。建置县城，设法区处，计丁均办，刻日成功。③ 协助同门唐尧臣校正胡宗宪嘉靖三十七年（1558）刻本《传习录》三大册，从而使得该刻本成为目前存世的《传习录》祖本。④

另，《传习录》载有唐诩（江西新淦人）所问"立志"功夫，待考。⑤ 需要说明的是，"江西四谏"夏良胜、舒芬（1487—1531）、万潮、陈九川中，《明史》编者对九川的师承有明确归属，指明其"从王守仁游。寻授太常博士。既削籍，复从守仁卒业"⑥。而对夏良胜、舒芬二人则未明确指明，严格地说，夏良胜、万潮二人与阳明夫子的关系或许更多的是同志关系，主要是讲学论道的友人关系，可能并未正式及门而上升为严格意义上的师徒关系。这点，在江山大儒周积身上表现得更为明显。周积最开始是以拜访者的身份向阳明商学，后来在阳明夫子

---

① 参见同治《广信府志》卷9之3《人物·儒林》，《中国地方志集成·江西府县志辑》，第21册，第88页。

② 参见（明）王艮《与俞纯夫》，《重刻王心斋先生语录》（2卷）卷下，《四库全书存目丛书》，子部，第10册，第28页。

③ 参见《富阳县志》。

④ 见上海图书馆善本部藏嘉靖三十七年胡宗宪刻本《传习录》。

⑤ 参见《阳明弟子传纂》卷2《江右王门》，第44页。

⑥ 参见《明史》卷189《列传77》，第16册，第5023页。

多次论立诚之学的诚心感召下，正式以行弟子礼的方式求学门下多日，后成为阳明夫子重要弟子。其实，遍阅舒芬写给阳明夫子的书信，尤其是其全集，反复阅读，笔者都没有发现舒芬有正式从学阳明夫子门下的证据。① 舒芬更多的是把阳明夫子看成自己尊敬和学习的长辈、地方长官而已，而不是严格意义上的授业恩师。②

总之，江西地区，阳明夫子门除东廓、两峰等 15 位著名弟子之外，尚有 61 位以瑶湖、龙光为代表的有事迹可考的亲传弟子，总计 76 人。

────────────────

① 参见舒芬《梓溪文集》（5 卷），明嘉靖三十年（1551），浙江省图书馆古籍善本部藏；《梓溪文钞外集》（10 卷）、《梓溪文钞内集》（8 卷），万历四十八年庚申（1620）刻本，浙江省图书馆古籍善本部藏。舒芬，字国裳，号梓溪，南昌府进贤县人。正德十二年状元。正德十四年三月，帝议南巡。芬忧之，与吏部员外郎夏良胜、礼部主事万潮、庶吉士汪应轸要诸曹连章入谏。有顷，良胜、潮过芬，扼腕恨完。芬因邀博士陈九川至，酌之酒曰："匹夫不可夺志，君辈可遂已乎？"明日遂偕诸曹连疏入。帝大怒，命跪阙下 5 日，期满复杖之三十。芬创甚，几毙，舁至翰林院中。掌院者惧得罪，命摽出之，芬曰："吾官此，即死此耳。"竟谪福建市舶副提举，裹创就道。世宗即位，召复故官。嘉靖三年（1524）春，昭圣太后寿旦，诏免诸命妇朝贺。芬言"乞收成命"，帝怒，夺俸三月。时帝欲尊崇本生，芬偕其僚连章极谏。及张璁、桂萼、方献夫骤擢学士，芬及同官杨维聪、编修王思及与同列，拜疏乞罢。未几，复偕同官杨慎等伏左顺门哭争。帝怒，下狱廷杖，夺俸如初。旋遭母丧归，卒于家，年四十四。参阅《明史》第 16 册，卷 179《列传 67》，第 4759—4762 页。舒芬另有《易笺问》（1 卷），《四库全书存目丛书》，经部，第 3 册；《周礼定本》（4 卷），《四库全书存目丛书》，经部，第 81 册；《东观录》（1 卷），《四库全书存目丛书》，史部，第 121 册；《太极绎义》（2 卷）、《通书绎义》（1 卷），《四库全书存目丛书》，子部，第 1 册；《重订成仁遗稿》（7 卷），《四库全书存目丛书》，集部，第 298 册；《闾里问答》（1 卷），《丛书集成初编》。

② 夏良胜，字子中（或于中），南城县人。正德二年（1507）举乡试第一。少为督学副使蔡清所知，曰"子异日必为良臣，当无有胜子者"，遂名良胜。明年成进士。官吏部考功员外郎。正德十四年（1519），皇帝南巡诏下，先生与万潮、陈九川联署进言，帝怒，下诏狱，廷杖除名。归，讲授生徒。世宗立，复官为文选郎中，有廉声，多所振拔。升南京太常寺少卿，未赴，外转。议大礼被杖削籍，谪茶峻知州。及《明伦大典》成，黜为民。良胜辑前中章奏成《铨司存稿》，凡议礼诸疏具在，为仇家所发，再下狱，论杖当赎，嘉靖十年（1531）戍辽东 3 万卫。逾 5 年卒于宁远卫所。著有《铨司存稿》《〈中庸〉衍义》（17 卷）、《东洲初稿》（12 卷）、诗集 8 卷、《建昌府志》等。参阅《明史》卷 189《列传 77》，第 16 册，第 5020—5022 页；《阳明弟子传纂》卷 2《江右王门》，第 45 页。补：夏良胜《东洲初稿·附录》，《四库全书》，第 1269 册；夏良胜《中庸衍义》，《四库全书》，第 715 册；《东洲剩稿》（2 卷、附录 1 卷），清咸丰元年（1851）刻本，浙江图书馆善本古籍部藏。笔者在 2014 年冬天，就此问题专门在浙江大学大型文献阅览室三楼向博士后导师束景南先生请教，先生说，他读过不少他们二人之间的书信，舒芬确实不应该算作阳明夫子的嫡传弟子。

从地域的分布来看，阳明夫子的亲传弟子中，赣州 14 人，吉安 48 人，南昌 17 人，抚州 5 人，上饶 3 人，共 87 人。其中安福县所占人数最多，这与其所处吉安地区较高的文化教育传播程度有关。"明朝处士半江西"，其中吉安考中的进士历来最多。这些弟子，或从学阳明于江西，或跋涉千里从学阳明于绍兴，在阳明卓越军功的感召下，多有从政之经历，有实学家的风采。值得肯定的是，阳明夫子在江西施展的舞台最大，所谓"时势造英雄"，江西人对阳明夫子的支持也最大，故而阳明夫子在江西亲传弟子 76 人，比其家乡浙江弟子 72 人还多出 4 位。从这个意义上来说，余姚的大学问家梨洲先生惊叹，阳明夫子一生学脉尽在江西，是有道理的。

第三章 湖北、湖南地区阳明 夫子的亲传弟子

一 湖北地区阳明弟子考

事迹可考者黄冈有郭庆、吴良吉、蔡月泾、毛凤起、杨绍芳、杨继芳、朱廷立、杨汝荣、朱守干,总计9人。

郭庆,字善甫,湖北省黄州府黄冈县庶安乡郭家人(现为凤凰镇郭岗村郭新寨)。质直力学。正德丁卯举于乡。曾甲戌从学阳明夫子于南京1年。喜读书,夫子教之辅以静坐涵养,静养后,夫子又教之读书。静养与读书兼相互补,二进。后曾率其徒良吉,走越受学,久之,归。令清平,以廉称,勤于抚字,捐俸给贫民牛种。在官5年,乞休。归,家居不治恒产。遇荒岁,赈亲邻困乏。为人正直,好吟咏,著述甚多,惜其常自削稿,亦不自收,多散佚,著述不多见。卒,祀乡贤。孙知易,中进士,多惠政。①

---

① 参见乾隆《黄冈县志》卷8《儒林》,《中国地方志集成·湖北府县志辑》,第16册,第214页;光绪《黄州府志》卷19《人物志·儒林》,《中国地方志集成·湖北府县志辑》,第14册,第661页。其事迹(明)《湖广通志》卷52、(明)耿定向《郭善甫先生里表》均有载。

先生自南都以来，凡示学者，皆令存天理，去人欲，以为本。有问所谓，则令自求之，未尝指天理为何如也。黄冈郭善甫挈其徒良吉，走越受学，途中相与辩论未合。既至，质之先生。先生方寓楼馈，不答所问，第目摄良吉者再，指所馈盂，语曰："此盂中下乃能盛此馈，此案下乃能载此盂，此楼下乃能载此案，地又下乃能载此楼。惟下乃大也。"①

朱生至，得手书，备悉善甫相念之恳切。苟心同志协，工夫不懈，虽隔千里，不异几席，又何必朝夕相与一堂之上而为后快耶？来书所问数节，杨仁夫去，适禅事方毕，亲友纷至，未暇细答。然致知格物之说，善甫已得其端绪。但于此涵泳深厚，诸如数说，将沛然融释，有不俟于他人之言者矣。荒岁道路多阻，且不必远涉，须稍收敛，然后乘兴一来。不缕缕。②

郭子自黄来学，逾年而告归，曰："庆闻夫子立志之说，亦既知所从事矣。今兹将远去，敢请一言以为夙夜勖。"阳明子曰："君子之于学也，犹农夫之于田也，既善其嘉种矣，又深耕易耨，去其蝥莠，时其灌溉，早作而夜思，皇皇惟嘉种之是忧也，而后可望于有秋。夫志犹种也，学问思辩而笃行之，是耕耨灌溉以求于有秋也。志之弗端，是莨稗也。志端矣，而功之弗继，是五谷之弗熟，弗如莨稗也。吾尝见子之求嘉种矣，然犹惧其或莨稗也；见子之勤耕耨矣，然犹惧其莨稗之弗如也。夫农春种而秋成，时也。由志学而至于立，自春而徂夏也；由立而至于不惑，去夏而秋矣。已过其时，犹种之未定，不亦大可惧乎？过时之学，非人一己百，未之敢望，而犹或作辍焉，不亦大可哀乎？从吾游者众矣，虽开说之多，

---

① 《王阳明全集》（新编本）卷39，第5册，第1584页。
② （明）王守仁：《与郭善甫》，《王文成公全书》卷27《续编二》，第1146页。

未有出于立志者。故吾于子之行，卒不能舍是而别有所说。子亦可以无疑于用力之方矣。"①

　　昔者郭善甫见先生于南台，善甫嗜书者也。先生戒之曰："子姑静坐。"善甫坐余月无所事，复告之曰："子姑读书。"善甫憨而过我曰："吾滋惑矣。始也教庆以废书而静坐，终也教庆废坐而读书。吾将奚适?"②

阳明夫子感念其笃实敦厚，勤学好问，曾题其堂，题曰："泉石不知尊爵贵，乾坤何碍野人居?"嘉其读书之志向。③

　　吴石梁　吴良吉，字仲修，号石梁，湖北省黄州府黄冈县人。少从乡贤郭庆学。与老师郭庆千里迢迢跋山涉水一同前往绍兴问学阳明夫子。夫子曾告诫其懂得谦虚，不与人计较，其益自励进学。归家后，自授生徒，颇有规矩，纯粹可亲，和蔼可掬，学者多宗之。家贫自得，同门孟津任黄冈知县，聘请其担任书院主讲。有人暮夜曾怀金欲间孟津，其怒之，力却之。卒，名臣耿定向佩服其人品，为之备棺殓，并为之立传；知府瞿汝稷为之立墓碑。著有《居湖集》。诗歌有宋儒尧夫之风。其不愧为地方著名教育家，祀乡贤。④

　　蔡月泾，字沙江，湖北黄州府蕲水县人。性纯孝博学，好古。年十四，割股愈母疾。正德丙子举于乡。曾担囊受业于阳明夫子。入南雍，与甘泉先生游，终身不仕。教授生徒，岁至数百人。生平言动无戏渝。

---

① （明）王守仁：《赠郭善甫归省序》（乙亥），《王文成公全书》卷7，第1册，第287页。

② （明）薛侃（录）《王阳明散佚语录辑补》，《王阳明佚文辑考编年》，第1059页。

③ 参见杨正显《觉世之道：王阳明良知学的形成》，《王阳明佚诗文辑释》，北京师范大学出版社2015年版，第248页。

④ 参见乾隆《黄冈县志》卷8《儒林》，《中国地方志集成·湖北府县志辑》，第16册，第214—215页；光绪《黄州府志》卷19《人物志·儒林》，《中国地方志集成·湖北府县志辑》，第14册，第661页；《阳明心学流衍考》，第306页。

郡邑有司罕见其面。学者称为大隐。著有《易经肤说》（3 卷）。①

毛道峰　毛凤起，字瑞东，号道峰，湖北黄州府麻城县人。为诸生，少习制举业，后弃之。从游于阳明夫子。归而授徒，作《心学图》《致知说》以明阳明夫子致良知学宗旨。嘉靖壬辰，诏举贤良敦行遗逸之士，有司以凤起应，不就。兴书院，往来就学者甚多。其为人德性和易，志行高洁，孝友敦睦，老而弥笃。为表达对这位优秀乡贤的敬慕，邑人于五脑山建明德堂祀之。同祀者，还有耿定向高徒、"拙圣"刘承烈。②

杨绍芳，字伯传，湖北省孝感市应城县人。祖杨德礼为洪武乙丑进士。祖敏为景泰丁卯乡荐。历莱州府同知。继芳为其弟。早孤奉母，孝。力学。嘉靖二年癸未（1523）进士。知绍兴府上虞知县。修堤塘，兴社学，有惠政。因地处上虞，与绍兴府治所在地很近，故而得以在嘉靖三年（1524）左右从学阳明夫子于绍兴府。曾于嘉靖三年于上虞县北龙王堂建水东精舍，传承良知学。擢御史，清军两广，著《清军事略》。乞病归。起北畿巡按，陈时政十事。督九庙。当迁卿寺。辞出为江西按察副使。平景德镇佣工之乱。镇人祀之。御史卢琼为之记。年四十卒于官，人惜之。祀乡贤。子兴国见孝行。③

杨继芳，字伯修，湖北省德安府（现孝感市）应城县人。杨绍芳弟。性格温雅谨畏。幼随兄绍芳官浙，受学于阳明夫子，深契良知之旨。嘉靖十三年甲午（1534）乡荐。授柳州府推官。过家门，乐之，遂不之任。与诸子辈讲学。名臣侍郎何迁题"凤翔千仞"赠之。悠游林下

---

① 参见光绪《黄州府志》卷 19《人物志·儒林》，第 662 页。
② 同上书，第 662—663 页。
③ 参见雍正《应城县志》卷 9《人物志上·宦业》，《中国地方志集成·湖北府县志辑》，第 11 册，第 79 页；《王文成公全书》卷 34《附录三·年谱三》，第 1469 页；《阳明心学流衍考》，第 310 页。

二十余年。①

　　杨汝荣，字仁夫，湖北省德安府安陆县人。按察使璋之子。弱冠为诸生，省心饰行，希踪古人。嘉靖间，从阳明夫子游，闻性命之学。归，与郡人杨继芳辈共学之。嘉靖乙酉举人。未仕而卒。崇祀乡贤祠。②

　　朱两崖　朱廷立（1492—1566），字子礼，号两崖，湖北省咸宁市通山县人。先祖婺源人。其为人豁达，尊长者，动以古道自律。人以肃然敬惮之。其为学深奥，宏深奥衍，雄浑博大。

　　嘉靖二年进士。任绍兴府诸暨知县。诸暨民健讼，诫民为罢讼之。做海塘议，岁省夫直百金。爱民礼士，勤于职守。治称第一，晋升河南道御史。乙丑，任两淮盐政。辛卯，巡按顺天，督修河道。会四川土裔聚万余众乱，廷任命其四川督抚，督众力战平之。得罪时宰，遂闲住。乙未，起北畿辅学政，倡正学，精藻鉴，人称"朱夫子"。丁酉，升南京太仆寺卿，勤与牧政。寻以老母忧去。甲辰，众皆荐之。丙午，起都察院右佥都御史。丁未，升大理寺卿。寻，升工部右侍郎，转礼部右侍郎。复蒙忌，谢事归。己未，清理盐法，员缺，金议欲起之，会疾卒于家，年七十五。

　　归家，闭门著述，日坐炯然亭赋诗论学不辍。内外行备，笃于孝友。抚兄孤如己出。至让以田产宗党贫乏者，辄周之，不少顾。家居二十载。著有《盐政志》《马政志》《家礼节要》等行于世，《两崖集》《清朝疏》藏于家。其子孙斌斌，多文学士，皆清白约素，浑厚恭克世

---

　　① 参见雍正《应城县志》卷9《人物志·儒行》，《中国地方志集成·湖北府县志辑》，第11册，第85页；光绪《德安府志》卷14《人物二·文学》，《中国地方志集成·湖北府县志辑》，第12册，第463页；《王文成公全书》卷34《附录三·年谱三》，第1469页；《阳明心学流衍考》，第310页。

　　② 参见光绪《德安府志》卷14《人物二·文学》，《中国地方志集成·湖北府县志辑》，第12册，第463页；道光《安陆县志》卷9《人物》，《中国地方志集成·湖北府县志辑》，第13册，第302页。

其家声，云登乡贤。①

　　嘉靖三年甲申间，其在诸暨县令时，因地处诸暨，与绍兴府治所在地很近，故而得以多来往绍兴市，向阳明夫子请教治国理政技巧与良知学思想。

　　　　子礼为诸暨宰，问政，阳明子与之言学而不及政。子礼退而省其身，惩己之忿，而因以得民之所恶也；窒己之欲，而因以得民之所好也；舍己之利，而因以得民之所趋也；惕己之易，而因以得民之所忽也；去己之蠹，而因以得民之所患也；明己之性，而因以得民之所同也；三月而政举。叹曰："吾乃今知学之可以为政也已！"他日，又见而问学，阳明子与之言政而不及学。子礼退而修其职，平民之所恶，而因以惩己之忿也；从民之所好，而因以窒己之欲也；顺民之所趋，而因以舍己之利也；警民之所忽，而因以惕己之易也；拯民之所患，而因以去己之蠹也；复民之所同，而因以明己之性也；期年而化行。叹曰："吾乃今知政之可以为学也已！"他日，又见而问政与学之要。阳明子曰："明德、亲民，一也。古之人明明德以亲其民，亲民所以明其明德也。是故明明德，体也；亲民，用也。而止至善，其要矣。"子礼退而求至善之说，炯然见其良知焉，曰："吾乃今知学所以为政，而政所以为学，皆不外乎良知焉。信乎，止至善其要也矣！"②

　　子礼问政，夫子告知以学，盖政治源于学术也。在夫子的指导下，三月而政举。子礼问学，告知以政，盖学术源于政治也。在夫子的指导下，一年而政化。后来，子礼又问政治与学术之要，夫子告知以《大

　　① 参见《通山县志》卷5《人物志·乡贤传》，《中国地方志集成·湖北府县志辑》，第29册，第199—200页。详参《国朝献徵录》所收录的（明）胡直撰《礼部右侍郎朱公廷立传》所涉资料。
　　② 《王文成公全书》卷8《附录五》，第1册，第339页。

学》之思想，子礼大悟，"求至善之说，炯然见其良知"，盖良知学归宗于至善天理也。当然，夫子教法，与其对黄冈郭庆教法如出一辙，主静涵养与读书致知需要互补，治国理政与涵养良知也要互动互补，夫子之善教，子礼之善学也。

朱守干，湖北黄冈县人。诸生。嘉靖四年乙酉（1525）往绍兴问学。

> 黄州朱生守干请学而归，为书致良知三字。夫良知者，即所谓"是非之心，人皆有之"，不待学而有，不待虑而得者也。人孰无是良知乎？独有不能致之耳。自圣人以至于愚人，自一人之心，以达于四海之远，自千古之前以至于万代之后，无有不同。是良知也者，是所谓"天下之大本"也。致是良知而行，则所谓"天下之达道"也，天地以位，万物以育，将富贵贫贱，患难夷狄，无所入而弗自得也矣。[1]

从夫子处，守干得夫子晚年良知教精意。夫子以最简洁最明白的语言将自己对良知学的多年感悟和盘托出，告诫守干居家自得，涵养良知，必然会有其妙的感悟。

二 湖南地区阳明弟子考

王门嫡传弟子有周金、翼元亨、蒋信、龙翔霄、萧璆、萧琦、刘观时、王嘉秀、唐愈贤、吴鹤10人。

阳明夫子湖南地区嫡传弟子，资料可考者主要有周金、翼元亨、蒋信、龙翔霄、萧璆、萧琦、刘观时、王嘉秀、唐愈贤、吴鹤10人，资料不可考者且不能确定是否为阳明夫子亲传弟子者有王文鸣（字应奎）、胡珊（字鸣玉）、刘瓛（字德重）、杨祁（字介诚）、何凤韶（字

---

[1] 《王文成公全书》卷8《附录五》，第1册，第339页。

汝谐）、唐演（字汝渊）6 人①，主要分布在湖南省西北部的常德府、辰州府两个地区。阳明夫子在世时，徐横山游南岳与常德德山，阳明夫子弟子多有陪同；阳明夫子捐馆后，夫子嫡传弟子季彭山于嘉靖十八年（1539）升长沙知府，徐珊嘉靖二十年（1541）官辰州府同知，东郭嘉靖中讲学衡阳石鼓书院，都增进同门间的友情和学问，也有力地推进夫子良知学在湖南西北部地区的传播和传承，以致有数量甚多的再传和三传弟子群，学脉源远流长，一直到明末清初。如师从邹泗山（德溥）的王朝聘（1568—1647，字修侯，衡阳人，船山夫子之父）以诚意、克己为宗，反对憨山德清、李贽的佛学思想，究心于经学，躲避清兵时捐馆。②

　　周金，长沙府人。诸生。为阳明夫子进湖南之地最早拜学指导的学

---

　　① 参见《王阳明及其学派考论》，第 291 页。

　　② 湖南籍王兴国博士（现为深圳大学教授）对阳明夫子湖南地区弟子有较为深入与全面的开拓性研究，查阅相关地方志，整理出湖南王门良知学脉的传承者，指出辰州府、常德府两个弟子群，其相关结论参阅王兴国《王阳明及其弟子在湖南的活动情况略考》，《王阳明国际学术讨论会论文集》，贵州教育出版社 1997 年版；《浙江学刊》1997 年第 6 期，第 78—82 页。据其考证，阳明夫子是正德二年十二月从杭州启程赴贵州。道经江西广信、分宜、宜春、萍乡进入湖南的醴陵。到达长沙之后，夫子住在通货门的寿星观，与长沙知府赵维藩太守、王推官游岳麓书院。再从长沙乘船沿湘江北下的，经洞庭湖，溯沅江西上，经沅陵、辰溪等地，然后由沅江支流进入贵州。夫子诗中有《罗旧驿》《沅水驿》。罗旧驿即今芷江县的罗旧，《沅水驿》中提到的沅州就是现在的芷江。还有《兴隆卫书壁》，兴隆卫即今芷江的新店坪。过了兴隆卫，即到贵州玉屏。阳明夫子在龙场满两载，刻苦读书，教育贵阳青年，潜心涵养，学术上收获很大。离开贵州前往江西吉安任职的时间，约为正德四年（1509）年底。再次与门人冀元亨、蒋信、唐愈贤等讲学于沅陵县城之西郊虎溪山龙兴寺。离开沅陵之后，过武陵县，住潮音阁。因春雨涨，夫子不得不滞留武陵县（今湖南省常德市武陵区）数日，著《武陵潮音阁怀元明》《阁中坐雨》《霁夜》《僧斋》等诗，其间游览德山寺。离开常德之后，夫子乘船经洞庭，再溯湘江南上。从渌口溯潆水东行，经醴陵进入江西萍乡。正德五年（1510）三月至吉安府庐陵县。另，当时与横山交游者，还有多人，如杨介诚，常德府人，嘉靖元年（1522）举人。胡珊，常德府人，嘉靖间岁贡，曾任东平州学正。何凤韶，常德府人，嘉靖年间岁贡。性醇学优，早卒。进一步的研究，还可参阅邓洪波、赵路卫《王学在岳麓书院的传播》，《湖南师范大学学报》2015 年第 2 期；《王阳明及其学派考论》，人民出版社 2009 年版，第 291 页。

生之一。①

正德三年（1508）春，阳明夫子过湖南诸地往贵阳，周金殷勤问学陪游，照顾周到，阳明夫子对之求学之心与问学之诚极为满意，为之作诗文，有《长沙答周生》。

> 旅倦憩江观，病齿废谈诵。之子特相求，礼弹意弥重。自言绝学余，有志莫与共；手持一编书，披历见肝衷；近希小范踪，远为贾生恸；兵符及射艺，方技靡不综。我方惩创后，见之色亦动。子诚仁者心，所言亦屡中；愿子且求志，蕴蓄事涵泳。孔圣固惶惶，与点乐归咏；回也王佐才，闭户避邻哄。知子信美才，大构中梁栋；未当匠石求，滋植务培壅。愧子勤绻意，何以相规讽？养心在寡欲，操存舍即纵。岳麓何森森，遗址自南宋；江山足游息，贤迹尚堪踵。何当谢病来，士气多沈勇。②

长沙早春，大风大雨，兼之旅途生病，周金前来问学，夫子欣喜之情，自然喜出望外。寂寞中，师生一起讨论争鸣，一问一答，多么美好！阳明夫子一见该生自编书，里面内容十分丰富，"兵符及射艺，方技靡不综"，真是无所不读，无所不写，夫子为之心动。然，夫子告诫其涵养之道，"养心在寡欲，操存舍即纵"，寡欲养心，将来前途不可限

---

① 参见《王阳明及其学派考论》，人民出版社2009年版，第286页。据载，阳明夫子"病齿兼虚下，留长沙八日。大风雨绝往来，间稍霁，则独与周生金者渡橘州，登岳麓。尝有三诗奉怀文鸣与成之、懋贞，录上请正。又有一长诗，稿留周生处，今已记忆不全，兼亦无益之谈，不足呈也。南去俦类益寡，丽泽之思，愁如调饥，便闲无各教言。秋深得遂归图，岳麓、五峰之间，倘能一会甚善。公且豫存之意，果尔，当先时奉告也"。参阅（明）王守仁《答文鸣提学》，《新刊阳明先生文录续编》卷1，转引自日本永富青地《上海图书馆藏〈新刊阳明先生文录续编〉について》，［日］《东洋の思想と宗教》，第23号，平成十八年（2006）。文集又有，"晓来阴翳稍披拂，便携周生涉江去"，"岸行里许入麓口，周生道予勤指顾"，见（明）王守仁《赴谪诗·游岳麓书事》，《王阳明全集》卷19，第690—691页。

② 《王文成公全书》第3册，第829页。

量。旅途之中，郁闷心情一扫而光，多有诗文书信怀念时贤陈凤梧（字文鸣，泰和县人）、徐守诚（字成之，余姚县人）、林希元（字懋贞，晋江县人）诸公。

翼暗斋　翼元亨，字惟冀，号暗斋，湖南省常德府武陵县人。幼有志操，豪奋刚猛，每以古人自期。喜赞古忠臣之以。敬妻如宾，率族人以正，为学务本探源，不为口耳之习。弱冠，与蒋道林相学，友善。正德五年庚午，阳明夫子起谪，道常，与道林同拜师焉。阳明夫子往来武陵，寓潮音阁，与里中道林、暗斋讲学于桃冈。暗斋从阳明夫子之庐陵，逾年而归。正德十一年丙子（1516），与所学阳明夫子诸师友自得于身心者比之于书，雄伟奇绝，皆当时儒者所未发，一时场屋知文之士皆目之为怪，侍御监试张西野赞之曰："必楚之豪杰也。"置优选，得中举人。十二年丁丑（1517），试礼闱，主司大奇之，以遗二判，不敢取，由是名动京师。

十三年戊寅（1518），再侍阳明夫子于赣。阳明夫子赣州重修濂溪书院，暗斋主教事，兼任正宪师。入朱宸濠府任教事做卧底。遂以间道归常。越己卯，宸濠变果作，事败，张忠、许泰等诘阳明夫子不已，夫子不得已而曰："独尝遣元亨论学。"忠等大喜，绑榜元亨，下狱，加以炮烙，终不承。械系京师诏狱。狱中，直与平居视其患难，从容歌啸不怵不忧，守者率为惊叹。与被罪衣冠辈谈乐天知命之学，听者忘其患难。

明世宗即位，上下交白其冤，出狱后 5 日即去世，时为辛巳五月四日。同志梁日孚、陆元静、张文邦争为之会金治棺殓。暗斋妻与二女狱中治麻袋不辍，无忧色，为世人所敬。①

---

① 参见（明）蒋信《乡进士翼暗斋先生元亨墓表》，《国朝献徵录》卷113，《四库全书存目丛书》，史部，第 106 册，第 435—437 页；嘉庆《常德府志》卷 41《列传·儒林》，湖湘文库影印湖南省图书馆藏，岳麓书社 2008 年版，第 566 页。可参阅《万姓统谱》卷93；姚之姻《元明事类钞》卷 17；《胡广通志》卷 73；《明史》卷 195。朱元璋洪武时期甲辰年为常德府，辖境为武陵、桃源、龙阳、沅江 4 县，属湖广省。

蒋道林　蒋信（1483—1559），字卿实，号道林，湖南省常德府武陵县人。成化十九年癸卯岁丁亥八月生。6 岁入小学。14 岁，父惠庵公卒。少为诸生，贫甚。志坚，拒赠。年二十五，与乡贤暗斋相切磋进学。正德五年庚午，阳明夫子谪龙场，过湖南武陵县，寓郡西潮音阁，有医杜仁夫携其《复春诗卷》见夫子，夫子见其诗而称之，道林与暗斋师事焉。阳明夫子两次在湖南境内经过时，二人多陪侍阳明夫子身边，进学涵养。阳明夫子还自龙场，与门人冀元亨、蒋信、唐愈贤等讲学于龙兴寺，卓然自有见。阳明夫子后对暗斋说："如卿实，便可作颜子。"正德九年甲戌（1514），时年三十二，抱羸疾，久之，病益坚。寺中闭目静坐，默坐澄心，通宵达旦，逾半年，恍然见心体，万物一体，怕死及恋老母之念一并消除。正德十三年戊寅十月，丁母忧。十四年己卯秋晨，辰阳门人谭廷谥率数十辈前来问学，讲静坐及求仁之方。自是，除举业外，乡人始知有圣贤之学。嘉靖改元，应乡试。手不能举，下第归。嘉靖二年癸未（1523），先生时年四十一，应贡入京师，师甘泉夫子，数月而归。嘉靖四年乙酉（1525），再甘泉于南雍，入太学，及其门者甚众，则令道林分教之。五年（1526）丙戌归自太学，诸生复集道林里。六年丁亥（1527），甘泉赞先生德艺双馨，移文湖省，促请再入太学。

嘉靖七年戊子（1528），举应天乡试。十一年壬辰（1532）举进士，时年五十矣。观政户部。与徐樾辈相与讲学。八月，授户部福建司主事。奉差解军饷于陕西。十五年丙申（1536）春，升兵部车驾司员外郎。嘉靖十六年丁酉（1537）赴任四川按察司水利道佥事，笃志圣学，动遵古人。在官，杜请托，崇实行，人莫敢干以私；尽心民事，雪冤狱，兴水利，禁私茶，民多赖之。摄督学事，开讲大太益书院，训迪生儒，以默坐澄心、体认天理为要，一时士子翕然宗焉。十八年己亥，入贺。十九年庚子（1540），监乡试。二十年辛丑，由四川赴任贵州提学副使。二十一年壬寅（1542），建文明书院、正学书院2所，群一省之士诲教之。不事虚谈，训生儒，潜移默化，规规自度，讲拔皆名士，士俗翕然丕变。贵阳马廷锡从之游，粹然有成。置阳明夫子祠，祭田若干亩。嘉靖二十二年癸卯（1543），被御史某诬劾"擅离职守"，削籍归。二十三甲辰（1544），道林时年六十二，甘泉游南岳，从之弥月。归居善德山，新旧门人数十人依僧舍请学。后四年，二十七年戊申（1548），游南岳，入粤省甘泉。己酉十月，卜筑精舍于桃花冈，与诸生讲学，优游涵养。又八年，三十五年丙辰（1556），再会甘泉南岳衡山而还。名臣赵大洲、胡宗宪、罗念庵等多次亲来印证圣学。

盖道林之学，以勿忘勿助为规矩，而归宗于中和之道，深融王湛二家之长处。梨洲说，道林之学，得于甘泉者为多也。著有《古大学义》（1卷）、《桃冈讲义》《桃冈训规》《桃冈日录》《道林诸集》《蒋道林先生文萃》（9卷）等。著名弟子有唐相、胡维、徐仲文等，多为举人，涵养诗书，学养纯正。

弟俊任江浦教谕。子如川，字维东，有学行，善诗文，曾任云南归化知县。子如止，字善台，岁贡生。孙孟奇，字平仲，曾任益阳教谕。曾孙字巨源者，善诗能饮，年六十，城破，骂贼死。①

龙翔霄，字潜之，常德府武陵县人。初名飞霄（字泰渠），阳明夫

---

① 参见（明）柳东伯《贵州等处提刑按察司副使蒋公信行状》，《国朝献徵录》卷103，《四库全书存目丛书》，史部，第106册，第97—102页；同治《武陵县志》卷35《人物志·仕绩》，《中国地方志集成·湖南府县志辑》，第75册，第420—421页；嘉庆《常德府志》卷41《列传·儒林》，《中国地方志集成·湖南府县志辑》，第567—568页。更多的研究参阅（明）蒋信《道林先生文粹》，《四库全书存目丛书》，刘晓林点校，岳麓书社2010年版，集部，第96册，《湖湘文库》；（明）蒋信《桃冈日录》，商务印书馆、广西师范大学出版社2003年影印哈佛大学哈佛燕京图书馆藏版本。《万姓统谱》卷86；《大清一统志》卷291；《四川通志》卷6，《中国地方志集成》；《贵州通志》卷19，《四库全书》，第571册，第527页；《续文献通考》卷174；《千顷堂书目》卷2；《渊鉴类函》卷110。

子过武陵时为易此名。正德己卯举人。游太学，及甘泉门。任知阆中县，以有制持其平，境内大治，有政声，邑人歌之。嘉靖间补太和县令，熟谙吏治，剖决如神。他郡邑有疑狱或难事，悉委之。时仓有积粟，且红腐，翔霄请于上官，俾出陈易新，民免其累而积贮无亏，乃下其议，行之合省。后迁南京兵部主事。晋员外郎。从南京户部郎中出知程番府（现贵阳知府），都建黔城，均劳役，恤夫役；平反冤狱；保卫贵阳免受番夷剽掠。6 年考满，晋中宪大夫，仍留 3 年，礼让化俗，德威茂著。士民感德，立祠以祀。翔霄尤肯急人之难。镇远守袁成龙卒，经纪其丧。送选乡思恩吏目高守仁罢官贫甚，至鬻幼女为道理费，翔霄闻之恻然，赎以归之，其好义类此。总计在贵阳 9 年，计吏大墨索千金始从宦，乃自焚程书，请老归。①

萧云盘　萧璆，字子鸣，号云盘。正德丁卯乡荐。嘉靖间，与杨汝荣等同时从学阳明夫子。嘉靖癸未进士。任吏部主事。典试中州。督学贵州，为士模范。归养二亲。尽孝之暇，日与门人讲性命之学。明年，未四十而卒。士人惜之。祀乡贤。②

萧琦，字子玉。慕禅。先后从学阳明夫子于湖南、滁州。③

刘见斋　刘观时，字易仲，湖南省辰州府沅陵县（今属怀化市）人，号见斋，人称沙溪先生。为人刚方正直。郡庠生。阳明夫子寓辰州，日从之游，闻夫子之学，往师之，得其奥妙。④

阳明夫子己巳年在《与辰中诸生》信中回忆道：

---

① 参见嘉庆《常德府志》卷 37《列传》，《中国地方志集成·湖南府县志辑》，第527—528 页；《大清一统志》卷 378；《云南通志》卷 19，《中国地方志集成》；《贵州通志》卷 20，《四库全书》第 571 册，第 537 页。

② 参见同治《沅陵县志》卷 30《人物》，《中国地方志集成·湖南府县志辑》，第 62册，第 376 页。

③ 或与萧璆为亲戚宗族辈。然遍查方志，尚未发现其有价值史料。待查。

④ 参见同治《沅陵县志》卷 30《人物》，《中国地方志集成·湖南府县志辑》，第 62册，第 376 页。

谪居两年，无可与语者。归途乃得诸友，何幸何幸！方以为喜，又遽尔别去，极怏怏也。绝学之余，求道者少；一齐众楚，最易摇夺。自非豪杰，鲜有卓然不变者。诸友宜相砥砺夹持，务期有成。近世士夫亦有稍知求道者，皆因实德未成而先揭标榜，以来世俗之谤，是以往往隳堕无立，反为斯道之梗。诸友宜以是为鉴，刊落声华，务于切己处着实用力。前在寺中所云静坐事，非欲坐禅入定。盖因吾辈平日为事物纷拿，未知为己，欲以此补小学收放心一段工夫耳。明道云：'才学便须知有着力处，既学便须知有着力处。'诸友宜于此处着力，方有进步，异时始有得力处也。'学要鞭辟近里着己''君子之道暗然而日章''为名与为利，虽清浊不同，在其利心则一''谦受益''不求异于人，而求同于理'，此数语宜书之壁间，常目在之。举业不患妨功，惟患夺志。只如前日所约，循循为之，亦自两无相碍。所谓知得洒扫应对，便是精义入神也。①

盖此段时间，阳明夫子教弟子以静坐自悟性体的功夫。

再从学阳明夫子于滁阳（正德九年甲戌）、南京（正德十年乙亥即1515），《传习录》载其问"未发之中"与心全是天理时气象，阳明夫子告诉他要自己真实体认，慎独涵养心体至熟练，慢慢就可以琢磨其中的味道。久随夫子滁阳学归，阳明夫子作《别易仲》诗："迢递滁山春，子行亦何远？累然良苦心，惝恍不遑饭。至道不外得，一悟失群暗。秋风洞庭波，游子归已晚。结兰意方勤，寸草心先断。末学久乖离，颓波竟谁挽？归哉念流光，一逝不复返。"

南京归，阳明夫子作《见斋说》（乙亥）赠之，告诫其探寻圣人之

---

① 《王文成公全书》卷4《文录一》，第1册，第176—177页。

道必须在慎独中真实体认有无之间的差别，在真有和真无中探求真见，涵养熟久，自然对有无之间的心境上有得，由此真正地在真实世界中见道、证道与悟道。

沙溪先生品德高尚，一切声华势力淡如也。地方名士潘棠、萧璆推毂焉。①

王嘉秀，字实夫，湖南省辰州府沅陵县人。

善于绘画，有声名。阳明夫子自龙场归时，慨然从学。其后，随之上下。《传习录》卷1载其好仙学，阳明夫子告诫其要笃志圣学，见圣人端绪。

正德九年甲戌往滁州问学夫子门下，阳明赠别诗《门人王嘉秀实夫、萧琦子玉告归，书此见别意，兼寄声辰阳诸贤》。

> 王生兼养生，萧生颇慕禅；迢迢数千里，拜我滁山前。吾道既匪佛，吾学亦匪仙。坦然由简易，日用匪深玄。始闻半疑信，既乃心豁然。譬彼土中镜，暗暗光内全；外但去昏翳，精明烛媸妍。世学如剪彩，妆缀事蔓延；宛宛具枝叶，生理终无缘。所以君子学，布种培根原；萌芽渐舒发，畅茂皆由天。秋风动归思，共鼓湘江船。湘中富英彦，往往多及门。临歧缀斯语，因之寄拳拳。

阳明夫子并《书王嘉秀请益卷》（甲戌）文，夫子谆谆告诫其远离仙佛学，严明佛儒之辨，涵泳体认仁者万物一体之怀。

---

① 参见乾隆《辰州府志》卷36《人物传上》，岳麓书社2010年版，第535页，湖湘文库影印湖南图书馆藏；《王阳明全集》，卷33《年谱一》、卷1《语录一》、卷20《外集二》、卷7《文录四》，第1363—1365、42、803、292—293页。明朝正德年间，辰州府地处湖南省西部，相当于现在的吉首、沅陵等市县，包括沅陵、泸溪、辰溪、溆浦与吉首所属市县，属湖广省。朱元璋洪武九年（1376）时期改辰州路为辰州府，治沅陵，隶湖广布政使司。宣德八年（1443）辽简王朱植第十七子朱贵燪为沅陵王于辰州府，嘉靖十二年（1533）湖北分守道驻辰州府。1913年，民国政府废辰州府。

仁者以天地万物为一体，莫非己也，故曰："己欲立而立人，己欲达而达人。"古之人所以能见人之善若己有之，见人之不善则恻然若己推而纳诸沟中者，亦仁而已矣。今见善而妒其胜己，见不善而疾视轻蔑不复比数者，无乃自陷于不仁之甚而弗之觉者邪？夫可欲之谓善，人之秉彝，好是懿德，故凡见恶于人者，必其在己有未善也。瑞凤祥麟，人争快睹；虎狼蛇蝎，见者持挺刃而向之矣。夫虎狼蛇蝎，未必有害人之心，而见之必恶，为其有虎狼蛇蝎之形也。今之见恶于人者，虽其自取，未必尽恶，无亦在外者犹有恶之形欤？此不可以不自省也。君子之学，为己之学也。为己故必克己，克己则无己。无己者，无我也。世之学者执其自私自利之心，而自任以为为己；溺焉入于躯堕断灭之中，而自任以为无我者，吾见亦多矣。呜呼！自以为有志圣人之学，乃堕于末世佛、老邪僻之见而弗觉，亦可哀也夫！"有一言而可以终身行之者，其恕乎"，"强恕而行，求仁莫近焉"，"恕"之一言，最学者所吃紧。其在吾子，则犹封病之良药，宜时时勤服之也。"见贤思齐焉，见不贤而内自省"。夫能见不贤而内自省，则躬自厚而薄责于人矣，此远怨之道也。①

由夫子所作之文可见，这个时候的夫子还是处于君子为己自得学时期，尚未对良知学有所发明，只是告诫其成就贤人之学，要成就自己的德行。

正德十年乙亥再从学夫子于南京，夫子作《题王实夫画》："随处山泉着草庐，底须松竹掩柴扉。天涯游子何曾出？画里孤帆未是归。小酉诸峰开夕照，虎溪春寺入烟霏。他年还向辰阳望，却忆题诗在翠微。"

---

① 《王文成公全书》卷8《文录五》，第1册，第329—330页。

表达出自已深深怀念在虎溪讲学的开心日子，盼望辰阳诸生进学有期的眷望。①

唐万阳　唐愈贤，字子充，号万阳，湖南省辰州府沅陵县人。幼聪慧，有大志。

先是，正德初年阳明夫子来往于常德、贵阳间，日从夫子学于虎溪隆兴寺凭虚楼、松月轩诸处，得夫子"静坐密室，悟见心体"心法，充然有得。修业桃溪山中，久之。

正德九年甲戌，又从阳明夫子学于南京。正德十四年己卯解元。嘉靖五年丙戌进士。知宁海县，以勤学明道、移风易俗为己任，均田平徭，政教并举。在任4年，民怀吏畏。期间，拜谒阳明夫子于会稽，得良知之学。擢广东道御史，刻奸党，抗言时政，因不合于当道，乞养归。家居时，喜与门人论学。卒时，召亲友环坐中堂，对食尽欢，自歌而逝。祀乡贤。

阳明夫子庚午年有信致辰中诸生论收放心，说"前所云静坐，非欲坐禅入定"，或针对万阳静坐山间之事。②

吴鹤（1476—1558），湖南省辰州府泸溪县上泷（今属吉首市）人，苗族。阳明夫子归时，讲学虎溪，在虎溪山隆兴寺凭虚楼与刘观时

---

① 参见同治《沅陵县志》卷30《人物》，《中国地方志集成·湖南府县志辑》，第62册，第376页；乾隆《辰州府志》卷36《人物传上》，《中国地方志集成·湖南府县志辑》，第535页；《王阳明全集》，卷1《语录一》、卷33《年谱一》、卷8、卷20《外集二》，第20—21、1364、302—303、808—809页。

② 参见同治《沅陵县志》卷30《人物》，《中国地方志集成·湖南府县志辑》，第62册，第376页；乾隆《辰州府志》卷36《人物传上》，第535页；（明）王守仁《庚午与辰中诸生收放心书》，乾隆《辰州府志》卷45《艺文纂·书》，《中国地方志集成·湖南府县志辑》，第726页；《王阳明全集》，卷33《年谱一》、卷36《年谱·附录一》，第1364页、第1476页；《王阳明及其弟子在湖南的活动情况略考》，第81页。嘉靖二十三年甲辰，阳明夫子余姚籍弟子徐珊造虎溪精舍于虎溪龙兴寺北，大兴祠堂，置膳田，怀念夫子布道之功，念庵、东郭分别作记载其事，见全集第1476页。可参阅《浙江通志》卷145（《中国地方志集成·浙江府县志辑》）所涉资料。

听阳明夫子讲学。正德十三年秋，又从之至庐陵。笃志乐道，不乐仕进，终身以授徒为业，有教无类，为吉首苗族地区著名的教育家。有著述，笔墨甚高，文亦正嘉，惜遭炬。地方民士造鹤公祠祀之，以表彰其长期投入地方教育的功业。贡生文征远尝为之立传。①

---

① 参见乾隆《辰州府志》卷 36《人物传上》，《中国地方志集成·湖南府县志辑》，第 535 页；《王阳明及其弟子在湖南的活动情况略考》，第 81 页。进一步的研究可参阅刘自齐、何大万《吴鹤和他的老师王阳明》，《湖南教育》1981 年第 3 期，第 45 页；姚金泉《一位明代苗族大师：吴鹤》，《贵阳金筑大学学报》（综合版）2001 年第 2 期，第 56—58 页；程景玲《民族教育家吴鹤在明代教育事业中的重要性》，《兰台世界》2014 年第 22 期，第 123—124 页。

第四章　云贵地区阳明夫子的亲传弟子

阳明夫子在贵州两年，动心忍性，在修水县龙场驿站坚守，置之死地而后生，于生死之际获得"理在心中"的心学感悟，心外无理，心外无事，心外无物，确立了本心为认识万事万物的感官主体，接洽陈白沙的心学思想并继续抬升心体的主体性，为以后良知学的系统提出提供良好的磨炼境遇。阳明夫子云贵地区嫡传弟子，学术界进行比较详细的研究，以李迎喜、钱明先生等人为代表。① 阳明夫子黔中嫡传王门事迹可考者有9人，主要是陈文学（字宗鲁）、汤冔（哗）、叶梧（字子苍）、朱光霁（字子苍）、越榛（字文实）、邹木（字近仁）、詹良臣、钱凤翔、李良臣。②

正德四年（1509）十二月，阳明夫子出云贵，往赴江西吉安府担任任期八个月左右的庐陵县令。途经镇远府驿站，将进入湖南境内，一别

---

① 深入的研究参阅钱明《黔中王门论考》，《贵州文史丛考》2007 年第 2 期，第 84—87 页；钱明《王学之过化——黔学考》，《王阳明及其学派论考》，第 352—376 页。参阅《修文县志》、民国《贵州通志》（贵州人民出版社 2007 年版）、《居夷集》（明嘉靖三年丘养浩刻本，北京国家图书馆、上海图书馆藏）。

② 需要指出的是，另尚有何子佩、张时裕、范希夷、郝升之、汪源铭、李惟善、陈良臣、易辅之、王世臣、袁邦彦、高鸣凤、何廷远、陈寿益、宁兆兴 14 位事迹不可考贵阳诸生贤达，多为准备参加举人考试的诸生，他们都从学于阳明夫子门下。因他们的事迹不可考，我们无法书写，故而暂不放入阳明夫子亲传弟子考大名单中。具体名单来源参阅（明）王守仁《与贵阳书院诸生书》（三首正德四 1）、《寄贵阳诸生》（正德七 1），《阳明佚文辑考编年》，第 292—294、338—340 页。

贵阳书院诸生之后，或终生不可得见，夫子之心痛惜可知哉，故而有著名的三书给弟子门人。

> 朱克相兄弟，亦为一问，致勉励之怀。余谅能心照，不一一耳。守仁拜。惟善秋元贤契。

> 别时不胜凄惘，梦寐中尚在西麓，醒来却在数百里外也。相见未期，努力进修，以俟后会。即日已抵镇远，须臾舟行矣。相去益远，言之惨然。书院中诸友不能一一书谢。守仁顿首，张时裕、向子佩、越文实、邹近仁、范希夷、郝升之、汪源铭、陈良臣、汤伯元、陈宗鲁、叶子苍、易辅之、詹良臣、王世臣、袁邦彦、李良臣列位秋元贤友，不能尽列，幸意亮之！高鸣凤、何廷远、陈寿宁劳远饯，别为致谢，千万千万！

> 行时闻范希夷有恙，不及一问，诸友皆不及相别。……朱氏昆季（朱克相、朱克明）亦为道意。阎真士甚怜，其客方卧病，今遣马去迎他，可勉强来此调理。……文实、近仁、良丞、伯元诸友均此见意，不尽别寄也。惟善秋元贤友。汪原铭合枳术丸乃可，千万千万！仁白。①

此三封书信亦为近年来陈训明先生新发现的阳明夫子珍贵散佚诗文，但此信中包含的信息量实在太大，列出众多诸生，证见阳明夫子在贵阳的重要教育贡献，不可多得，多有学者往复研究。

阳明夫子在正德七年（1512）在北京时间左右有信慰问贵阳的学生门人，此为永富青地在上海图书馆发现的散佚珍贵书信。

> 诸友书来，间有疑吾久不寄一字者。吾岂遂忘诸友哉？顾吾心

---

① （明）王守仁：《与贵阳书院诸生书》，《王阳明佚文辑考编年》（增订版），第313—316页。

方有去留之扰，又部中亦多事，率难遇便，遇便适复不暇，事固有相左者，是以阔焉许时。且得吾同年秦公为之宗主，诸友既得所依归，凡吾所欲为诸友劝励者，岂能有出于秦公之教哉？吾是可以无忧于诸友矣。诸友勉之。吾所以念诸友者，不在书札之有无。诸友诚相勉于善，则凡书之所诵，夜之所思，孰非吾书札乎？不然，虽日致一书，徒取憧憧往来，何能有分寸之益于诸友也。为仁由己，而由人乎哉？诸友勉之。因便拾楮，不一。①

正德七年阳明夫子在北京立教已经声誉卓著了，远在云贵高原的弟子们或已获悉此事，故而有信前来慰问夫子，并表示有继续请教之意，夫子耐心地给予解答，并委托曾经一起参加进士考试的学友、新任贵州提学副使秦文（字从简，号兰轩，临海县人）继续给弟子们指导督促进学，希望远在云贵的弟子们更要精神交往，自得涵养，独立自主，终成圣贤伟业。

现考得云贵王门事迹可考的知名弟子有陈文学、汤冔（呼）、叶梧、朱光霁、越榛、邹木、詹良臣、钱凤翔、李良臣，总计9人。

陈五粟　陈文学，字宗鲁，号五粟先生②，贵州宣慰司（贵阳府）人。十余岁能诗文，以诸生身份在龙场龙冈书院拜阳明夫子为师，潜心心学。

阳明夫子有《赠陈宗鲁》诗。

学文须学古，脱俗去陈言。譬若千丈木，勿为藤蔓缠。又如昆

① 《关于上海图书馆藏〈新刊阳明先生文录续编〉》第247页；（明）王守仁：《寄贵阳诸生》，《王阳明佚文辑考编年》（增订版），第364—366页。
② 参见道光《贵阳府志》（二）卷73，《中国地方志集成·贵州府县志辑》，第13册，第358页。府志"五粟先生"作"五粟先生"，盖地方乡贤抄录之笔误。"五粟"本意为"适合种植的上等优质土壤"。查字典，无"五粟"之所。

仑派，一泻成大川。人言古今异，此语皆虚传。吾苟得其意，今古
何异焉？子才良可进，望汝师圣贤。学文乃余事，聊云子所偏。①

阳明夫子针对其好诗文的缺点，勉以圣贤之学相期。

与汤冔同中正德十一年丙子（1516）科举人。曾任耀州知州，调简
不赴。归家后，终日静坐，一意读书进学，不预世事。静对圣贤，或临
古帖，或与客谈诗论文，随意所适，悠然自得，恬如也。自耀归日者，
言岁将不利，年六十时仍预作《五粟先生志》，"五粟"其号也。后二
十年，始疾。客问之，对曰："别矣！善自爱。"客去，危坐而逝。所著
有《耀归存稿》《余生续稿》《嬾翁闲录》，后汇总为《陈耀州诗稿》
（2卷）。邵元善赞其诗不触趣而发，不强作冲淡，真可谓理学而能诗
者。郭子章曾赞其擅辞章，得阳明夫子之和。作《阳明集诗》想念老
师："不拜先生四十年，病居无事检遗漏。羲文周孔传千圣，河汉江淮
汇百川。"年七十六卒。

曾于嘉靖十三年（1534）五月，与叶梧、汤冔（哱）等数十人联
名上书请求建立阳明祠。王杏任贵州按察御史，按贵阳，遂建阳明祠，
赎白云庵旧址，置膳田以供祀事。贵阳一时风教兴，里巷歌声，蔼蔼如
越音；士民岁时赴龙场祭奠，亦有远拜而祀于家者。②

在阳明夫子致良知学的继承与发展上，其文献传承之功甚大。他与
叶梧共同校对并整理出版《阳明先生文录》（3卷）③、《新刻阳明先生

---

① 《王文成公全书》卷29《续编三》，第3册，第1239页。
② 参见道光《贵阳府志》（二）卷73《明耆旧传一》，《中国地方志集成·贵州府县
志辑》，第13册，第358页；《贵州通志》卷26、卷28，《四库全书》，第572册，第18、
71页；《王阳明全集》卷29《续编四》，第1182页；《王阳明全集》卷36《年谱·附录
一》，第1470页；张小明《黔中王学研究》，博士学位论文，南京大学，2011年，第33页；
《王阳明学派及其考论》，第355页。
③ 《阳明先生文录》（3卷，3册），嘉靖间陈文学、叶梧贵州校刻本，中国人民大学
藏，四川大学《阳明文献汇刊》2015年影印。

文录续编》（3 卷）①，均传世至今，我们可以看到阳明夫子文录在嘉靖时期的原本，其学术价值非常珍贵。

汤冔（咟），字伯元，贵州宣慰司（贵阳）人。年十四丧母。继母韩氏性严苛，两弟邦、鼎皆畏惮出亡，独冔事以孝，能改其慈爱，卒致其慈。闾里士大夫莫不称之，有孝名。阳明夫子谪龙场，冔师事之，得知行合一之学。正德十一年丙子科举人。正德十六年辛巳（15211）科进士。善于治政。在京为官几十年。至任南京户部员外郎。出，任潮州知府。剧郡政事，裁决如流，监税租不一指染。以风节自任，缙绅请托不行。有渎者，则糊刺堂壁以魄绝之。人由此衔冔。甫 3 月，改巩昌知府。未几，中流飞之言归。暮年以诗书自娱，著有《逸老闲录》《逸老续录》。其在任有思亲诗："肠断九回情独苦，仕逾十载养全贫。"伤二弟出亡，时时物色，得邦于普城，求鼎不得，终身以为大戚。年八十一卒。子克俊，孙师项、师炎、师萃、师黄，曾孙景明、景暾先后登科甲。郭子章曾赞擅吏治，认为其得阳明夫子之正。②

叶梧，字子苍，贵州人。正德八年（1513）癸酉科第二名。曾任湖南省新化县教谕，与时在辰州的同门横山相友善。寻升贵州镇安县知县。著有《凯歌集》。嘉靖十四年（1535），子苍、克明与王杏等同门校正《阳明先生文录续编》（3 卷），内有大量的散佚诗文，刊于贵阳。③

约在正德十年（1515），阳明夫子有信回子苍。

---

① 《新刊阳明先生文录续编》（3 卷，3 册），嘉靖十四年乙未夏王杏序本，嘉靖间陈文学、叶梧贵州校本，上海图书馆古籍部藏。

② 参见道光《贵阳府志》（二）卷 73《明耆旧传一》，《中国地方志集成·贵州府县志辑》，第 13 册，第 358 页；《大清一统志》卷 391；《贵州通志》卷 26、卷 28，《四库全书》，第 572 册，第 18、71 页；张明《王阳明与黔中王门的书院讲学运动》，《贵阳学院学报》（社会科学版）2014 年第 2 期，第 2 页；张小明《黔中王学研究》，博士学位论文，南京大学，2011 年，第 33 页；《王阳明学派及其考论》第 355 页。

③ 参见（明）王守仁《寄叶子苍》（正德十一1），《阳明佚文辑考编年》，第 401—402 页；《贵州通志》卷 26，《四库全书》，第 572 册，第 17 页。

消息久不闻。徐曰仁来，得子苍书，始知掌教新化，得遂迎养之乐，殊慰殊慰！古之为贫而仕者正如此，子苍安得以位卑为小就乎？苟以其平日所学熏陶接引，使一方人士得有所观感，诚可以不愧其职。今之为大官者何限，能免窃禄之讥者几人哉？子苍勉之！毋以世俗之见为怀也。寻复得邹监生（邹近仁）乡人寄来书，又知子苍尝以区区之故，特访宁兆兴，足初相念之厚。兆兴近亦不知何似？彼中朋友，亦有可相砥砺者否？区区年来颇多病，方有归图。人还，匆匆略布间阔，余俟后便再悉也。①

阳明夫子曾鼓励其教学地方的意图，昭然可见。盖阳明夫子针对每一个学生的不同特点，判别每个学生的自身禀赋及其未来发展可能，制定切实可行的有效教法。所以，阳明夫子告诫其要安心工作，顺其自然，心平气和，在寂寞偏僻之地脚踏实地地推进阳明学的传播，提升社会风气的缓慢改进，这才是真见儒者之效。在信中，夫子暗示，怀抱伟大的梦想固然可敬，但在寂寞之乡推进教育，接引后学，更值得可敬。

朱方茅　朱光霁（1492—1570），字克明，号方茅，云南省蒙化县人。先世滦人。明朝初年，戍籍应天，而移戍蒙化，而家焉。弘治五年壬子生。贵州按察副使玑（字文瑞，成化丁未进士，历大理寺评事、寺副、寺正等，官至贵州按察使）之子。从父宦游。幼聪明颖敏，不与群戏，父母奇之。阳明夫子谪居龙场，与二兄光弼同受业于阳明夫子。正德八年癸酉举人。上南宫弗利。正德九年甲戌（1514）游太学时又请学于夫子门下。嘉靖十一年壬辰（1532），授重庆府通判。时奉清约，谣颂满道，声望大起，有金事发银买簪，光霁持银大白曰："通判自幼但知读书，未尝造簪也。"金事惭而寝。善断经年不决之难狱。有狱变，

---

① （明）王守仁：《寄叶子苍》，《王阳明佚文辑考编年》，第434—435页。

捕之无遗，上官称其能。抚台善骂人，府任以下，皆属鞭笞，独遇公以礼退，辄曰："朱通判，非常吏也。"嘉靖十五年丙申（1536）迁绵州同知。时州多势家，私役州民，公禁之。有称尚书府家人征夫载田者，揭律示之。其人索愈急，仍呼吏出狱囚，使领曰："此数百指可为载田用矣。"其人曰："恐不可。"公曰："吾亦以为不可。"闻者哄然。其为政直，遂不阿累，为台臣所嘉。三年满，迁西安府同知，所至以廉明著称。时，不肯跪拜织造貂珰，而珰侦其所为无隙，遂作罢；修复河套，在边七年，百务填委应酬各有次第；治狱明允，多所平反，以为包青天在世；署华州、朝邑、蒲城，人甚德之，所至皆有惠政。关中御史杨爵不轻许可，独致书谢公，谓公有益生民。公勤劳既倦，累乞致仕，抚按监司惜其年劳，皆勉留，不辞去。西安太守欲全其官，遣吏遥送给由文凭，先生拒之。归家，得赙点金宪，辞不赴。时论高之。

为人慷慨，有大节，少交游。历官十余年，家徒壁立。子分田数十亩，始能卒岁。曾编纂《蒙化府志》。与同郡雷御史觉轩、永昌张禺同、成都杨修撰升庵、大理赵中丞雪屏、大理李元阳所厚善，谈学论道。与李元阳往复究性命之学。日诵陶诗以自娱乐，不知贫之切骨老之将至也。隆庆庚午七月朔旦，谓诸子曰："予了上天玄机，回造化真意。（汝）辈际此文明盛世，勉修忠孝大业，吾无恨也。"语讫而卒。

束先生从《蒙化县志稿》中发现阳明正德九年写给他的信《赠朱克明南归言》，考明朱克明即朱光霁，王学即通过朱克明传播到云南。[①]

阳明夫子嘉靖七年（1528）在广，对这位云贵弟子甚为想念，委托

---

① 参见（明）李元阳《西安府同知朱公光霁墓志铭》，《国朝献徵录》卷94，《四库全书存目丛书》，史部，第 105 册，第 350—351 页；《蒙化县志稿》卷 8《耆旧志上》，《中国地方志丛书》，人和部，华南丛书第 244 号（二），成文出版社有限公司 1974 年版，第432—435 页；（明）王守仁《与贵阳书院诸生书》（三首正德四 1）、《赠朱克明南归言》（正德九 1），《阳明佚文辑考编年》，第 292—294、379—383 页；《陕西通志》卷 54，《中国地方志集成·陕西府县志辑》；《元明事类钞》卷 11。光霁与光远、光弼 3 人为兄弟。

指挥使王勋送信，二人有手札往来问询。①

越榛，字文实。正德庚午科举人。官四川定远知县。②

邹木，授教谕。

詹良臣，或为阳明先生的友人詹恩之弟詹惠，字良臣。詹恩，字莨臣，与王阳明同科（1499）考中进士，故阳明先与詹恩有"同年"之谊。

钱凤翔，施秉人。时，凤翔方幼，慕其学，请为弟子，阳明夫子器之。③

李良臣，掌教山东临清。与横山友善。横山有诗赠。

> 吾师谪贵阳，君始来从学。异域乐群英，空谷振孤铎。
>
> 文章自余事，道义领深约。南宫屈有待，东州教相许。
>
> 知新在温故，人师岂名作？春风促归舟，流水绕华阁。
>
> 客路合离情，悠然念□廓。④

同门和乐之情，欣然可见。

---

① 参阅阳明夫子嘉靖七年佚文《与夏德润朱克明手札》，原文及考证见《王阳明佚文辑考编年》，下册，第 989—990 页。

② 详细的研究参阅嘉靖《贵州通志》、万历《贵州通志》卷 4《宣慰司·科目·举人》，《中国地方志集成·贵州府县志辑》。学术界多有成果面世。

③ 参见《王阳明及其学派论考》，第 197 页。可参阅李迎喜的研究。

④ 同上书，第 360 页；（明）徐爱：《赠临清掌教友人李良臣》，《横山遗集》，第 7 页。

第五章　沪苏徽地区阳明夫子的亲传弟子

阳明夫子南中王门沪苏徽地区嫡传弟子，总计 31 人，其中上海地区唯有松江冯南江（冯恩，约 1497—1567 年间）1 位；江苏以南地区有王艮（汝止，1483—1541，号心斋，泰州县人）、王襞（宗顺，1511—1587，号东崖，泰州县人）、黄省曾（勉之，1490—1540，号五岳山人，苏州吴县人）、周冲（道通，1485—1532，号静庵，宜兴县人）、朱得之（本思，1485—? 号近斋，靖江县人）5 位名儒外，尚有张寰（1486—1561，字允清，昆山县人）、华云、华夏、白悦（字贞夫，1498—1550，江苏武进县人）、白谊兄弟、史际（1475—1571，字恭甫，号玉阳）、唐鹏（字云卿，直隶丹徒县人）、张绖（1487—1543，字世友，号南湖，高邮县人）8 人；安徽除戚贤（字秀夫，号南玄，全椒县人）、程默（字子修，休宁县人）2 人外，尚有汪尚和（字节夫，休宁县人）、朱勋（字汝德）、孟津（字伯通）、孟源、刘韶、田鳌、石玉、李呈祥、柯乔、江学曾、施宗道、吴枋、屠岐、王宾，共计 14 人①。

---

① 束先生考证，阳明夫子在正德八年十月二十二日至九年四月二十二日受马森之请来滁州督马政期间，滁州从学者有 28 人，其中有朱节、蔡宗充、孟源、孟津等。参阅（明）王守仁《琅琊题名》（正德九 1），《阳明佚文辑考编年》，第 372—374 页。

一 上海名儒冯南江1人考

冯南江 冯恩，华亭（现上海市）人。海之孙。南江父亲为慈斋。少时家贫力学，除夕无米，且雨室尽湿，读书床上自若。幼孤，家贫。母吴氏督教之。长，刻苦力学。嘉靖五年（1526）进士。官行人，远赴广州慰劳阳明夫子，时在九月八日。南江为阳明先生嘉靖七年（1528）九月在广西平叛时候所收弟子，阳明夫子每告人曰："任重道远，其在冯生哉！"可谓夫子之较为重要的关门弟子也，故而南江人品极高，有"四铁御史"的赞誉。

南江于嘉靖十一年壬辰（1532）冬上疏，反对权臣汪铉奸罪，帝得疏，大怒，下锦衣卫狱，究使主谋。嘉靖十二年癸巳（1533）春，移刑部狱。是年秋，帝论当死。系狱多年。80 岁母、妻匍匐击鼓申冤，不省。其 14 岁长子行可刺臂血书求代死，而帝揽之恻然，终得免死，戍雷州卫。越 6 年，嘉靖丁酉释归。雷人祀之十贤堂，与寇准同列。穆宗即位，录先朝直臣，南江已逾七十。隆庆元年（1567）四月丁未得拜大理寺丞于家，致仕。卒年八十一。所著有《奏议》（1 卷）、《刍荛录》等。

南江为人有义气。系狱时，布衣友人郭济与南江同居狱中多年，多得照顾，而济积劳成疾卒。南江抚其子女成，立给以田宅，遇之如家人子弟。南江善于立教，其寓高要时，诸生多从之游。南江与徐阶、戚南玄、念庵、东郭、松溪、谈恺、茅坤等为友，多有酬和。①

在广州，阳明夫子欣赏其人品，嘉靖四年（1525）曾作诗《良知

---

① 参见光绪重修《华亭县志》卷 14《人物》，《中国地方志集成·上海府县志辑》，第 4 册，第 602—603 页；（明）王世贞《御史冯恩传》，《国朝献徵录》卷 65，《四库全书存目丛书》，史部，第 103 册，第 596—599 页。或有史料说其嘉靖壬辰上疏，得罪权臣，未知孰是。

说四绝》赠送，以回答其问良知说。①

二　江苏王门 11 人考

《明儒学案》所载王艮、王襞、黄省曾、周冲、朱得之 5 位名儒外，尚有张寰、华云、华夏、白悦、白谊、史际、唐鹏、张绽 8 人，总计 13 人。

王心斋　王艮（1483—1541），字汝止，号心斋，江苏省泰州府安丰场人。初名王银，名字为阳明夫子亲自改定。7 岁受书乡塾，贫不能竟学。从父商于山东，常衔《孝经》《论语》《大学》袖中，逢人质难，久而信口谈解，如或启之。其父受役，天寒起盥冷水。正德十五年庚辰（1520），心斋时年三十八，时阳明巡抚江西，讲良知之学，大江之南，学者翕然信从。顾先生僻处，未之闻也。吉安黄文刚寓泰州，闻一斋论，荐其往学，阳明夫子出迎于门外。拜称弟子。阳明夫子谓弟子曰："向者吾擒宸濠，一无所动，今却为斯人动矣。"盖阳明夫子对其才华甚是推重。心斋由此益自任。阳明夫子归越后，一斋从之游。来学者多从先生指授，为教授师。归家遂周游四方，传阳明夫子之学。然过分招摇，犯众怒，阳明夫子责之，一斋遂还会稽。阳明夫子在越循循善诱，一斋越发虔诚向学，终成一代大儒。夫子卒，一斋迎丧至桐庐，经纪其家而返，颇为上心。嘉靖九年庚寅（1530）、十一年壬辰、十三年甲午（1534），又多次来往绍兴，经理阳明家事。曾携阳明子正亿往金陵，托黄绾家，所付辛劳甚多。

阳明夫子捐馆后，心斋以前狂妄的性格越发收敛，多次往来吴越间，与钱王争鸣，倡导百姓日用发明良知之旨，阳明夫子良知学由此而风行天下。甘泉、东廓、南野、吕楠、黄洛村、石玉溪、洪觉山、罗念

① 参见（明）王守仁《行书良知说四绝示冯子仁》，《王阳明佚文辑考编年》，下册，第 999—1000 页。

庵咸推许之，从游者甚多。嘉靖十九年（1540）十二月八日卒，年五十八。其著名弟子如林春、王栋、徐樾、董燧、聂静等。当是时，心斋与龙溪齐名，号称"二王"，是阳明夫子门下最重要的弟子之一。[1] 弟子董燧、聂静为其编校文集《心斋约言》（1卷），现存《四库全书》子部与《续修四库全书》均收录此书。[2]

愚以为，一斋之学是阳明夫子良知学人间化、民间化与政治化的重要一环，先生之功甚伟。阳明夫子学由先生而大兴，亦由先生而大转向，大变质，最终得罪朝廷，"左派王学"由此断绝。非先生之初心也！

王东崖　王襞（1511—1587），字宗顺，号东崖，江苏省泰州县人。正德六年辛未十一月壬申二十六日生。心斋仲子也。9岁随父至会稽，每遇讲会，先生以童子歌诗，声中金石。阳明问之，知为心斋子，曰："吾固疑其非越中儿也。"10年后归。后师事龙溪、绪山，8年后归。先后留越中几二十年。心斋开讲淮南，先生又相之。心斋殁，遂继父讲席，往来宁国、苏州、南京、兴化、真州、建宁各郡，主其教事。归则扁舟于村落之间，歌声振乎林木，恍然有舞雩气象。万历十五年十月十一日卒，年七十七。

梨洲说，东崖之学，以"不犯手为妙。鸟啼花落，山峙川流，饥食渴饮，夏葛冬裘，至道无余蕴矣。充拓得开，则天地变化，草木蕃，充拓不去，则天地闭，贤人隐。今人才提学字，便起几层意思，将议论讲说之间，规矩戒严之际，工焉而心日劳，勤焉而动日拙，忍欲希名而夸好善，持念藏机而谓改过，心神震动，血气靡宁，不知原无一物，原自

---

① 参加（明）赵贞吉《泰州王心斋艮墓志铭》，《国朝献徵录》卷114，《四库全书存目丛书》，史部，第106册，第470—471页。心斋事迹，详见其年谱，参阅（明）王艮《王心斋全集》，陈祝生等点校，江苏古籍出版社2001年版，第67—76页；具体的学术思想，参见（明）王艮《重刻心斋王先生语录》（2卷），《四库全书存目丛书》，子部，第10册；《明儒学案》卷32《泰州王门学案一》，第709—718页；《泰州府志》卷21《儒林》，《中国地方志集成·江苏府县志辑》，第50册，第224—225页。

② 参见（明）王艮《重刻心斋王先生语录》（2卷），《四库全书存目丛书》，子部，第10册，第3页。

见成。但不碍其流行之体，真乐自见，学者所以全其乐也，不乐则非学矣"。梨洲说东崖之学，未免犹在光景做活计也。此为梨洲先生不能欣赏东崖之处。

笔者以为，东崖之学与心斋、五岳接近，恪守心斋家法，以修身为本，提倡人之天性之内在灵明为"良知"①，以"灵命一默"为"良知一脉之传"②，以性灵及其内在神性作为良知之能动能感之内源，并将其"灵机"发动无限放大③，逍遥于宇宙自然的生机畅达，万物一体自由奔放之无限空间，与康斋、白沙的性灵感应说相契、相备，又继承与发展阳明夫子、龙溪性灵学的意向性、自由性与天然性，是"良知现成"的集大成者与主要代表，与龙溪一起直接开启阳明后学性情文学的大澜，开启晚明文艺复兴与启蒙思潮，是李贽"童心说"与罗近溪"赤心说"的思想来源，值得额外表彰。遗憾的是，阳明后学过度重视良知的现成性、天然性与自由无拘品格，"一灵独出自涓涓"④，"乐乎天然率性之妙当处"⑤，率性而为，自由自在，极高明，参透所谓"无边无量的大神通"⑥，获取"神明"呈现的天地境界，与佛教禅宗之自由洒脱信仰一致，导致后学过度纵欲纵情的庸俗思潮，直接导致社会风气的败坏与政府当局执政效能的衰朽，这是其性灵学过度泛滥的大弊端，是值得深思的。子六：之翰、之遇、之麒、之麟、之美、之文。⑦福建门人林讷为其编辑文集《东崖集》（3卷），诗歌多活脱清新之趣，

---

① 《王心斋全集》第214、215、216页。
② 同上书，第225页。
③ 同上书，第227页。
④ 同上书，第257页。
⑤ 同上书，第217页。
⑥ 同上书，第227页。
⑦ 参见（明）焦竑《王东崖先生墓志铭》，《国朝献徵录》卷114，《四库全书存目丛书》，史部，第106册，第472—473页。东崖事迹，详见《王心斋全集》第209—212页；《明儒学案》卷32《泰州王门学案一》，第718—719页；《泰州府志》卷21《儒林》，《中国地方志集成·江苏府县志辑》，第50册，第224—225页。

多为其自由自然自在心境的表现，不愧为阳明门下讲学大师也。①

黄五岳　黄省曾（1490—1540），字勉之，号五岳，苏州府吴县人也。六龄，好古文辞，通《尔雅》。为王鏊（济之）、杨循吉（君谦）所赞誉。曾负笈南京求学乔宇（白岩）之门。阳明讲道于越，先生之姑氏戴夫人嫁于绍兴，或早在正德十二年（1517）得以执贽为弟子。② 又从湛若水、李梦阳诸公游学。由此观之，勉之遍游天下名师，所学多也。嘉靖十年辛卯（1531），以《春秋》魁乡榜。后累举不第。母老，遂罢南宫。乔参赞南都，聘纂《游山记》。李空同就医京口，先生问疾，空同以全集授之。出山不果，未几母死，先生亦卒。钱牧斋抵轹，空同谓先生倾心北学，识者哂之。弟陆曾，字得之，正德丙子举人，著名藏书家。子姬水，字淳父，善书。勉之出入必携。名画家祝允明传其笔法。

梨洲说，时四方从学者众，每晨班坐，次第请疑，问至即答，无不圆中。先生一日彻领，汗洽重襟，谓门人咸隆颂陟圣，而不知公方廑理过视坎途；门人拟滞度，而不知公随新酬应，了无定景。作《会稽问道录》（10卷）。《传习录》保存其记录的阳明夫子讲学语录12则，记载其与刘君亮、王畿、陆澄共同受学的具体场景，但其深度学术性探究远不如陆澄等人所记录语录。③ 东廓、南野、心斋、龙溪，皆相视而莫逆也。阳明以先生笔雄见朗，欲以王氏《论语》属之。梨洲评价说先生虽与空同上下其论，然文体竟自成一家，固未尝承流接响也，岂可谓之倾心哉！《传习后录》有先生所记数十条，当是采之《问道录》中，往往

----

① 参见（明）王襞《新镌东崖王先生遗集》（2卷），《四库全书存目丛书》，明崇祯至清嘉庆递修本，集部，第146册，第718页。

② 参见（明）王守仁《与徐曰仁书》，《王阳明佚文辑考编年》（增订版），上册，第519—522页。

③ 参见《传习录》，第202—206页；吴震《明代知识界讲学活动系年（1522—1602）》，学林出版社2004年版，第3—4页。

失阳明之意。然无如仪、秦一条云："苏秦、张仪之智也，是圣人之资，后世事业文章，许多豪杰名家，只是学得仪、秦故智。仪、秦学术，善揣摩人情，无一些不中人肯綮，故其说不能穷。仪、秦亦是窥见得良知妙用处，但用之于不善耳。"夫良知为未发之中，本体澄然，而无人伪之杂，其妙用亦是感应之自然，皆天机也。仪、秦打人情识窠臼，一往不返，纯以人伪为事，无论用之于不善，即用之于善，亦是袭取于外，生机槁灭，非良知也。安得谓其末异而本同哉？以情识为良知，其失阳明之旨甚矣。但，纵观勉之自述为学宗旨，他自认为自己还算是个学者，善六朝文学，喜谈经济之学，只是"少有露耀""为道不在求知，尝允天则，足娱其心而已"，见其学术自然化与娱乐化的去向，是良知学性灵派在文学界的先驱与代表。

总之，五岳之学偏于性灵派，是阳明夫子良知学文学化、艺术化的重要代表，与王龙溪、王东崖一起共同促进明朝中后期性灵文学思潮的发展，这一点在汤显祖、袁宏道、徐渭、屠隆等人的性情文学中得到最充分的展现。此一点，多为学术界所忽视。①

张寰（1486—1561），字允清，直隶苏州府昆山县人。曾祖用礼。父安甫。幼时，随父登临雁荡、天目诸山，同行之人望其夫子儒雅之态无不倾倒。正德九年，从学阳明夫子门下于南京。正德十六年辛巳（1521）进士。明年任济宁知州，减徭役，修学社，有政声。调濮州，去繁苛，赈饥荒，斩豪贼。丁内艰，服除补开州，绝豪奸，修二志。历刑部员清吏司员外郎。丁父忧。服除，补故官。升通政司右参议司事。

---

① 参见《苏州府志》卷80《人物七》，《中国地方志集成·江苏府县志辑》，第157页；（明）黄省曾《五岳山人集》（38卷），《四库全书存目丛书》，集部，第94册；《明儒学案》卷25《南中王门学案》，第581—583页；《明代知识界讲学活动系年（1522—1602）》，第4页。良知学对文艺界的影响，详见方祖猷《明朝中晚期的人文主义思潮和文艺思潮：论泰州学派时文艺的影响》，《宁波大学学报》1988年第2期，第110—122页。

晚年,以图史自娱,临摹法书,挥翰竟日不倦,而好游名山。大凡武夷、九华、黄山、庐山、石钟山、小孤山、采石矶等名山无不登临。

先生为人笃实,事长姐终身不衰。豪杰有义气。置义田周济乡里,白周主事系狱之冤情,召故人宾客敛杨太仆遗体于朝堂。晚年,参与湖州顾箬溪等主持的岘山学社会讲,亦参与同门绪山、东廓主持的上饶怀玉书院会讲,进学之心令人赞叹。嘉靖四十年正月二十四日卒,时年七十六。① 先生确为阳明夫子亲传弟子也。

华云(1488—1560),字从龙,号补庵、绿筠窝、剑光阁,无锡人。少师事理学名家邵宝。又拜学于阳明夫子门。明嘉靖二十年辛丑(1541)进士,授户部主事,官至南京刑部郎中。性豪爽,喜接引人才,严嵩用事,遂乞致仕归。筑真休园,藏法书名画甚富。与文徵明、王宠等友善。工文辞,著有《勾吴集》《锡山先哲录》等。②

华夏(1494—1567)③,字中甫,号东沙,无锡人。华汝平之孙。筑真赏斋,藏书购画。从学阳明夫子、乔白岩等。④

周静庵　周冲(1485—1532),字道通,号静庵,江苏常州府宜兴县人。儿时恒侍父母如寝。少从仲兄衢受《尚书》。正德五年庚午(1510)领应天乡举。明年会试中乙榜,司训江西万安县。时从学阳明

① 参见(明)归有光《通政使司右参议张公寰墓表》,《国朝献徵录》卷 67,《四库全书存目丛书》,史部,第 103 册,第 674—675 页;《昆新两县志》卷 21《列传二》,《中国地方志集成·江苏府县志辑》,第 302 页。张寰参与湖州学社的具体过程,参阅郑礼炬《明代正德至嘉靖间湖州岘山社考论:以刘麟为中心》,《浙江社会科学》2008 年第 3 期,第 100—106 页。归有光认为其为嘉靖辛丑进士。

② 华云为阳明夫子弟子,参阅束景南先生说,阳明夫子正德十四年(1519)佚文《题唐子畏画》,原文及考证见《王阳明佚文辑考编年》,下册,第 632—633 页。

③ 关于华夏的生卒,参阅刘芝华《〈真赏斋图〉与华夏身份的构建》,《美术与设计》2015 年第 4 期,第 11—15 页。

④ 华夏为阳明夫子弟子,参阅束景南先生说,参阅阳明夫子正德十四年佚文《钱硕人寿序》,原文及考证见《王阳明佚文辑考编年》,下册,第 635—636 页。

夫子门下，得闻良知之说。① 建四门社学，萃子弟居业，优秀者入选泮宫；旌孝子刘静以厉风教；刻孝经勘误养正诸书以代口授。万安人人自喜得师。正德十五年庚辰，御史徐攒荐，知湖广应城县丞。朔望，名耆老，询利弊。门设二扁署，一曰疏通民情，二曰愿闻己过。立 10 家牌以弭盗。累刻《上蔡语录》等书以训诸生，务以德化民，民立生祠以祀之。自应城之京，复从甘泉游。调和两派，致良知即体认天理。嘉靖元年壬午（1522），当道疏君耳疾，授邵武教授。日聚师生讲学，士风丕变。创联署会友，资以进学。刻印乡贤文集。赢巡抚陈公聘，主道南书院，揭白鹿洞规，士多兴起。督学邵锐（即邵端峰）甚重之，喜与之论学。嘉靖四年乙酉（1525），进唐府纪善。王世子以谗间失欢十余年，静庵悟以慈孝至情，王至为感动，爱世子如初。乞移半禄养母。阅岁，念母老，假使事归省越。庚寅，勉致仕。嘉靖十一年壬辰八月，王请五品俸，命未下，未几，得疾。闻母讣，一恸而绝，在二十二日也。

阳明夫子赞其在门人中"笃实"第一，堪与横山"颖悟"第一相比。甘泉父子赞以"知行博约，定其指归"。友人晋陵毛给谏宪赞其"不溺于禅，不流于俗"。著有《养正录》《会极约》《希颜日钞》。又从学于甘泉，谓"湛师之体认天理，即王师之致良知也"。与蒋道林集师说，为《新泉问辨录》。暇则行乡射投壶礼，士皆敛衽推让。吕泾野、邹东廓咸称其有淳雅气象。当时王、湛二家门人弟子，未免互相短长，先生独疏通其旨。故先生死而甘泉叹曰："道通真心听受，以求实益，其异于死守门户以相訾而不悟者远矣？"盖静庵之学，笃信湛王二先生之学，以知行合一、敬义夹持、体认天理为其治学宗旨，其融通包容护卫之心可见。

南大吉选编《传习录》，摘其与阳明夫子论述良知与丽泽、勿忘勿

---

① 梨洲史料说其在赣州从学阳明夫子，或非。梨洲所载部分资料可能失实或缺漏处。

助、圣贤气象、涵养本原、格物、性即气等关系来往书信 7 则，足见其在师门之地位。杨天石、杜维明教授整理其与阳明夫子散佚书信 5 则、答问《周道通问学书批语》19 则，多有阐发阳明夫子晚年良知学功夫之处。①

朱近斋　朱得之（1485），字本思，号参元子、近渠斋、近斋，江苏靖江县城西七里长安团人。贡为江西新城丞，邑人称之。少贡浙江桐庐县丞，桐庐县有多处得之刻石手迹。寻挂冠归家。少负大志，闻阳明夫子良知之说，心契之，遂往受学。夫子赞其"入道最勇，可任重致远"。近斋之学，体虚静，宗自然，最得力处在立志之真。自起居饮食，一言一动，皆以真心检点其间，虽幽独，无少懈。教人亦以立志为先。脱父于难事。经纪阳明夫子之丧，在门人中尤为笃挚。为民祈雨。修靖江邑志。弟庶之，岁贡生，东阳县丞，亦以学行称。子正中，吏员，盘石卫知事。子正定，岁贡生，常熟训导，升通山教谕。从子正初，仕鸿胪寺丞，文士。近斋著述甚多，精于老庄列子之学，自成一家，有《宵练匣》［10 卷，日本内阁文库藏，节本有《宵练匣》（1 卷）］、《老子》（2 卷）、《庄子通义》（10 卷）、《列子通义》（8 卷）、《新刻印古诗语》等。梨洲说其学颇近于老氏。盖学焉而得其性之所近者也。其语尤西川云："格物之见，虽多自得，未免尚为见闻所梏。虽脱闻见于童习，尚滞闻见于闻学之后，此笃信先师之故也。不若尽涤旧闻，空洞其中，听其有触而觉，如此得者尤为真实。子夏笃信圣人，曾子反求诸己，途径堂室，万世昭然。"即此可以观其自得矣。今据《老子通义》（2 卷）朱

①　参见（明）湛若水《唐王府纪善周公冲墓碑铭》，《国朝献徵录》卷 105，《四库全书存目丛书》，史部，第 106 册，第 181—182 页；《明儒学案》卷 25《南中王门学案》，第 583—585 页；《宜兴县志》卷 8《人物志·理学》，《中国方志丛书·华中地方》，第 22 册，成文出版社有限公司 1970 年版，第 309 页；《王阳明全集》（新编）卷 39，第 1579—1582 页；《王阳明全集》（新编）卷 45，第 1855—1563 页；《传习录》，第 119—125 页。

得之序言可知，嘉靖四十四年（1565）得之自述为"八庚八乙老人"，时为1564年，见《老子通义》（2卷）（尹志华点校，第379页）。①

近斋常与阳明夫子游，好学深思，博通三教，颇得阳明夫子器重。近斋之《稽山承语》保存大量的阳明夫子稀见语录40条，稀见弟子董实夫、杨文澄、王正之、王惟中、甘于盘5人问答语录不见于《王文成公全书》中，弥足珍贵。② 近斋弟子尤西川《拟学小记》卷6《纪闻》也保存了近斋口述、西川记录大量的阳明夫子语录十余条，特别有学术价值。③

白悦（1498—1550），字贞夫，江苏省武进县人。弘治戊午十二月二十五日生。正德九年甲戌（1514），悦与弟白谊受父亲白圻（字辅之，白昂子，成化二十年即1484年进士，历南京户部主事、刑部郎中、工部郎中、浙江布政司参议、福建布政司参议、山东布政司右布政使、应天府尹、都察院右都御史，著有《中丞选集》）之命同受学阳明夫子于南京门下，时徐爱、诸偁、中离、致斋、子莘、陆澄、彭山、许相卿、郑骝、周积、栾惠、唐愈贤、饶文壁、刘晓、刘观时、林达、陈杰、郭庆、张寰、王激、何鳌、杨杓、彭一之、朱篦，共24人均为同

---

① 参见《明儒学案》卷25《南中王门学案》，第585—590页。梨洲所载部分资料可能失实或缺漏处，现据《靖江县志》卷14《人物志·儒林》，《中国地方志集成·江苏府县志辑》，第5册，江苏古籍出版社1995年版，第679页。梨洲说其为江西新城丞，或非。近斋著述甚多，精于老庄列子之学，自成一家，有：《宵练匣》（10卷）日本内阁文库藏［节本有《宵练匣》（1卷），《四库全书存目丛书》，子部，第87册］；《老子》（2卷），清康熙二十八年（1689），浙江省图书馆藏善本；《老子通义》（2卷）；《老子集成》第5卷，尹志华点校，宗教文化出版社2011年版，第377—430页；《庄子通义》（10卷），《四库全书存目丛书》，子部，第256册；《庄子通义》（10卷），《续修四库全书》，第955—966册；《庄子通义》（10卷），（明）傅山批点，明嘉靖三十九年（1561）浩然斋刊本，方勇主编，国家图书馆出版社2011年版，第44册；《南华真经义纂》（10卷），（宋）褚伯秀、（明）朱得之撰，（明）李栻辑，第64册；《列子》（8卷），明嘉靖浩然斋刻本，北京出版社2000年版；《列子通义》（8卷），方勇主编，国家图书馆出版社2013年版，第18册；《新刻印古诗语》，国家图书馆藏。

② 参见《王阳明全集》（新编本），第5册，第1607—1616页。

③ 参见（明）尤时熙《拟学小记》卷6《纪闻》。

门，在南京形成一个以阳明夫子为核心的庞大学术切磋群。嘉靖十一年进士。历官官尚宝司丞、永年州通判、江西按察使佥事。归家建洛原草堂。好书法，为当时名画家。著有《洛原遗稿》（8 卷）。①

正德十年乙亥（1515），悦年 18 岁，阳明夫子作《白说字贞夫说》赠之："白生说，常太保康敏公之孙，都宪敬斋公之长子也。敬斋宾予而冠之，昨既醮而请曰：'是儿也，尝辱子之门，又辱临其冠，敢请字而教诸。'曰：'……说也者，贞也；贞也者，理也。全乎理而无所容其心焉之谓贞；本于心而无所拂于理焉之谓说。故天得贞而说道以亨；地得贞而说道以成；人得贞而说道以生。……无动故顺而化；无已故诚而神。……说以正情之性也；贞以说性之命也。性情之谓和；性命之谓中。……故贞者，说之干也；说者，贞之枝也。故贞以养心则心说，贞以齐家则家说，贞以治国平天下则国天下说。'"② 阳明夫子深通易理，告之以贞利之天道，中和之乐，沛然于宇宙之间，勉之以天地人感应顺和之学，致乎性情之正、性命之和，贞悦一体。

白悦与其弟白谊追送江浒，留信宿，夫子深为感动。正德十一年丙子九月二十六日，阳明夫子再作《书四箴赠别白贞夫》，赠诲励之言，教之以立志程工之学，循序渐进之法，成就圣贤之学。③

检阅《洛原遗稿》，白悦书信中以"师尊"称谓阳明夫子，其确为

---

① 参见（明）王守仁《书四箴赠别白贞夫》（正德十一年即 1516）、《敬斋白公墓志铭》（正德十五年即 1520），《阳明佚文辑考编年》，第 437—439、605—608 页；《王阳明全集》，卷 33《年谱一》、卷 24《外集六·说杂着》，第 1364、998—999 页；（明）白悦《白洛原遗稿》（8 卷），《四库全书存目丛书》，集部，第 96 册。关于白悦生卒及一生言行，参阅赖永志《书香延绵白家昌：晋陵白氏宗谱》网文，见微家族网站。

② （明）王守仁《白说字贞夫说》（乙亥），《王文成公全书》卷 24《外集六》，第 3 册，第 1039—1040 页。

③ 参见（明）王守仁《书四箴赠别白贞夫》，《王阳明佚文辑考编年》（增订版），第 473—475 页。

阳明夫子亲传弟子无疑。①

　　史玉阳　史际（1495—1571），字恭甫，号玉阳、燕峰，江苏省溧阳县人。先后受教于阳明、甘泉夫子。嘉靖十一年进士。先后任礼部主客司、吏部文选司主事、翰林院侍读。归家后，灾荒期间设立义仓。建明伦堂，办新泉书院、嘉义书院、玉潭书院，兴学倡教。因家乡倭寇入侵，亲自训练士兵。抗倭有功，升太仆寺少卿。晚年，淡于交往，筑室静养。隆庆五年捐馆。入祀乡贤祠。②

　　唐鹏，字云卿，直隶丹徒县京口（现为镇江市京口区）人。正德三年戊辰（1508）第三甲进士。与邵锐、韩邦奇、路迎、夏良胜等同年。升主客司员外郎。阳明夫子正德七年（1512）在京时受学，与徐爱、顾璘（东桥）、毛伯温交游唱和。③

　　约在正德十一年，阳明夫子有信对云卿之父表示哀悼："尊翁厌世，久失吊慰。云卿不理于谗口，乃得归，尽送终之礼，此天意也。哀疚寂寥，益足以为反身修德之助，此天意也。亦何恨？亦何恨？君子之学，惟求自得，不以毁誉为欣戚，不为世俗较是非，不以荣辱乱所守，不以死生二其心。故夫一凡人誉之而遽以为喜，一凡人毁之而遽以为戚者，凡民也。然而君子之自责则又未尝不过于严也，自修则又未尝不过于力也，夫然后可以遣荣辱，一死生。学绝世衰，善俦日寡，卓然云卿，自爱自爱。雨风半日之程，无缘聚首，细扣新得，动心忍性，自当一日千里。尝谓友朋言：道者在默识，德在默成，颜子以能问于不能，有若

　　① 参见（明）白悦《复阳明中丞》，《白洛原遗稿》（8卷）卷8，《四库全书存目丛书》，集部，第96册，第185页。
　　② 参见《溧阳县志》；方祖猷《明人传记资料索引》（台湾"中央"图书馆编，中华书局1987年版），转引自方祖猷《王幾友人、弟子简录》（《王幾评传》，南京大学出版社2011年版），第473页；（明）王幾《寿史玉阳年兄七十寿序》，《王幾集》，第390—391页。
　　③ 详细的研究参阅四库版《礼部志稿》卷43所涉资料。学界素来对"云卿"具体是谁一直不晓，今据《礼部志稿》《阳明年谱》等多种资料，云卿当为唐鹏也。

无，实若虚，犯而不较，此最吾侪准的。云卿进修之功，想亦正如此矣。秋半乘考满，且反棹稽山京口，信宿其期也。不尽不尽。"① 对云卿有颜子之资表示真心喜欢，颇类对东廓的感情，所谓"以能问于不能，有若无，实若虚，犯而不较"，师生愉悦之情可见。

张綖（1487—1543），字世友，号南湖，江苏省高邮县人。少聪敏，7 岁读书，通大义，口占为诗，时出奇句。13 岁遭父丧，哀毁如成人。15 岁游郡庠，与兄经、纮、从弟绘蜚声黉序间。督学使者试诸生，兄弟 4 人更迭首选，时称"张氏四龙"，颇负盛名。与诸兄读书武安湖上，自号"南湖居士"。正德六年辛未（1511），得曲家王盘赏识，令与之女成婚。正德八年癸酉（1513）中举。其后八上春官，不第。遂谒铨曹，嘉靖十四年乙未（1535）授武昌通判，专司赋税，有政声。十九年庚子，擢守光州，赈济民饥，大兴学校，光人德之。述职如京，有司择其耽吟以谮之，畅然归家，筑室南湖，贮书数楹，昼夜读书，目为之眚。二十二年癸卯（1543）端午日卒。著述颇丰，撰《张南湖先生诗集》《草堂诗余别录》《杜诗通》《杜律本义》《诗余图谱》等。据学者研究，其词学成就突出，兼有词作、词谱和词选，倡词婉约、豪放二说，在词谱史和词论史中有深远的影响。

张綖诗文集中卷 1 有诗歌《感述呈王阳明》：

芄芄原上草，历历壤中英。春风一披拂，烨烨生光荣。

我生百无能，承志穷一经。云胡不自励，蹉跎日沉沦。

倦怀痀偻子，贱技何足云？凝神以累垸，亦得垂其名。

造物实匪私，所志贵专精。冉冉白日晚，踽踽空江滨。

---

① 原文见［日］永富青地《关于上海图书馆藏〈新刊阳明先生文录续编〉》，《版本目录学研究》，2009 年版，第 246 页。云卿交游考证，参阅（明）王守仁《寄云卿》，《王阳明佚文辑考编年》（增订版），第 466—467 页。

盛年忽已壮，叹息将何成？①

据学者研究，为其弱冠时作，约在弘治十六年（1503）前后，可见，因亲友介绍，其早就熟识阳明夫子。"盛年"，表示的就是 20 岁以下。后，约在正德九、十年间，夫子在南京时，世友从学夫子门下，相与数月，夫子依照惯例赠其定志立诚说。

> 执谦枉问之意甚盛，相与数月，无能为一字之益，乃今又将远别矣。愧负！愧负！今时友朋美质不无，而有志者绝少；谓圣贤不复可冀，所视以为准的者，不过建功名，炫耀一时，以骇愚夫俗子之观听。呜呼！此身可以为尧舜，参天地，而自期若此，不亦可哀也乎？故区区于友朋中，每以"立志"为说，亦知往往有厌其烦者。然卒不能舍是而别有所先。诚以学不立志，如植木无根，生意将无从发端矣。自古及今，有志而无成者则有之；未有无志而能有成者也。远别无以为赠，复申其"立志"之说。贤者不以为迂，庶勤勤执谦枉问之盛心，不为虚矣。②

寄文"远别"，或为其又去参加进士考试，故而夫子有书信寄怀，不负多年师友之谊。一如夫子在引导青年人步入圣学阵营一样，夫子大加批判功利之学，可是残酷的现实是，还是有那样多资质甚为优秀的年轻人年复一年地投入举业之中，忘却自己内心可以成圣的无限潜能。夫子重申"定志立诚"说，勉励世友走向成圣之旅。历史证明，世友为学界所宗，立己有道，不枉费夫子循循之教。嘉靖十一年，多有时贤将其视为阳明夫子亲传弟子。

---

①　张海涛：《明代张绖交游考》，《黄石理工学院学报》（人文社会科学版）2015 年第 2 期。
②　《王文成公全书》卷27《续编二》，第 3 册，第 1154—1155 页。

现上海与南京图书馆均藏有其存世文献《张南湖先生诗集》（4 卷，附录墓志铭 1 卷），明嘉靖三十二年（1553）高邮张守中刻本①。

三 安徽王门 17 人考

除戚贤、程默 2 人外，尚有汪尚和、傅凤、朱勋、孟津、孟源、刘韶、田鳌、石玉、李呈祥、柯乔、江学曾、施宗道、吴枋、屠岐、王宾 15 人，总计 17 人。

程默（1496—1554），字子木，徽州府休宁县荷池人。弘治九年丙辰二月十三日生。晋新安太守程元谭（245—322）48 代孙。少时聪慧，身体魁伟，磊烈有奇气，士绅多交口称赞。弱冠，补博士弟子。从程罗山游，广习《戴礼》《易》《春秋》、古文《尚书》之学。游学玉岐、金焦间。闻阳明夫子名，负笈千里，从学阳明。逾年归，谦虚有光华，沉默少言，涵养得力。嘉靖乙酉，举明经，卒业太学。戊戌下第，吏部铨选第一。曾任广州府同知，助征安南兵，从容调度。兴教化，断讼狱，上明策。以护卫新会县令何某事得罪上级，罢归。道出南赣，都御史朱秋崖雅重之，礼送之。归家，不入公门。晚筑亭植树千棵于其间，涵养读书。多从时贤东廓、罗山诸公，讲学修德，期百尺竿头，更进一步。嘉靖三十三年甲寅（1554）六月二十六日，疾革，指《六经》谓其子曰："当从此中寻我，莫视为陈言也。"②

汪尚和，字节夫，汪循（字进之，号仁峰）族弟，徽州府休宁县

---

① 《中国古籍总目》，集部，第 2 册。

② （明）潘潢：《广州府同知程公默墓志铭》，《国朝献徵录》卷 100，《四库全书存目丛书》，史部，第 105 册，第 700 页；《明儒学案》卷 25《南中王门学案》，第 580 页。按：潘潢，字荐叔，江西婺源县人。父铎。务学循礼，动法古人，得家学。正德十六年进士，历任乐清知县、户部主事、礼部主事、吏部主事、礼部郎中、福建提学副使、吏部左侍郎、户部尚书、南京工部尚书、南京兵部尚书等。嘉靖三十四年（1555）十月卒。督学福建时，聘徐阶、章衮主讲，严明学规，建立品行、学业二册，资助贫苦学生，有惠政。有文学，行谊修饬，士论重之。曾与陈建论朱陆异同。著有《潘简肃公集》（3 册），见载《明经世文编》。详见《南京兵部尚书潘潢传》（见载《国朝献徵录》《明实录》等）。

人。在南京，受学阳明夫子，多次请益，"以斯道之必可行，以圣贤之必可为"。与甘泉先生交游，有诗歌往来酬酢。甘泉赠诗《休宁汪节夫尚和以三帕来寿云致三祝之意答之》："节夫致三寿，一寿三千年。我寿无穷极，与天同后。"表达甘泉对万物一体的感悟。撰有《休宁西门汪氏本宗谱》。①

《阳明夫子文集·续编二》存信《与汪节夫书》，夫子对其谆谆告诫。

足下数及吾门，求一言之益，足知好学勤勤之意。人有言古之学者为己，今之学者为人。今之学者须先有笃实为己之心，然后可以论学。不然，则纷纭口耳讲说，徒足以为为人之资而已。仆之不欲多言者，非有所靳，无可言耳。以足下之勤勤下问，使诚益励其笃实为己之志，归而求之，有余师矣。有能一日用其力于仁矣乎，我未见力不足者。足下勉之！'道南'之说，明道实因龟山南归，盖亦一时之言，道岂有南北乎？凡论古人得失，莫非为己之学，诵其诗，读其书，不知其人可乎，是以论其世也，是尚友也。果能有所得于尚友之实，又何以斯录为哉？节夫姑务为己之实，无复往年务外近名之病，所得必已多矣，此事尚在所缓也。凡作文，惟务道其心中之实，达意而止，不必过求雕刻，所谓修辞立诚者也。②

夫子要其存笃实之心，一心一意于自得之学，去掉"往年务外近名之病"，将来必有所得。即便是作文，抒发自己的性情，自然为之，必有大得。

傅凤，徽州府祁门县人。诸生。曾就学于祁门令横山先生。后于正德七八年间往北京就学于阳明夫子。得疾，先归。阳明夫子告诫其为人

---

① 参见（明）王守仁《答汪进之书》，《王阳明佚文辑考编年》（增订本），第452—454页。关于汪尚和（字节夫）为阳明夫子弟子参考束先生之考证。

② （明）王守仁：《与汪节夫书》，《王文成公全书》卷27《续编二》，第3册，第1153—1154页。

处世之道，于治生、养身与养心阐发甚多。

祁生傅凤，志在养亲而苦于贫。徐曰仁之为祁也，悯其志，尝育而教之。及曰仁去祁，生乃来京师谒予，遂从予而南。闻予言，若有省，将从事于学。然痛其亲之贫且老，其继母弟又瞽而愚，无所资以为养，乃记诵训诂，学文辞，冀以是于升斗之禄。日夜不息，遂以是得危疾，几不可救。同门之士百计宽譬之，不能已，乃以质于予。予曰："嘻！若生者亦诚可怜者也。生之志诚出于孝亲，然已陷于不孝而不之觉矣。若生者亦诚可怜者也！"生闻之悚然，来问曰："家贫亲老，而不为禄仕，得为孝乎？"予曰："不得为孝矣。欲求禄仕而至于成疾，以殒其躯，得为孝乎？"生曰："不得为孝矣。""殒其躯而欲读书学文以求禄仕，禄仕可得乎？"生曰："不可得禄仕矣。"曰："然则尔何以能免于不孝？"于是法然泣下，甚悔，且曰："凤何如而可以免于不孝？"予曰："保尔精，毋绝尔生；正尔情，毋辱尔亲；尽尔职，毋以得失为尔惕；安尔命，毋以外物戕尔性。斯可以免矣。"其父闻其疾危，来视，遂欲携之同归。予怜凤之志而不能成也，哀凤之贫而不能赈也，悯凤之去而不能留也。临别，书此遗之。①

阳明夫子认为，为人子之道，首在养身，"保尔精，毋绝尔生；正尔情，毋辱尔亲；尽尔职，毋以得失为尔惕；安尔命，毋以外物戕尔性"，皆滴血之言语，令人感动。

朱勋，字汝德，指挥朱源子。少阳明夫子游。正德十六年贡生。授安福县训导，掌白鹿洞事。升泉州府教授。致仕归。著有《逊泉诗集》

---

① （明）王守仁：《与傅生凤》，《王文成公全书》卷8《文录五》，第1册，第328页。

《养生秘诀》《〈金刚经〉解》。①

> 东去蓬瀛合有津，若为风雨动经旬。同来海岸登舟在，俱是尘寰欲渡人。弱水洪涛非世险，长年三老定谁真。青鸾眇眇无消息，怅望烟花又暮春。②

此为阳明夫子与其唱和诗歌，体现出夫子在滁之闲适悠悠度日的生活情趣。

孟源，字伯生，孟津之兄。正德八九年间，在滁州从学阳明夫子门下，癸酉冬有问如何去除主静过程中的纷杂思虑，夫子告诫其于思虑萌动处做省察克治的存天理功夫，以"高明一路"惩"末俗卑污"接引滁州弟子。乙亥，又往南京拜学于夫子门下。嘉靖三年（1524）甲申正月，又在越从学夫子门下于稽山书院，与心斋、静庵、狮泉诸同门三百余人同闻良知学精义。③

> 圣贤之学，坦如大路，但知所从入，苟循循而进，各随分量，皆有所至。后学厌常喜异，往往时入断蹊曲径，用力愈劳，去道愈远。向在滁阳论学，亦惩末俗卑污，未免专就高明一路开导引接。盖矫枉救偏，以拯时弊，不得不然；若终迷陋习者，已无所责。其间亦多兴起感发之士，一时趋向，皆有可喜。近来又复渐流空虚，为脱落新奇之论，使人闻之，甚为足忧。虽其人品高下，若与终迷陋习者亦微有间，然究其归极，相去能几何哉！孟源伯生复来金陵请益，察其意向，不为无进；而说谈之弊，亦或未免，故因其归而

---

① 参见光绪《滁州府志》卷7《宦绩》，《中国地方志集成·安徽府县志辑》，第34册，第441页。
② （明）王守仁：《与傅生凤》，《王文成公全书》卷8《文录五》，第1册，第328页。
③ 参见《王阳明全集》，卷33《年谱一》、卷8《文录五》、卷35《年谱三》，第1363、303—304、1423页。

告之以此。遂使归告同志。务相勉于平实简易之道,庶无负相期云耳。①

由上文可见,阳明夫子发觉有一些学生"迷陋习",特有《书孟源卷》赠,告诫其注意"渐流空虚""脱落新奇"的"说谈之弊",警惕"高明一路"的道德修养论缺陷,建议滁州弟子走"简易平实"之圣学坦道。这其实是阳明夫子对自己教法的自觉调试,体现出其教学思路越来越清晰。

孟两峰　孟津,字伯通,号两峰,滁州人(或丹徒县人)②。敦尚气节,动以古人自期。嘉靖癸卯十年举人。历任浙江温县知县、黄冈知县、宝庆府同知。有政声。莅政不事严肃而风采巍然,无敢请张者。退食,正襟危坐,虽家人不见喜愠之色。③

归,以冲淡自处。阐发阳明夫子良知之学,倡"本然之天则者"为良知,一时学者多矜式焉。与胡庐山(直)、陆光祖有论良知学书信诗歌来往。嘉靖三十六年丁巳(1557)夏,两峰担任黄冈知县时为方便训导两庠学生,编印自己受学于阳明夫子门下授课日记《良知同然录》(上、下册),序言中说"愿阐师门同然之蕴,以波于江汉",东廓宣城门人麻瀛进士为之作后叙。④

姚瑛,字老将,滁州人。从学阳明夫子。《忆滁阳诸生》中有载。

---

① (明)王守仁:《答朱汝德用韵》,《王文成公全书》卷20《外集二》,第3册,第871页。

② 江苏《丹徒县志》以孟津为丹徒县人。

③ 参见《丹徒县志》卷27《宦绩》,《中国地方志集成·江苏府县志辑》,第549页。

④ 参见光绪《滁州府志》卷7《宦绩》,《中国地方志集成·安徽府县志辑》,第34册,第442页;(明)胡直《复孟两峰》,《衡庐精舍藏稿》卷19《胡直集》,张照炜编校整理,上海古籍出版社2015年版,第364—365页;《王阳明全集》(新编本),第6册,第2215—2217页。可参阅四库版《檇李诗系》卷13《同游琅琊寺次孟两峰韵》所涉资料。

刘韶，号约斋，滁阳人。诸生。甲戌间，阳明夫子为之作《约斋说》。①

> 滁阳刘生韶既学于阳明子，乃自悔其平日所尝致力者泛滥而无功，琐杂而不得其要也。思得夫简易可久之道而固守之，乃以约斋自号，求所以为约之说于予。予曰："子欲其约，乃所以为烦也。其惟循理乎！理一而已，人欲则有万其殊。是故一则约，万则烦矣。虽然，理亦万殊也，何以求其一乎？理虽万殊而皆具于吾心，心固一也，吾惟求诸吾心而已。求诸心而皆出乎天理之公焉，斯其行之简易，所以为约也已。彼其胶于人欲之私，则利害相攻，毁誉相制，得失相形，荣辱相缠，是非相倾，顾瞻牵滞。纷纭舛戾，吾见其烦且难也。然而世之知约者鲜矣。孟子曰：'学问之道无他，求其放心而已。'其知所以为约之道欤！吾子勉之！吾言则亦以烦。"②

正德九年甲戌，阳明夫子在南京，大收门徒，因地缘之便，得以求教夫子门下。夫子告知以万理一心的求放心之说，告诫其求吾心化万理的贯通之学，认识到万理具于一心之简易道理。实则，都是阳明夫子的立诚说的内容，体现出其早期心即理的心学观，反对朱子求万事万物之理的烦琐论。求万理于一心，必然要求心上功夫，而诚心正心说就是心学最夯实的功夫论。

石玉，字仲良，滁州人，号琴乐居士。为人严谨、坚毅，好诗。曾筑琴轩以延请文学之士，阳明夫子手书"琴乐轩"赠高风。③

---

① 参见光绪《滁州府志》卷7《文苑》，《中国地方志集成·安徽府县志辑》，第34册，第444页。
② 《王文成公全书》，第1册，第317—318页。
③ 参见《滁州日报》2014年12月3日。

田鳌，号蒙泉。阳明夫子弟子。嘉靖间贡升汝宁府教授。举河南乡试第二名。著有《卷吟集》行世。①

李呈祥（1484—1554），字时龙，池州府贵池县古源人，自号古源山人。幼好学，有必为圣人之志。年三十九应贡赴廷试。归，筑一轩自署名曰"尚志"，日端坐其中，研经味道，寻孔颜乐处。曾扁舟谒阳明夫子于江西，辨析同异，深契良知之旨。转授门徒，柯乔、丁旦（官至衡州府通判）、吕一麒（历任鄢陵训导、当涂教谕等，年八十余卒）、井一成（官至孝丰、靖安知县）皆其著名弟子。郡守候缄、陆冈、曾仲魁等人相继荐其笃行，公卿皆敬慕之。同时，他对甘泉夫子也执弟子礼，并对甘泉夫子的体认天理深有相契，筑神交亭以为纪念。湛甘泉过小丘山，为之作《神交亭记》，赞曰："可以与吾随处体认天理之学者，其古源李子乎！夫随处体认天理，此吾心学六字诀也，千圣千言之会也，尽之矣。苟能终日终身而致力焉，直上达天德无声无臭焉，至矣。李子其勖之。"表达出甘泉对古源学术的高度赞赏。嘉靖丙申八月，甘泉过池阳九华山，古源执弟子礼，从学也。学术上，他调和王湛之学。所著有《古源日录》《知行二论》《开州政绩》等。有二子，长子敬之，获岁贡，任兖州府通判，后迁随州知府、永昌府同知，颇具政绩；二子蕴之，为乡善士，克绍家学。②

时贤陈时龙先生研究指出，虽然，呈祥从学于阳明夫子，但晚年的他对夫子之学有所批评，呈祥说："阳明才高识高……但不免抑扬太过，启后学有轻视前辈之心，其流之弊将必至于以六经为糟粕而不必读。功

---

① 参见光绪《滁州府志》卷7《文苑》，《中国地方志集成·安徽府县志辑》，第34册，第444页。

② 参见乾隆《池州府志》卷46《儒林》，《中国地方志集成·安徽府县志辑》，第601—603页；《江南通志》卷164《儒林》，《四库全书》，第511册，第709—710页；《王阳明学派及其论》第411页；尹文汉《王阳明游九华山综考》，《池州师专学报》2006年第2期，第49页。

过盖相当者也。"并提出"知行分合"新说。由此可见，晚年的李呈祥已经背离阳明夫子的致良知学体系。①

柯乔（1497—1554），字迁之，号双华，池州市青阳县柯村人。先从李呈祥学，后又师事阳明、甘泉二夫子。柯乔曾与诸生江学曾、施宗道等人亲炙阳明夫子，陪夫子在九华山游历月余。嘉靖七年，举应天乡试。嘉靖八年（1529）进士。历任行人司行人、贵州道御史、湖广按察司佥事（治沔阳）。筑江堤数百里，立集市，造浮桥，兴学校，辨冤狱，楚人德之。寻以忧去，服阙。补福建按察司佥事。嘉靖二十四年（1545），升任福建布政司参议、按察司副使。期间，辅佐抗倭有力有功。触怒权贵，蒙冤入狱。嘉靖二十九年（1550）获释回乡。嘉靖戊子年秋阳明书院建成，后改成祠。据尹文汉研究，柯乔晚年回乡与池州同知任柱相约在阳明书院两侧建讲堂，日与诸生讲学，共进良知之学，柯乔在九华山阳明书院右建双峰精舍，任柱在阳明书院左建凤台精舍，相互为之记。柯乔后在此地自筑精舍，长年读书讲学。著有《九华山诗集》（2卷）。②

江学曾，青阳县一都人。先从学于阳明夫子，后从学于甘泉先生于

① 参见《古源山人日录》《古源山人二论》，《国家珍贵古籍选刊》，第2册，影印明嘉靖二十五年李敬之、李谦然刻本，广陵书社2009年版。据陈时龙研究，国家图书馆所藏《古源山人二论》为8卷，分别为《古今人物论》（卷1至卷3）、《知行分合论》（卷4至卷5）、《先儒知行论》（卷7）、《朱子晚年论》（上）、《陆子晚年论》（下，卷8）。《日录》卷1为立志、省己；卷2为为学、义利、君子小人；卷3为毁誉、祸福、命论、动静、理气；卷4为伦理、佛老、祭祀；卷5为种树、观物、天文地理；卷6为古今人物；卷7为知行分合；卷8为书史、训诂得失、泛论；卷9为出处、治道；卷10为问辨，无先儒知行及朱子晚年论等篇。深入的研究参阅陈时龙《儒李呈祥的知行分合论》，《贵州文史丛刊》2016年第1期，第40—46页。

② 参见乾隆《池州府志》卷46《儒林》，《中国地方志集成·安徽府县志辑》，第601—602页；光绪《青阳县志》卷4《人物志》，《中国地方志集成·安徽府县志辑》，第172页；尹文汉《王阳明与九华山》，《甘露》2005年第3期；尹文汉《王阳明游九华山综考》，《池州师专学报》2006年第2期，第52页。

南都。创建甘泉书院。嘉靖中，以岁贡为嵊县训导。迁新建教谕以没。①

施宗道，青阳县一都人。先后从学于阳明夫子、甘泉先生。协助管理书院。②

戚南玄　戚贤（1492—1553），字秀夫，号南山，晚更号南玄，滁州市全椒县人。弘治壬子八月十五日生。力弱不能耕，究心读书，有志儒业。家贫，刻志举业，不给于养，久之，得血疾。母刘氏卒，过哀，瘠卧者数年。年二十九，始娶印氏。嘉靖元年壬午，补学生。嘉靖四年乙酉，中南畿乡试。嘉靖五年丙戌，三原名儒马理赏其文，得中进士。其后为湖州府归安县令，读论学诸书，始契于心，遂通书受学，执弟子礼。治归安，湖郡富饶，岁省费数千金。锄强扶弱，民称两便。废萧总管祠。

嘉靖九年庚寅，丁继母罗氏忧。补知唐安县，清讼省徭，赈饥荒，崇礼教，黜淫祠，如归安，法更省便。进士刘干作《嘉政录》颂之。勘陕西功罪，擢吏科给事中，上《论救》疏，罢奸臣。转工科给事中。嘉靖十七年戊戌，丁继母朱氏忧。嘉靖二十年辛丑，服除，补刑科都给事中。太庙灾，上《进贤退不肖》疏，多荐同门、学友吕柟、魏校、马明衡、程文德、徐樾、魏良弼、王龙溪等正直儒家学者，失贵溪指，谪山东布政司都事，寻致仕。家居 12 年。

曾为会于安定书院，语学者曰："千圣之学，不外于心，惟梏于意见，蔽于嗜欲，始有所失。一念自反，即得本心。"在京师会中，有谈二氏者，即正色阻之。龙溪偶举黄叶止儿啼公案，南玄勃然曰："君是吾党宗盟，一言假借，便为害不浅。"龙溪为之愧谢。辟南谯精舍以居

---

① 参见光绪《青阳县志》卷4《人物志》，《中国地方志集成·安徽府县志辑》，第172 页。

② 同上书，第172—173 页。

生徒，读书讲学。南玄谈学，不离良知，而意气激昂，足以发之。嘉靖癸丑二月二十七日卒于家。①

阳明在滁州，南玄以诸生旅见，未知信向。在南京，求教于夫子。后中进士，并于嘉靖六年丁亥（1527）在任归安县令时，遣使慰问夫子，夫子回信表示感谢。

> 德洪诸友时时谈及盛德深情。追忆留都之会，恍若梦寐中矣。盛使远辱，兼以书仪，感怍何既！此道之在人心，皎如白日，虽阴晴晦明千态万状，而白日之光未尝增减变动。足下以迈特之资而能笃志问学，勤勤若是，其于此道真如扫云雾而睹者白日耳。奚假于区区之为问乎？病废既久，偶承两广之命，方具辞疏。使还，正当纷沓，草草不尽鄙怀。②

盖夫子告知以良知之道具有客观性、真实性、普遍性、恒久性与有效性，学习方法就是笃志，勤学，可惜夫子因忙于事务，未能展开。

吴枋，字允中，滁州市全椒县人（属直隶州）。少从阳明夫子游。嘉靖间贡授大理寺丞，性方正，引经判疑谳事闻。世宗手诏特褒有隽才。历任广安州事，专务德化。岁祲，请求上级减免税赋，属民构生祠祝之。致仕归，益以明道为己任。析产置义塾惠族。不妄交，尝与念庵、龙溪、南玄等互相切劘，能阐阳明夫子未尽微旨。著有《敬业录》若干卷。与滁人胡松编《念庵文集》若干卷，皆梓行。门人私谥"贞悫"。康熙间祀乡贤。③

---

① 参见（明）王畿《刑科都给事中南玄戚君墓志铭》，《王畿集》卷20，第609—617页；民国《全椒县志》卷10《人物志·儒林》，《中国地方志集成·安徽府县志辑》，第157页；《明儒学案》卷25《南中学案一》，上册，第578页。

② （明）王守仁：《与戚秀夫》，《王文成公全书》卷6《文录三》，第1册，第268页。

③ 参见民国《全椒县志》卷10《人物志·儒林》，《中国地方志集成·安徽府县志辑》，第35册，第157页。

屠岐，字致道，滁州市全椒县人。年二十，受业阳明夫子门。贡入太学，于性理多有发明。未仕而卒。①

王宾，字汝作，滁州市全椒县人。倜傥有大志，讲学不倦，门人成就者众。性孝友，不独以文章称。②

---

① 参见《滁州日报》2014 年 12 月 3 日；民国《全椒县志》卷 10《人物志·儒林》，《中国地方志集成·安徽府县志辑》，第 35 册，第 157 页。
② 参见民国《全椒县志》卷 10《人物志·儒林》，《中国地方志集成·安徽府县志辑》，第 157 页。

第六章　粤闽地区阳明夫子的亲传弟子

阳明夫子粤闽嫡传王门中，总计有 25 人。其中，广东地区嫡传门人，除中离夫子 1 位名儒外，尚有郑一初（字朝朔）、陈洸（字世杰）、杨思元（名应本）、薛俊（字尚哲）、薛侨（字尚迁）、薛宗铠（字子修）、吴继乔（字世达）、陈琠、林文（字载道）、杨骥（字仕德）、杨鸾（字仕鸣）、黄梦星、王一为、方献夫（字叔贤）、伦以训（字彦式）、梁焯（字日孚）、成子学（字怀远）共 17 位不太为人熟知的嫡传弟子，阳明夫子广东弟子有言行事迹可考者总计 18 位。福建地区嫡传门人，除马明衡（字子莘）1 位外，尚有陈杰（字国英）、林学道（字致之）、林达（字志道）、丘养浩（字以义）、童世坚（1466—1535，字克刚）、陈大章（莆田人）共 6 位儒家学者①，福建地区亲传弟子总计 7 人。

阳明夫子广东地区嫡传门人数量不似赣、浙地区多，主要分布在潮州府②、广州、惠州地区一代，以揭阳、饶平、南海等县为主。而阳明

---

① 参见《明儒学案》卷 30《粤闽王门学案》，第 655 页。钱明老师较早地对闽中王门良知学脉传人进行了细致的研究，参阅钱明《王学之渗入——闽学考》，《王阳明学派及其考论》，第 377—408 页。

② 明朝潮州府辖境相当今广东省兴宁、五华、陆丰等市县以东地区共计 11 个县，包括海阳、潮阳、揭阳、饶平等县，治所在海阳县（今潮安县）。

夫子嫡传弟子季彭山嘉靖四年（1525）谪揭阳尉，刘魁（字焕吾，号晴川）嘉靖十四年（1535）任潮州通判等在潮州与薛中离论学，赣浙粤三省学术互动，教育争鸣，讲学于宗山书院，刊印《研几录》，有力地促进了良知学在广东潮州地区的传播，阳明夫子弟子及再传弟子多达数百人。①

一　广东王门弟子考

除中离夫子1位名儒外，尚有郑一、陈洸、杨思元、薛俊、薛侨、薛宗铠、吴继乔、陈琠、林文、杨骥、杨鸾、黄梦星、王一为、方献夫、伦以训、梁焯、成子学17人，总计18人。

郑紫坡　郑一初（1476—1513），字朝朔，号紫坡，揭阳县蓝兜人。儿时，以高节自负。辛酉领乡荐。弘治乙丑进士。刘瑾用事，不谒选。归，居紫坡山，闭门进修。刘瑾败，为云南巡按御史，风纪肃如。在京师，为阳明夫子弟子，与横山、箬溪等贤达为同门。疏归，卒于杭。子大伦，嘉靖壬午举人，世其学。②

陈东石　陈洸（1478—1533），字世杰，号东石，潮阳县贵屿镇华美村人。正德二年（1507年）举人，正德六年（1511）进士。正德六年与郑一初同学于阳明夫子门下。授户科给事中、吏科左给事中、大理寺少卿、黄门侍郎、按察使司佥事等。嘉靖十二年捐馆，甚为遗憾。

阳明夫子在正德十五年（1520）有《书陈世杰卷》："尧允恭克让；

---

① 对郑一初、薛侃、杨思元、杨骥、薛俊、薛侨、薛宗铠等阳明夫子嫡传弟子情况的介绍，可参阅黄挺《潮州王门学派简述》，《汕头大学学报》（人文科学版）1998年第6期，第82—91页。另外，受中离夫子的影响，潮州地区翁万达（1498—1552，字仁夫，号东涯，汕头市升平区人）、余善（字崇一，号土斋，潮阳区人）、陈明德（字思准，号海涯，澄海区人）虽未曾正式执弟子礼，可是都曾问学于夫子。

② 参见《薛侃集》卷7《郑紫坡传》，钱明主编，陈椰编校，上海古籍出版社2014年版，第251页；《广东通志》卷46，《四库全书》，第564册，第202—203页；雍正《揭阳县志》卷6《人物》，《广东历代地方志集成》，潮州府部，第16册，巅南美术出版社2000年版，第481页；乾隆《潮州府志》卷28《人物上·儒林》，第583页。本章所引广东府县志、《薛侃集》出版单位和时间均同，余不赘述。《揭阳县志》艺文编中有紫坡部分佚文。

舜温恭允塞；禹不自满假；文王徽柔懿恭，小心翼翼，望道而未之见；孔子温良恭俭让。盖自古圣贤未有不笃于谦恭者。向见世杰以足恭为可耻，故遂入于简抗自是。简抗自是则傲矣；傲，凶德也，不可长。足恭也者，有所为而为之者也。无所为而为之者谓之谦；谦，德之柄；温温恭人，惟德之基。堂堂乎张也，难与并为仁矣。仲尼赞《易》之《谦》曰：'谦，尊而光，卑而不可逾，君子之终也。'故地不谦不足以载万物，天不谦不足以覆万物，人不谦不足以受天下之益。昔者颜子以能问于不能，有而若无，盖得夫谦道也。慎独、致知之说，既尝反复于世杰，则凡百私意之萌，自当退听矣。复嗷嗷于是，盖就世杰气质之所急者言之。躬自厚而薄责于人，则远怨；见贤思齐，见不贤而内自省，则德修。毋谓己为已知而辄以诲人，毋谓人为不知而辄以忽人。终日但见己过，默而识之，学而不厌，则于道也其庶矣乎！"盖阳明夫子深谋远虑，直察东石狂妄急躁不稳重的性格，谆谆戒之以反省内疚的慎独心法，多包容，多涵养，少说话，真可谓深察也。次年，东石转赠甘泉新著《学庸测》给阳明。后东石终因心直口快、行为不检获罪，以仪礼得罪儒林。①

杨燕山　杨思元，名应本，号燕山，揭阳县龙溪人。阳明夫子同事白沙先生弟子杨景瑞（号谨斋，官至侍御）之子。正德十年乙亥（1515），思元从学阳明夫子（时夫子44岁）于南京，夫子为其父子作《谨斋说》《书杨思元卷》赠其归家。嘉靖元年（1522）捐馆。②

> 杨生思元自广来学，既而告归曰："夫子之教，思元既略闻之。惧不克任，请所以砭其疾者而书诸绅。"予曰："子强明者也，警敏

---

① 参见钱明《王阳明学派及其考论》第302—303页。
② 参见陈泽芳《从薛侃的交往看王学在潮州的传播及影响》，《清远职业技术学院学报》2009年第1期；（明）王守仁《谨斋说》，《王阳明全集》卷7《文录四》，第293—294页；（明）王守仁《书杨思元卷》，《王阳明全集》卷8《文录五》，第304页。

者也。强明者病于矜高，是故亢而不能下；警敏者病于浅陋，是故浮而不能实。砭子之疾，其谦默乎！谦则虚，虚则无不容，是故受而不溢，德斯聚矣；默则慎，慎则无不密，是故积而愈坚，诚斯立矣。彼少得而自盈者，不知谦者也；少见而自炫者，不知默者也。自盈者吾必恶之，自炫者吾必耻之。而人有不我恶者乎？有不我耻者乎？故君子之观人而必自省也。其谦默乎！"①

阳明夫子告诫其以君子之学自处，要谦虚，要谨慎，反省进学。

薛中离　薛侃（1486—1546），字尚谦，号中离，揭阳县龙溪人。正德十二年（1517）进士。中离事阳明夫子于南京。十六年（1521），授行人。丁母忧，服阕入京。阳明夫子捐馆，会同门南野诸子，为位而哭。往来鲁浙，护卫夫子家事有功。中离归田，从游者百余人。中离夫子为粤传的著名弟子，中离对良知学的粤传贡献极大。② 嘉靖丁酉十六年（1537）十二月冬，与王畿从阳明夫子文集中选编阳明夫子语录2卷，与同仁周文规等刻印《阳明先生则言》，成为与《传习录》齐名的阳明夫子简明"教材流行一时"（钱明语）。《阳明先生则言》后在嘉靖四十四年乙丑（1565）秋被谷中虚再次刻印，徐大壮谷中虚与分别作序。③

薛靖轩　薛俊（1472—1524），字尚哲，号靖轩，揭阳县凤里人。甲子领乡荐，中乙榜，授连江分教（连州训导）。升玉山学谕（教谕），迎母就养。正德丙子，阳明夫子过玉山，请为弟子籍。闻中离事阳明夫子事，甚仰慕夫子，偕弟侨、子宗铠同师夫子，为历代儒林

---

① 《王文成公全书》卷8《文录五》，第1册，第331页。

② 参见《薛侃集》；雍正《揭阳县志》卷6《人物》，第482页；《广东通志》卷46，《四库全书》，第564册，第203页；《明儒学案》卷30《粤闽王门学案》，第654—657页。

③ 参见《阳明先生则言》，《序言》，《续修四库全书》，（明）薛侃嘉靖十六年刻本，子部，第937册，第357页；《王阳明全集》（新编本）卷53，第6册，第2196—2200页。

佳话。曾向夫子问行己之要，夫子告之依理而行，靖轩甚喜，以阳明夫子之学为"圣学"矣。升国子博士。卧病，闻母丧，水浆不入口，即日奔丧。子宗铠令江西贵溪，舟次其地，疾转剧，舁入署中，卒。祀乡贤。①

薛竹居　薛侨（1500—1564），字尚迁，号竹居，靖轩之弟，与哥哥靖轩等从学阳明夫子。立一真会所，聚潮士讲良知之学与精一之旨。②

薛东泓　薛宗铠（1498—1535），字子修，号东泓，靖轩之子。嘉靖二年癸未（1523）进士。与龙溪友善，相与论学。铠在嘉靖九年庚寅（1523）夏至助中离刻印钱德洪、王畿编辑的《阳明先生诗集》（《阳明先生诗录》），中离、绪山分别作序，文献意义特别巨大，该书善本现藏于日本九州岛大学文学部。③

吴之溪　吴继乔（1499—1579），字世达，号之溪，揭阳县梅冈曲溪人。嘉靖戊子亚魁。闻阳明夫子讲学苍梧，往从之游，阳明夫子赞其家族"吴氏三让至四德，世家之裔堪称名贤"。夫子弟子季彭山重其为人。嘉靖二十九年庚戌（1550）进士，谒选，授湖广宜章知县，后任江华知县。太守不喜之溪，告归，居家讲学20年。④

陈琠，揭阳县龙溪人。阳明夫子弟子，教授里中，从游者日众。以贡任思恩训导，设教有则，为士所宗，归益励志。祀乡贤。⑤

林希斋　林文，字载道，号希斋，揭阳龙溪人。闻教阳明夫子于虔

① 参见《薛侃集》卷7《薛靖轩传》，第252—253页；雍正《揭阳县志》卷6《人物》，第481页；乾隆《潮州府志》卷28《人物上·儒林》，第583—584页。
② 参见陈泽芳《从薛侃的交往看王学在潮州的传播及影响》，《清远职业技术学院学报》2009年第1期。
③ 参见（明）薛侃《薛东泓传》，《薛侃集》卷7，第256—258页；雍正《揭阳县志》卷6《人物》，第482—483页；《王阳明全集》（新编本）卷53，第6册，第2191—2192页。
④ 参见雍正《揭阳县志》卷6《人物》，第485页。
⑤ 同上书，第487页；乾隆《潮州府志》卷28《人物上·儒林》，第586页。

州。后掌教衢州市西安县（今柯城区），往来侍讲阳明夫子于居越，学日益明。①

杨毅斋　杨骥，字仕德，号毅斋，饶平县信宁浮山人。父潜斋为白沙先生弟子，闻庭训。与弟鸾同登丙子乡试。闻阳明夫子设教赣州，与中离往从之游，数年偕中离归。其早年从学甘泉。归，与中离发明知行合一之训，讲学地方，以圣人为可师，倡万物一体之怀，士友多有兴起。己卯，复游赣。值宸濠之变，道梗不得达，归与中离同处。庚辰春，病革。夫子有祀文，赞其兄弟为"潮有二凤"。中离次子宗釜治《尚书》，补邑庠生，与讲一真，刊行父书，为士林所重，娶毅斋女。②

杨复斋　杨鸾，字仕鸣，号复斋，毅斋之弟，饶平县信宁浮山人。丙子，从学甘泉夫子。往樵山大科精舍从学甘泉夫子。庚辰下第，见阳明先生，领大意。阳明夫子循循告诫其以自然之心求圣学，勿以客气伤元气。夫子有书信3封，多在辛巳、癸未间，教之以自得之学。闻毅斋讣，南归，勇往担当，处家井然有序。曾率徒百余师事海涯于玉林。嘉靖五年丙辰（1526）上春官，得疾驰归，卒于南雍。③

黄梦星，潮州人。嘉靖三年（1524）正月，受父亲黄坦夫处士之命。"越去潮数千里，梦星居数月，辄一告归省其父；去二三月辄复来。如是者屡屡"，跋涉千里往绍兴从学阳明夫子，多次往返浙粤山水之间，为夫子晚年弟子，夫子深为之感动。④

---

① 参见黄挺《潮州王门学派简述》，《汕头大学学报》（人文科学版）1998 年第 6 期，第 84 页。

② 参见（明）薛侃《杨毅斋传》，《薛侃集》卷 7，第 251—252 页；乾隆《潮州府志》卷 28《人物上·儒林》，第 584 页；《饶平县志》，第 114 页；陈泽芳《从薛侃的交往看王学在潮州的传播及影响》，《清远职业技术学院学报》2009 年第 1 期。

③ 参见《王文成公全书》卷 8《文录五》，第 1 册，第 224—226 页；（明）薛侃《杨复斋传》，《薛侃集》卷 7，第 253—254 页。

④ 参见（明）王守仁《书黄梦星卷》，《王阳明全集》（新编本）卷 8《文录五》，第 300—301 页。

　　潮有处士黄翁保号坦夫者，其子梦星来越从予学。越去潮数千里，梦星居数月，辄一告归省其父；去二三月辄复来。如是者屡屡。梦星性质温然，善人也，而甚孝。然禀气差弱，若不任于劳者。窃怪其乃不惮道途之阻远，而勤苦无已也，因谓之曰："生既闻吾说，可以家居养亲而从事矣。奚必往来跋涉若是乎？"梦星跽而言曰："吾父生长海滨，知慕圣贤之道，而无所从求入。既乃获见吾乡之薛、杨诸子者，得夫子之学，与闻其说而乐之，乃以责梦星曰：'吾衰矣，吾不希汝业举以干禄。汝但能若数子者，一闻夫子之道焉，吾虽啜粥饮水，死填沟壑，无不足也矣。'梦星是以不远数千里而来从。每归省，求为三月之留以奉菽水，不许；求为逾月之留，亦不许。居未旬日，即已具资粮，戒童仆，促之启行。梦星涕泣以请，则责之曰：'唉！儿女子欲以是为孝我乎？不能黄鹄千里，而思为翼下之雏，徒使吾心益自苦。'故亟游夫子之门者，固梦星之本心；然不能久留于亲侧，而倏往倏来，吾父之命，不敢违也。"予曰："贤哉，处士之为父！孝哉，梦星之为子也！勉之哉！卒成乃父之志，斯可矣。"今年四月上旬，其家忽使人来讣云，处士没矣。呜呼惜哉！呜呼惜哉！圣贤之学，其久见弃于世也，不啻如土苴。苟有言论及之，则众共非笑诋斥，以为怪物。惟世之号称贤士大夫者，乃始或有以之而相讲究，然至考其立身行己之实，与其平日家庭之间所以训督期望其子孙者，则又未尝不汲汲焉惟功利之为务；而所谓圣贤之学者，则徒以资其谈论、粉饰文具于其外，如是者常十而八九矣。求其诚心一志，实以圣贤之学督教其子，如处士者，可多得乎！而今亡矣，岂不惜哉！岂不惜哉！阻远无由往哭，遥寄一奠，以致吾伤悼之怀，而叙其遣子来学之故若此，以风励夫世之为父兄者；亦因以益励梦星，使之务底于有成，以无忘乃父之志。①

这样一种求学求真的不懈精神正好是中国精神、中国力量之所在。一个普通的乡野人家，一个普通的读书人，父子共勉，难怪夫子为之动容，为之感动，为之撰文。好学终身，不畏艰难，永不放弃，中国精神，可不赞哉？

王一为，惠州府人。从学阳明夫子门下近半载。嘉靖二年癸未将别，夫子赠《书王一为卷》。

> 王生一为自惠负笈来学，居数月，皆随众参谒，默然未尝有所请。视其色，津津若有所喜然。一日，众皆退，乃独复入堂下而请曰："致知之训，千圣不传之秘也，一为既领之矣。敢请益。"予曰："千丈之木，起于肤寸之萌芽。子谓肤寸之外有所益欤，则何以至于千丈？子谓肤寸之外有所益欤，则肤寸之外，子将何以益之？"一为跃然起拜曰："闻教矣。"又三月，思其母老于家，告归省视，因书以与之。

从上述文字可知，一为在阳明夫子门下非常快乐，而且比较低调，夫子对其学习过程甚为赞赏，一为很容易获得了致良知的学问，而且若有所得，归家自修。②

方西樵　方献夫（科）（1485—1544），字叔贤，号西樵，南海县人，著名官员、学者。初名方献科。与阳明夫子同官吏部，位居其上，而折节相师，盖真诚心求学也。不久，引疾归。嘉靖大礼仪起，官学士，至礼部尚书，加太子太保。起兼武英殿大学士，未几请归。悠游林下十年卒。阳

---

① 《王文成公全书》卷5《文录二》，第1册，第342—344页。
② 参见《王文成公全书》卷8《文录五》，第1册，第334页；《王阳明学派及其考论》，第306—307页。

明夫子晚年对叔贤之思想多有批评，其可谓师友间学者。①

伦白山　伦以训（1497—1540），字彦式，号白山，南海县人。状元伦文叙子。少有异质，过目不忘，长便通六经、百家之学。正德十二年进士。嘉靖四年（1525）任翰林修撰。二度出任会试同考官，多取名士。官至南京国子监祭酒。丁母忧伤过度而卒，仅43岁。有文集、诗集多卷。

曾往赣州问学于阳明夫子门下。正德十六年辛巳，再托弟弟以谅书信问学于阳明夫子动静之变。

往岁仙舟过赣，承不自满足，执礼谦而下问恳，古所谓敏而好学，于吾彦式见之。别后连冗，不及以时奉问，极切驰想！近令弟过省，复承惠教，志道之笃，趋向之正，勤卷有加，浅薄何以当此？悚息悚息！

谕及"学无静根，感物易动，处事多悔"，即是三言，尤是近时用工之实。仆闵所知识，何足以辱贤者之问！大抵三言者，病亦相因。惟学而别求静根，故感物而惧其易动，感物而惧其易动，是故处事而多悔也。心，无动静者也。其静也者，以言其体也；其动也者，以言其用也。故君子之学，无间于动静。其静也，常觉而未尝无也，故常应；其动也，常定而未尝有也，故常寂；常应常寂，动静皆有事焉，是之谓集义。集义故能无祇悔，所谓动亦定，静亦定者也。心一而已。静，其体也，而复求静根焉，是挠其体也；动，其用也，而惧其易动焉，是废其用也。故求静之心即动也，恶

① 参见（明）方献夫《西樵遗稿》，《四库全书存目丛书》，集部，第59册，第22—153页；《广东通志》卷45，《四库全书》，第564册，第96—97页；《明儒学案》卷30《粤闽王门学案》，第654页。查阅《西樵遗稿》，或其晚年，良知学未信得及，与阳明夫子更多的是师友间关系也。而阳明夫子晚年对其也思想多有批评。参阅该书《柬王阳明》4首，第141—144页。

动之心非静也，是之谓动亦动，静亦动，将迎起伏，相寻于无穷矣。故循理之谓静，从欲之谓动。欲也者，非必声色货利外诱也，有心之私皆欲也。故循理焉，虽酬酢万变，皆静也。濂溪所谓"主静"，无欲之谓也，是谓集义者也。从欲焉，虽心齐坐忘，亦动也。告子之强制正助之谓也，是外义者也。虽然，仆盖从事于此而未之能焉，聊为贤者陈其所见云尔。以为何如？便间示知之。①

盖以训秉承家学，其家学则源于白沙先生主静之学，故而他有疑问。在阳明夫子看来，一切真实有效长久的学问全部来源于事情的实践中，不是源于静中思索光景，故而夫子所要反对的正是当时的静坐涵养之学，他要将当时的学风转到动上的事中锻炼和实践。总之，没有动静之分，只有事情的有无之辩也。

梁焯（1483—1528），字日孚，南海县人。过赣从学阳明夫子多月，不忍离去，得居敬涵养之方，具见夫子文集。正德甲戌进士，初授礼部主事。谏止正德南巡，罚跪5日，大杖三十。嘉靖初改司职，方闻弟讣而病，告归养，嘉靖七年秋七月卒。性刚直，遇事敢为。尝恤同门友元亨丧，人多义之。霍韬每过其墓，必祭之。②

成井居　成子学，字怀远（怀道、豫道），号井居，广东潮安县隆津都龙湖人。师事阳明夫子，得良知学脉。嘉靖十六年丁酉举人，嘉靖二十三年甲辰（1544）进士。任江西峡江县令，重修被洪水冲毁的新城（新立），有政绩。后任两淮监察御史、广西按察使副使、苑马寺卿（太仆寺卿）等，有风裁，其间于嘉靖三十四年乙卯（1555）分巡湖西

---

① （明）王守仁：《答伦彦式》（辛巳），《王文成公全书》卷5《文录二》，第1册，第220—221页。

② 参见程宜《"襃崇"牌坊后的生命叹息：梁焯研究》，《佛山科学技术学院》（社会科学版）2008年第6期；《广东通志》卷45，《四库全书》，第564册，第99页；《明儒学案》卷30《粤闽王门学案》，第655页。

道时参与捐资修建峡江县儒学。嘉靖二十七年戊申（1548）六月初六日，与念庵夫子曾同游峡江县后山寺，相与论良知学，并于嘉靖三十三年甲寅（1554）、三十四年乙卯间有书信往来。祀乡贤。①

二 福建王门弟子考

除马明衡 1 位外，尚有陈杰、林学道（字致之）、林达、丘养浩、童世坚、陈大章 6 人，总计 7 人。

马明衡，字子莘，福建莆田县人。马思聪（历任象山知县、南京户部主事，亡于朱宸濠病变中）子，精通《尚书》学。正德九年甲戌（1514），与应典、萧鸣凤、黄宗明、陈九川、侯一元等同中进士。其中，正德九年甲戌五月起，从学阳明夫子门下。后授太常博士、御史。嘉靖二年二月，子莘又在越与东郭、心斋、中离、致斋诸同门侍学夫子门下，时"谤议日炽"，深为夫子忧虑。嘉靖三年，与朱涚同削职为民。罢归居家，乡里利病，必与有司言，家居三十余年卒。明衡好古文，与地方名士郑善夫等交游。阳明夫子在嘉靖六年（1527）收到子莘大作之后即有回信，与之论良知之学流传弊病及其挽救手段，对之"陷溺"良知学有建设性批评指导。阳明夫子指出，其亲传弟子中存在两种不利于良知学传播的倾向：一是主张"良知不足以尽天下之理"，以"穷索"增益良知学；二是主张"徒良知未必能合于天理"，以"讲求"之法探求良知。此二导致良知学在后学中信不及，良知学流传陷于似是而非的困境，甚至有陷入"邪妄""异端"的危险，夫子深为良知后学之传承担忧。故而，阳明夫子告诫子莘必须真实体认良知之学，良知就是天

---

① 参见黄挺《明代潮州儒学概说》，《汕头大学学报》1994 年第 2 期；（明）罗洪先《答成井居》（甲寅）、《答成井居》（乙卯），《罗洪先集》卷 7，第 262—263 页；（明）罗洪先《夏游记》，《罗洪先集》卷 3，第 66 页。可参阅四库版《江西通志》卷 5、《万姓统谱》卷 53、《广西通志》卷 53 所涉资料。

理，致良知就是存天理，一心一意，心无旁骛，辅以与同乡同门国英、志道相互鼓励，丽泽与琢磨之学，务必见良知之实效，事上磨炼良知之学，使良知大明大彻于人世间。子莘著有《尚书疑义》（6 卷，嘉靖二十一年即 1542 年壬寅十一月自序）、佚诗 1 卷。子莘之《尚书疑义》，以良知心学重新诠释《尚书》学，提出"心者，理之所极而安焉者"，并以"得圣人之心"来衡量是否正确解释《尚书》学的评价标准，体现出良知心学注解六经的新的学术动向。与彭山回归六经找寻良知学的证据一样，他们二人都是良知后学经学化的重要代表人物。①

陈万严　陈杰，字国英，号万严，福建省莆田县人。正德三年戊辰（1508）进士。任景陵（宁）知县，嚖己惠民，咸戴之。有巨猾陈猛怙富武断，杰置之法。猛行贿上司，诬杰。邑父老奔走号讼，愿为候死。郡守而下誓同时挂冠去，于是猛论罪而杰还任。拜南京湖广道监察御史。正德九年甲戌，阳明夫子讲学南京，杰往从之游。尝语诸生曰："辨义利，审其伪，斯为圣贤实学。彼科举特筌蹄耳。"所奏若干疏，皆切实务。既甫考，念父年高，遂乞归养。迨父卒，哀慧庐墓。抚二庶弟，咸有恩服。食粗淡步。行里中，辞受取予无不揆诸道义，人亦不敢以非意之。阳明夫子赞其"笃信好学，高洁自守"为不诬云。年 56 岁卒。督学潘璜题其墓，双江、施山请旌表，弗行。人称"孝廉先生"。《传习录》载其有曾子一贯时功夫未闻之惑，阳明夫子告诫其体用一渊、即体即用、体用结合（体需用、用需体）的道德修养论心法。

---

① 参见《王阳明全集》，卷 1《语录一》、卷 33《年谱一》、卷 35《年谱三》、卷 6《文录三》，第 37、1364、1420—1421、197 页；（明）马明衡《尚书疑义》（6 卷），《四库全书》，经部，第 64 册，上海古籍出版社 1987 年影印版，浙江省图书馆孤山分馆古籍部藏；《侍御马师山先生佚诗》（1 卷），光绪二十四年（1898）刘鸿年刻马中节父子合刻本，国家图书馆藏；《侍御马师山先生佚文》（1 卷），光绪二十四年刘鸿年刻马中节父子合刻本，国家图书馆藏。子莘乡友朱湘著有《天马山房遗稿》，《四库全书》，集部，第 1273 册，上海古籍出版社 1987 年影印版。

阳明夫子正德十五年庚辰（时夫子49岁）年间，与之有信《与陈国英》。

> 别久矣。虽彼此音问阔疏，而消息动静时时及闻。国英天资笃厚，加以静养日久，其所造当必大异于畴昔，惜无因一面叩之耳。凡人之学，不日进者必日退。譬诸草木，生意日滋，则日益畅茂；苟生意日息，则亦日就衰落矣。国英之于此学，且十余年矣，其日益畅茂者乎？其日就衰落者乎？君子之学，非有同志之友日相规切，则亦易以悠悠度日，而无有乎激励警发之益。山中友朋，亦有以此学日相讲求者乎？孔子云："德之不修，学之不讲，是吾忧也。"而况于吾侪乎哉？①

夫子赞其"天资笃厚"，涵养心学十余年，鼓励其静坐有功，体察万物生意，从发端处用功，固其根本，并劝其多交学术朋友，不要故步自封、自以为是、不思进取与悠悠度日，要让自身的学问真实起来。②

林学道，字致之，福建省莆田县人。先从虚斋夫子学。后从阳明夫子学，订良知之说，二人甚相器重。尝游吴下，有金事某者延至其家，既而闻其居丧宴会，曰"非吾徒也"，遂去之。督学邵锐选取闽中于会城（三山）书院，分经择师，学道与焉，司徒马森（1506—1580，字孔养，福州人）其及门士也。后御史聂双江亦聘主书院会讲。阳明夫子督学南赣，又请入濂溪书院。嘉靖十年辛卯（1531），督学试优超贡，授

---

① 《王文成公全书》卷4《文录一》，第1册，第214页。
② 参见《莆田县志》卷21《人物志·清修传》，《中国地方志丛书》，华南丛书第81号，成文出版社有限公司1968年版，第491—492页；《闽书》卷122，《四库全书存目丛书》，史部，第207册，第29页；《王阳明全集》，卷1《语录一》、卷4《文录一》、卷33《年谱一》，第37、197、1364页；《王阳明学派及其考论》第395页。另，考《福建通志》（卷39）文献，《王阳明全集》中所载"国贤"者，福建人，或为国英之弟，万历间任陆川教谕。此说尚待考。

都昌训导。时华亭徐阶谪延平，愿请一见，竟不造门至。文贞亦督学江西，喜曰："吾今得见林致之矣！"为题像曰："颜勤闵孝，柴愚参鲁。若在圣门，依稀参伍。"命主白鹿洞教事。无何，丁祖母忧。服阕，补山东定陶，与山东诸生讲解经义，定陶士大夫亦执经往听。任满，升无为州学正，诸生走台司恳留不可，所遗条约，至今遵行。其教无为，一如都昌、定陶。时马森方守太平，询问殷勤。有芜湖人挟于金恳一扎为地道学道，谢遗之，致书森曰："各修职业，为吾道重，无烦使者往来。"庶杜请托也，其寡欲廉洁如此。丙午，以疾致仕，飘然而行，装无长物，惟书板数片而已。年七十卒，学者谥曰"贞修先生"。先生平生克己，若武夫修身如处女，志期造圣教。正容危坐直，至夜分方寐。孝友忠信，粹然天成。黄直《遗言录》载其问知行合一功夫之难，阳明夫子告知以"真知"，不可将就"浅浅地知""浅浅地行"。① 所著有《原教录》（2 卷），精通《尚书》之学。②

林愧吾　林达，字志道，号愧吾，福建省莆田县。阳明夫子友人名臣林俊（1452—1527，字待用，号见素，莆田人，成化十四年即 1478 年进士，官刑部尚书，有《林见素文集》28 卷）子。从阳明夫子学，即《传习录》中薛侃所录第 121 则所载"志道"者问养心以诚，阳明夫子高度赞赏诚为心之本体，做思诚的功夫。③ 正德九年进士，历官南京吏部考功郎中、香山知县。与黄宗明、马明衡、路迎（宾阳）、郑善夫、文徵明等同门、文人友善。有《自考集》。④

---

① 参见《王阳明全集》（新编本），第 5 册，第 1579—1560 页。
② 参见《莆田县志》卷 16《人物志·理学传》，《中国地方志丛书》，华南丛书第 81 号，第 416—417 页；《闽书》卷 122，第 39 页；《王阳明学派及其考论》第 392—393 页；《弇州四部稿》卷 129。
③ 参见《传习录》卷上，第 80 页。
④ 参见郑善夫《少谷集》卷 19、《福建通志》卷 40、文徵明《莆田集》卷 8、《闽中十子诗》卷 29；李平《〈明史·朱淛、马明衡等传〉正误一则》，《史学月刊》1995 年第 3 期，第 117 页。

陈大章，莆田县人。为生员时，前来南宁游学阳明夫子门下。夫子叩以冠婚乡射诸仪，颇能通晓，甚为高兴。请求南宁府官吏即便馆谷陈生于学舍，于各学诸生之中，选取有志习礼及年少质美者，相与讲解演习。夫子曰："自此诸生得于观感兴起，砥砺切磋，修之于其家，而被于里巷，达于乡村；则边徼之地，遂化为邹鲁之乡，亦不难矣。"盖夫子之培育人才、化美乡里之用心也。①

丘集斋　丘养浩，字以义，号集斋，福建省晋江县人。著名易学家丘瑗（号省庵）之子，才气迅发，通晓易学。正德辛巳，年二十四中进士。任余姚县令，劝学兴士，省赋役，惩猾蠹，民甚宜之。在任期间，拜阳明夫子门下。嘉靖三年甲申夏孟朔，与阳明夫子门人韩柱（字廷佐，余姚县人，嘉靖八年己丑即 1529 年进士）、徐珊（字汝佩）共同校集刻印夫子《居夷集》，并各自撰写序言和跋，充分肯定贵阳时期的事上磨炼之功，养熟道凝，任道行道，冥会远趋，该书对阳明夫子在贵州期间的文献保存意义特别巨大，而且可以修正隆庆版《阳明夫子全书》的很多失误。② 嘉靖四年五月壬申，升试浙江道御史，条陈防边十余事，朝廷甚韪之。母丧去职。嘉靖六年五月，疏陈给苏辽各关火器火药，得行。出巡海关，复疏徐定国冒夺边关屯田千余顷。后任直隶监察御史，提督南畿学校，谨条教，考艺文，专意于作人兴学。父丧去职。嘉靖十七年（1538）十一月己丑，升南京大理寺右寺丞。懂九庙大工役。嘉靖二十一年五月辛巳升大理寺右少卿。嘉靖二十四年二月癸卯，集斋升四川巡抚（右金都御史），檄论杂谷白草，番夷先后纳款。吴猛罗魁构播肆虐，责成上舍禄堂诛之。劲边将李爵险躇，善附举废，将何卿代之。

---

① 参见《王文成公全书》卷34《附录三·年谱三》，第 4 册，第 1502—1503 页。
② 参见（明）王守仁《居夷集》（3 卷），《序言》，《国立北平图书馆藏甲库善本丛书》，国家图书馆出版社 2015 年版；《王阳明全集》（新编本）卷53，第 6 册，第 2190 页。

未几，改江西巡抚。有论其私何卿（成都人，官至左参将）者，遂引避还部覆，得白。卒于家。著有《集斋类稿》（18卷）。其入蜀也，力持风裁以振废堕，痛惩墨吏，不少贷。诸不悦者，竞造蜚语，以太猛中之。独内江赵文肃称其澄清之气。官任南京礼部尚书的余姚孙升（1501—1560，字志高，号季泉）撰其行事，王慎中为其立传。与理学名儒庄渠有论学书信往来。①

童寻乐　童世坚（1466—1535），字克刚，号寻乐，福建省连城县人。地方教育家童昱（1426—1470）子。少游邑庠，以文知名。正德癸酉应贡，不肯就道，因叹曰："世与道违，权奸柄用，时可隐矣！"又出余资，买田为生徒给，提学邵锐赏识之，呼为阳明弟子。寻乐60岁高龄时曾求学于阳明夫子，反复求问易经涵养与圣贤之关系，夫子循循告诫其必用坚定功夫，莫问金子之轻重，只求金子之成色，方有大进力。后归家筑室寻乐窝，自称为寻乐先生。②乙酉年曾陈八策请教，阳明夫子（时夫子54岁）对之严厉批评，以为老生常谈，有出位之思，建议其默成进学，收敛精神，涵养德性。③

---

① 参见（明）王慎中《中丞丘公养浩传》，《国朝献徵录》卷62，《四库全书存目丛书》，史部，第103册，第372—374页；《晋江县志》卷9《人物志·列传》，《中国地方志丛书》，华南丛书第82号，成文出版社有限公司1967年版，第223页；《闽书》卷85，第233页；《邱中丞传》，《明文海》卷387；（明）王慎中《邱中丞传》《祭都宪邱集斋文》，《遵岩集》卷16、卷18，《王阳明学派及其考论》第391页；《与邱以义提学》，《庄渠遗书》卷3。

② 参见《王阳明全集》（新编本）卷39，第5册，第1555页。

③ 参见（明）王守仁《复童克刚》（乙酉），《王阳明全集》卷21《外集三》，第909—911页；康熙《连城县志》卷7《人物志·文学》，杜士晋、谢家宝等纂，方志出版社1997年点校本，第157页。凯旋同仁对此有详细、深入的研究，见凯旋《浙中王门弟子刘侯考略：兼辨〈阳明年谱〉的一处时间错记》，《阳明学刊》第6辑，巴蜀书社2012年版。

第七章　北方地区阳明夫子的亲传弟子

阳明夫子北方地区门人，除山东穆孔晖（伯潜，1479—1539）、陕西南大吉（元善，1487—1541，号瑞泉）2 位名儒外，还有路迎（1483—1562，字宾阳，号北村，山东省济宁府汶上县）、梁谷［1483—1533，字仲用，号默庵（斋），山东泰安市东平县人］、王道（1487—1547，字纯甫，号顺渠，山东省东昌府武城县人）①、陈鼎（字大器，或字文相，山东省登州府蓬莱县人）、大吉弟弟南逢吉（字符贞，1494—1574，号姜泉）、南轩（1518—1602，字叔后，姜泉长子）父子6 位，总计8 位弟子。

在瑞泉、姜泉二位夫子的精心教学、著书立说、教育地方诸生的努力下，发挥良知未尽意蕴，16、17 世纪的陕西渭南地区出现一大批专研阳明夫子良知学弟子的门人后学群，"渭南王门"儒家学者前赴后继，一直传承到明末清初。

穆玄庵　穆孔晖（1479—1539），字伯潜，号玄庵，东昌府堂邑县城北张庄人。少"颖悟凝重"。弘治十七年（1504）秋，阳明夫子（时33 岁）奉命主考山东乡试，对玄庵（时26 岁）甚为欣赏，便录取他为

---

① 王道在梨洲看来不应该归为阳明夫子亲传嫡系弟子列。但考诸学行，如黄绾、方献夫之流，盖在师友之间也，故列之，以备考。

举人第一。弘治十八年乙丑（1505）玄庵考中进士，"丁卯授翰林院检讨。己巳预修《孝庙实录》。成，忤逆瑾意，调南京礼部主事。瑾诛还旧职。辛未，同考礼部会试。壬申，迁南京国子监司业""以身率诸生。惟令静默，穷究义理，毋琐琐口耳记诵。中人以上类多从之""癸酉以外艰归服阕，改北监司业。寻丁继母黄忧，服阕，改翰林侍讲，充经筵讲官。嘉靖纪元壬午，主顺天乡试。乙酉预修《武庙实录》。成，升左春坊左庶子，兼翰林院侍讲学士。修武宫续黄。丙戌主考武举……是岁入直便殿日讲""庚寅冬十有二月上于文华殿……独取孟子卒章发其见知闻知之奥……明年春改南京尚宝司卿……壬辰转南太仆少卿，癸巳迁南太常卿"，于嘉靖十三年（1534 年，时 56 岁）七月致仕，"自是杜门静养，与世相忘"。其学友有崔铣（1478—1541，字子钟、仲凫，号后渠、洹野，安阳人）、郭维藩等人。黄佐评论其学问时说："天性好学，虽王守仁所取士，未尝宗其说而非薄宋儒，晚年乃笃信之，深造禅学顿宗。"王道赞其"笃志正学，研究义理，体之身心，其所造卓然处，可与儒先君子同，不谬于圣人"，佩服其为学规模，说其"抉去藩蔽，力肆恢弘。经训之外，虽世儒所斥以异端如佛老者，悉取其书，精择而详说之，以与吾圣人合。曰，性中固无是分别相也，久之洞见道原通达"。在为官之道方面，玄庵"志操雅正，宇量深沉，当事变挥霍波澜反复之际，人多不能自持，公处其间超然无预确乎，不移泊如也，同时缙绅无问趋向同异咸宗仰之，以不可及知德者"。晚年"不能食者数月，而神志益清，文思焕发"，留书后世，精神可嘉。其存世文献有《大学千虑》《玄庵晚稿》《穆文功宦稿》（1 卷）（聊城朱延禧刻本，存台湾图书馆）等，学术上体现出浓厚的禅学化特征。①

---

① 参见（明）王道《南京太常寺卿赠礼部右侍郎谥文简穆公孔晖墓志铭》，《国朝献徵录》卷 70，《四库全书存目丛书》，史部，第 104 册，第 33—35 页。

梨洲说其论学云:"古人穷理尽性以至于命,今于性命之原,习其读而未始自得之也。顾谓有见,安知非汩虑于俗思耶!"又云:"鉴照妍媸,而妍媸不着于鉴;心应事物,而事物不着于心。自来自去,随应随寂,如鸟过空,空体弗碍。"又云:"性中无分,别想何佛何老。"临卒时,有"到此方为了事人"之偈。盖先生学阳明而流于禅,未尝经师门之锻炼,故《阳明集》中未有问答。乃黄泰泉遂谓:"虽阳明所取士,未尝宗其说而菲薄宋儒。"既冤先生,而阳明岂菲薄宋儒者?且冤阳明矣。一言以为不知,此之谓也。①

路北村　路迎(1483—1562),字宾阳,号北村,山东省济宁府汶上县人。北方王门重要学者。弘治十七年,山东巡按监察御史陆俩辈以礼与币来请阳明夫子为考试官,北村与玄庵是年举于乡,获为门生。正德三年戊辰(1508),中进士。正德四年(1509),任南京兵部车驾清吏司主事,后历任南京兵部郎中。正德七年(1512),北村、玄庵与顺渠等同受业,正式拜学成为阳明夫子门下。时南京同好者,有林达、陆澄、马明衡、黄宗明诸贤达,而徐爱、薛侃、蔡宗兖、饶瑄(字德温)及门较久,所得颇深。在阳明夫子看来,陈杰(字国英)最质,北村最敏,陆澄最才,马明衡、黄宗明最为笃信。事后的发展,果如阳明夫子所说,诚然诚然。盖,甘泉看来,阳明夫子此时设教颇负盛名也。曾任襄阳知府、松江知府、淮安知府、陕西副使、湖广副使、河南参政、浙江按察使、都察院金都御史(巡抚宣府)、都察院副都御史(巡抚山西)、兵部左、兵部右侍郎、兵部尚书等,先惠养,为人廉平,操切精严,善驭胥吏,均有惠政。卒年八十岁。

---

① 参见《明儒学案》卷29《北方王门学案》,第635—636页;(明)穆孔晖《玄庵晚稿》(2卷),清钞本,国家图书馆古籍部藏;(明)穆孔晖《宦稿》(1卷),国家图书馆古籍部藏;(明)穆孔晖《大学千虑》(1卷),《四库全书存目丛书》,经部,第156册。

正德九年甲戌（1514），北村将北行考绩，必求一言之教，阳明夫子曰："君子之学，譬若种植。然其始也，求嘉种而播之，沃、灌、耘、籽，防其践枚，去其货盛，畅茂条，达无所与力焉。今嘉种之未播，而切切然日讲求苗秀、实获之事，以望有秋，其于谋食之道远矣。"盖夫子要求其全面深厚德性涵养也，循序渐进，点面俱到，不可躐等，更不可有功利之心。正德十三年（1517），北村得任襄阳知府，阳明夫子信赞："闻有守郡之擢，甚为襄阳之民嘉，仕学必于此有得力处方是实学，不然则平日所讲尽成虚语也。有民人焉，有社擢焉，'何必读书，然后为学？'子路之言，未尝不是。"则褒扬其一意于地方实务治理之意，可见。阳明夫子嘉靖二年癸未（1523）有信《答路宾阳》："忧病中……守忠之讣……日来山间，朋友远近至者百余人，因此颇有警发，见得此学益的确简易，真是考诸三王而不谬，百世以俟圣人而不惑者。惜无因复与宾阳一面语耳。郡务虽繁，然民人社稷，莫非实学。以宾阳才质之美，行之以忠信，坚其必为圣人之志，勿为时议所摇，近名所动，吾见其德日近而业日广矣。"勉励其专一地方事务实学，以德服人，专一德性的涵养。①

梁默庵（斋）　梁谷（1483—1533），字仲用，号默庵（斋），山东泰安市东平县人。成化十九癸卯八月十九日生。识高而气豪。正德丁卯，举乡试第七。正德六年辛未（1511），登进士。时阳明、甘泉与久

---

① 参见《兵部尚书路公迎传略》，《国朝献徵录》卷39，《四库全书存目丛书》，史部，第102册，第119页；万历《汶上县志》卷6《人物》，《中国地方志集成·山东府县志辑》，第78册，凤凰出版社2004年选编本，第190页；李平《王守仁致路迎书函考略》，《齐鲁学刊》1993年第2期，第121—123页；李平、路则社《有关王守仁的资料》，《文献》1994年第4期，第278—280页；（明）王守仁《答路宾阳》（癸未），《王文成公全书》卷5，第232页；（明）王守仁《与路宾阳书》（4首），《王阳明佚文稿考编年》，第415—419页；（明）王守仁《与路迎书》（3通），《王阳明全集》（新编本）卷44，第5册，第1793—1794页。束先生查阅大量史料，详细考证了散佚书信为4封，而不是3封，并修改了一些流行的错误观点，值得重视。

庵讲学于京师，往阳明夫子门下，笃志向学，执弟子礼，与顾箬溪、王顺渠等晨夕讲究，变化气质。阳明夫子曾与其同寝，语至夜分。阳明夫子于辛未年为撰《梁仲用默斋说》。阳明夫子赞其善变化，有智慧，有"经济时艰、勘定祸乱之才"。明年二月，授吏部稽勋主事。六月，调考功主事。补寿州同知。在寿州 3 月，风雨大作，暴雨掩城，竭力维护，与民风雨同舟，民立生祠祀之。未几，迁勋阳通判。明年，迁太仓知州。时大瘟疫，安民有功。丁母忧。遵母命，辞提学佥事职，任德王府左长史。作《学规》12 篇。加正四品服。屡乞归。嘉靖十二年癸巳四月十九日卒。葬东平北山之原。著有语录 2 卷、文集 10 卷，注《阴符经》等。子男十一。①

陈鼎，字大器，或字文相，山东省登州府蓬莱县人。原礼部尚书陈迪四世孙。弘治十七年甲子，领乡荐。弘治十八年乙丑，中进士。正德四年己巳，任礼科给事中。明史载："镇守河南中官廖堂，福建人也，弟鹏之子铠冒籍中河南乡试。物议沸腾，畏堂莫敢与难。鼎上章发其事，铠遂除名，堂、鹏大恨。会流寇起，鼎陈弭盗机宜。堂嘱权幸摘其语激帝怒，下诏狱掠治。谓鼎前籍平江伯资产，附刘瑾增估物价，疑有侵盗。尚书杨一清救之，乃释为民。世宗立，复故官，迁河南参议。妖人马隆等为乱，鼎督兵诛之。改陕西副使。嘉靖五年二月庚申，擢浙江按察使。"② 其"廉介正直，不通私谒。约在嘉靖六年（1527），召为应天府尹，未任卒"。③

将有陕西副使之命，阳明夫子对其人品甚为佩服，曾手书陶渊明诗赠："东方有一士，被服常不完。三旬九遇食，七年着一冠。辛勤无此

---

① 参见（明）黄绾《梁长史墓志铭》，《黄绾集》卷 26，第 508—515 页；（明）王守仁《梁仲用默斋说》，《王文成公全书》卷 7，第 313—314 页。

② 详参《明世宗实录》卷 61 所涉资料。

③ 《明史》《列传 76》，第 16 册，第 4994—4995 页。

比，常有好容颜。我欲观其人，晨去越河关。青松夹路生，白云宿檐端。知我故来意，取琴为我弹。上弦惊别鹤，下弦操孤鸾。愿留就君住，从今至岁寒。"表达深深的敬佩之情。

约在嘉靖六年丁亥暑，阳明夫子为之祭悼，叹其英年早逝。

> 呜呼！文相迈往直前之气，足以振颓靡而起退懦；通敏果决之才，足以应烦剧而解纷拿；激昂奋迅之谈，足以破支辞而折多口。此文相之所以超然特出乎等夷，而世之人亦方以是而称文相者也。然吾之所望于文相，则又宁止于是而已乎！与文相别数年矣，去岁始复一会于江浒。握手半日之谈，豁然遂破百年之惑，一何快也！吾方日望文相反其迈往直前之气，以内充其宽裕温厚之仁；敛其通敏果决之才，以自昭其文理密察之智；收其奋迅激昂之辩，以自全其发强刚毅之德；固将日趋于和平而大会于中正。斯乃圣贤之德之归矣，岂徒文章气节之士而已乎？惜乎，吾见其进而未见其止也！一疾奄逝，岂不痛哉！闻讣实欲渡江一恸，以舒永诀之哀。暑病且冗，欲往不能；临风长号，有泪如雨。呜呼文相，予复何言！①

盖悲乎求圣贤之德志向之坚定，而赞叹其变化气质之未成功，师生浓郁之情，油然而生，颇令人感动。卒，祀乡贤祠、忠孝祠。子陈其学（1508—1593）为明代名臣，官至兵部左侍郎、南京刑部尚书等。②

王顺渠 王道（1487—1547），字纯甫，号顺渠，山东省德州府武城县人。成化丁未生。为人温厚，笃志于学。正德六年辛未进士，选庶吉士。时阳明为会试同考试官，应良、王道、马明衡均在考试之列，而

---

① （明）王守仁：《祭文相文》，《王文成公全书》卷25《外集七》，第3册，第1101页。
② 参见道光重修《蓬莱县志》卷9《人物·功业》，《中国地方志集成·山东府县志辑》，第50册，第138—139页；有关陈鼎资料不多，可参阅民间学者铁路冰夫的新浪博客，对陈鼎的生平有较为详细的分析。

马明衡此次落第。山东叛乱，正德七年三月，乞改应天府教授。先后从学阳明夫子、甘泉先生。二载，升南京仪部主事。历任南京吏部验封主事、南京考功文选郎中。前后在南京吏部 10 年，雅操端洁。丁忧。方献夫荐其"学行纯正，识度宏远，可备官僚劝讲之职"，升左春坊左谕德，辞之。名益高。居二载，升南京国子监禁酒，未几，疾辞。居家读书 13 年，种树灌园。嘉靖丙午，起南京太常寺卿。未至，迁南京户部右侍郎，寻改南京礼部右侍郎。掌国子监祭酒。履任三月，任吏部右侍郎。一月后疾辞。

顺渠研精于义理之学，取宋儒程朱书读之，既又取《论语》一部，反复潜玩，有悦于心。曰："圣门平实简易之学固如是也。"潜心理学而见世之立门户相标榜者，则深耻之。著有《顺渠先生文录》（12 卷）（尤麟编，温州图书馆藏；万历六年即 1578 年朱延禧刻本，北京大学图书馆藏）、《老子忆》《大学忆》《诸史论断》《〈大学衍义〉论断》等。阳明夫子对其期望甚高，生前多次与之书信论学，可见夫子教养之情。

可惜的是，夫子捐馆之后，其位高权重，梨洲说其"所疑者大端有二，谓致知之说，局于方寸；学问思辨之功，一切弃却"，坚持传统程朱理学立场，公然反对良知之学，颇为遗憾。①

张思钦，字符相，陕西三原县人。嘉靖四年乙酉（1525），其跋山涉水数千里求学于夫子门下。

> 三原张思钦元相将葬其亲，卜有日矣，南走数千里而来请铭于予。予之不为文也久矣，辞之固，而请弗已，则与之坐而问曰："子之乞铭于我也，将以图不朽于其亲也，则亦宁非孝子之心乎！虽然，子以为孝子之图不朽于其亲也，尽于是而已乎？将犹有进于

---

①　参见（明）严嵩《礼部右侍郎王公道神道碑》，《国朝献徵录》卷 26，《四库全书存目丛书》史部，第 101 册，第 335—336 页。

是者也？夫图之于人也，则曷若图之于子乎？传之于其人之口也，则曷若传之于其子之身乎？故子为贤人也，则其父为贤人之父矣；子为圣人也，则其父为圣人之父矣。其与托之于人之言也，孰愈夫叔梁纥之名，至今为不朽矣。则亦以仲尼之为子耶？抑亦以他人为之铭耶？"思钦蹙然而起，稽颡而后拜曰："元相非至于夫子之门，则几失所以图不朽于其亲者矣。"明日，入而问圣人之学，则语以格致之说焉；求格致之要，则语之以良知之说焉。思钦跃然而起，拜而复稽曰："元相苟非至于夫子之门，则尚未知有其心，又何以图不朽于其亲乎！请归葬吾亲，而来卒业于夫子之门，则庶几其不朽之图矣。"①

阳明夫子在绍兴时期，良知学越发自成体系。故而父子告诫其良知学精髓，自然，张思钦闻所未闻，欢呼雀跃，足见良知学对一般的乡野读书人的心灵的震撼力和吸引力。

南瑞泉　南大吉（1487—1541），字符善，号瑞泉，陕西省渭南县田氏里人。成化二十三年冬十月己巳生。正德庚午举人，辛未进士。历官户部主事、员外郎、郎中。尝条上保定厘革四事，建议漕运督臣，岁入会议，永为故典。嘉靖二年癸未六月至嘉靖四年乙酉冬十二月间在绍兴担任知府，择任丞史，期月政举，决疑狱（山阴田顺18冤狱），戮巨盗（会稽大盗戴显八、易尚三），惩豪猾（诸暨土豪石天六），公私请托不行，由是中伤罢归。可见，瑞泉夫子大刀阔斧地在绍兴进行各类改革项目（修大禹陵庙、南镇庙、镇东阁、开挖运河、见斗门闸），发展教育，建龙首书院，修缮稽山书院，治理河道，打击豪强，修理府志，理冤狱，大力推进良知学在越地的传播，而此举势必得罪当地地方既得

---

① 《王文成公全书》卷8《文录五》，第1册，第337—338页。

利益阶层的权益，引起他们的报复、反击。

南逢吉与哥哥大吉、子轩3人在绍兴同时受学阳明夫子门下，深得夫子赞许。嘉靖五年丙戌，拜别阳明夫子归渭南，有信写给阳明夫子，依依不舍之情颇令人感动，足见师生情深，良知学之永恒魅力。① 在绍兴府担任知府期间，除了修建书院，还与弟弟一起选编阳明夫子与亲传弟子、友人论学书信合作刻印《续传习录》，其主体就是后来钱德洪修改过的通行本《传习录》的上、中2卷。② 在罢归后刊布兄弟所记载的近数万言阳明夫子语录《越中传述》，分为立志、格物、从政、教人4编。梨洲编《明儒学案》时，先见后失之古籍中既有《瑞泉南先生文集》文献。瑞泉对良知学信得及，以慎独改过为宗，夫子赞其有"朝闻夕死之志"。其建有酒西书院，传播良知学脉。南泉另著有《少陵纯音书卷》（姜泉校注）。瑞泉弟子裴贞，子一卿，号灵阴，渭里人。从瑞泉游，会良知之旨，精于易。贡授修武教职，不就。结庐渭滨，研求心学，里中士多从之游。裴贞著有《易说》（1卷）。③ 嘉靖三十七年戊午（1558）冬十一月己亥，绍兴府士民祀瑞泉先生于名宦祠。次年己未春二月丁未，渭南士民祀瑞泉先生于乡贤祠。④

南姜泉　南逢吉（1494—1574），字符贞、元命，号姜泉，陕西省渭南人，南金子，大吉弟。嘉靖二年癸未冬十二月，受学阳明夫子门下，夫子有赠言，后所化果海，多门人。学者溯所依归，率称"二南先

① 参见（明）南大吉《寄答阳明先生书》，《南大吉集》卷19，第80—81页。
② 参见《王文成公全书》，《前言》，第10页。
③ 参见《国朝献徵录》，《四库全书存目丛书》，史部，第104册，第592页；《南大吉集》；《渭南县志》卷8《乡贤传》，《中国方志丛书》，华北地方第238号，成文出版公司，第589—590页。（明）南大吉《瑞泉南伯子》（22卷，附录1卷，后记1卷），嘉靖四十四年（1565）刻本，重庆图书馆古籍部收藏。此古籍文献为国内外难得一见的孤本，极为罕见，十分珍贵。现经华东师范大学李似珍整理，大吉文集重光于天下，不再深藏于善本文库中，人人得而读之，必将有助于良知学研究的深入。遗憾的是，目前现存的本子为残本，散佚了大量的阳明夫子与大吉、逢吉的讲学语录，令人惋惜。
④ 参见《南大吉集》卷22《瑞泉南先生纪年》，第130页。

生"。嘉靖十七年（1538）进士，授礼部仪制主事。助明伦大典，悉当上意。在礼部 7 年。出知保宁府，雪积冤，苏隐瘼，率用严治，暇萃诸士之俊督教之，一时得人为盛渐。在保宁四年。升云南督学副使，改知归德府。擢任雁门兵备道，日以忠义激发三关将士，勤习阵法，条上边备五事，俄而罢归。姜泉性至善，师事兄竟其世，尽以父兄所贻让媚嫂而教其孤孙成进士。嘉靖三十四年乙卯（1555），渭上大震，今死恶少讧诌，欲逞者抗足观望，姜泉收壮士，磔其首事者一人而定。有夜持数百金匿姜泉所者。其人亡，姜泉尽首之官。隆庆三年己巳（1569），岁荒，大力赈灾，全活者数百人。姜泉先生为人有骨气，刚名果断，心平气和，以信己心为出处原则。居家，建姜泉书院，教育地方才士。著有《越中纪传》《订注会集三赋》《姜泉集》（14 卷）等，为其兄编有《瑞泉南先生文集》。姜泉长子为南轩。①

"二南夫子"亲传弟子除南轩外，还有薛腾蛟、孙一正、王麟。"二南夫子"再传弟子则有南宪仲（轩次子，万历二年即 1574 年进士，官枣强知县，著有《广川集》《亲民近规》。子南居益，官至福建巡抚，崇祯十六年即 1643 年死于李自成农民军）、南师仲（轩三子，万历二十三年即 1595 年进士，官南京礼部尚书，著有《南宪仲集》）、南企仲（瑞泉大孙，官至南京吏部尚书，年 83 岁时死于李自成农民军。子南居业，进士，与居益同时遇难）、孙琡（孙一正子）。薛腾蛟，字时化，号南冈。嘉靖十四年（1535）进士。历任长冶令、南京户部主事、山西参议、山西布政司副使。所至，有善政。副使时，与中丞某不合，遂致仕。南冈著有《南冈漫录》（12 卷）、《书传折衷》（6 卷）。孙一正，字

---

① 参见（明）马自强《山西按察司副使南公逢吉志铭》，《国朝献徵录》卷97，《四部全书存目丛书》，史部，第 105 册，第 496—498 页；《渭南县志》卷 8《乡贤传》，第 590—592 页。

格卿。嘉靖三十二年（1553）进士。历任户部主事、山西副使、山西参政、顺天府尹。后因病免。王麟，字秀灵，辛市里人。从游者，称"石鼓先生"。嘉靖中，被选贡多次，均逊让贫穷友人。居寡言笑，处人泊，和而有礼。①

南轩（1518—1602），字叔后，姜泉长子。幼时，随伯父大吉、父亲逢吉从阳明夫子学。大吉每名其执《大学》古本侍立于旁倾听。其事大抵与王东崖、董两湖父子两代人共游学也，可见阳明夫子讲学之动人感人，正可体现我大中国学术之永恒魅力。中嘉靖三十二年进士。历任翰林院庶吉士、考功员外郎、四川副使、山东参议，年甫六十岁致仕。垂老好学不倦，救济乡里，怜恤贫幼。南轩著有《渭上稿》（25卷）、《资治通鉴纲目前编》《续渭南县志》《毛诗附说》（11卷）。②

---

① 参见《渭南县志》卷8《乡贤传》，第592—596页。
② 同上书，第590—592页。

第八章 阳明亲传弟子与阳明夫子
致良知学的传承

阳明夫子亲传弟子与阳明夫子致良知学的传承首先表现在对夫子文集的编订收集工作，其次才是对阳明夫子致良知学的创新与发展。近几十年来，学术界对王畿、王艮、钱德洪、邹守益、欧阳德等阳明夫子亲传弟子致良知学的整理与研究著述甚多，但是对这些弟子对夫子文集的编订收集工作注意与重视得还不够。

阳明夫子大多数亲传弟子都会记录自己在夫子门下听讲、发问及与夫子游玩时的读书心得，有自觉者，也有不自觉者。当然也有自说自话、偏离阳明夫子本意者，如苏州来绍兴问学的黄省曾，梨洲就认为他根本没弄懂阳明夫子良知学的精义，而且是严重偏离夫子本意。但当时钱绪山并没有把他排除在师门之外，相反二人关系极深厚，黄省曾还协助绪山编校《阳明夫子文录》，所付辛劳甚多。当然，在黄省曾自己看来，他虽然自己也承认放弃了在义理上的继续探究，但从精神上直接继承阳明夫子的豪杰人格，从文学上接洽良知开出文化的世俗化启蒙，而且自认为涵养深厚，并没有与阳明夫子致良知学相背离，还是与阳明夫子本人一脉相承的。以今天的眼光来看，黄省曾本是文学家出身，因为客居绍兴的偶然机缘，得以拜学于夫子门下，更多的是文献记录者的角色，贡献虽没有龙溪、明水、东廓、南野等学术推进者那样大，但是我们应该从那个时代的特殊场景立论，这样所得结论较为客观，只要是原始地记录并传承阳明夫子语录的学者，不论出身，不论所得境界，更不论其后来官位大小，都应该一视同仁，给其同情与理解，给予其表彰。

一　亲传弟子记载的阳明夫子语录与《传习录》文本的不断增订①

孔子、孟子、象山、朱子诸门人为了更好地继承与发展夫子之思想而编辑简明文本，主要以师生答问的形式，记载了夫子在世时与其亲传弟子、同事、同人、朋友、熟人与及交游人士讲学对话交流时语录，体现师生间因材施教、随机答问和求真求善的特点，最著者当为《论语》《朱子语类》。② 阳明夫子亲传弟子对《传习录》文本编撰的本意即是采此。为更好地传承阳明夫子的思想，让更多人理解阳明夫子的立教宗旨，让即便是深山高岭、荒野贫瘠之地的好学深思之士都可以受教，阳明夫子之亲传嫡系弟子汲汲于刻印夫子讲学语录，阳明夫子之妹婿徐爱受父之托，在阳明夫子赴谪贵阳前就正式拜学阳明夫子门下，并开始细心地整理夫子的讲学对答语录。徐爱是首个内心最早感悟夫子诚心诚意探求圣学的人，也是第一个相信阳明夫子成圣之学的人，并自觉记录阳明夫子讲学语录。阳明学名传天下，徐爱当属首功，无疑。

（1）阳明夫子妹婿徐爱（14 则）、湖州门人陆澄（80 则）、广东潮州门人薛侃（35 则）编校的语录，薛侃助刻印，1 册 3 卷本，

---

① 钱明先生对《阳明夫子全书》的行程进行了详细的研究，可谓《阳明夫子全书》编撰过程研究的中国内地先驱者，本书在写作过程中，参考了钱先生的不少资料，在此致以感谢和敬意。

② 语录体的好处在于其即时性与在场性，机锋随在，后世的读者随时可以感受到师生之间那种求真的热烈氛围。其缺陷在于容易暴露师生们的思考缺陷，而且义理过于集中，不利于涵养。而偏重涵养者，当属书信。这也是不少学者认为仅靠管窥语录不足以探究研究对象的核心学术宗旨的原因。

总计语录 129 则①，有徐爱引言②、序③、跋④，即今通行本《传习录》上卷，时在正德十三年（1518）八月。

正德六年（1511）二月，对在北京城的阳明夫子而言是重要的日子，不仅因为刚入 40 岁的"不惑"之年，不仅因为结束了两年多贵州贵阳府修水县驿站的谪居生活，告别将近一年的江西吉安府庐陵小县令工作，更是因为刚被荣升为吏部主事一个月就被选派为国家最重要考试会试同考官，与大学士、尚书同堂，选拔进士，为国家培养人才，成为"座主"。自此，阳明夫子不仅获得了重生，门生广进，官运也越来越亨通，开启了其宏伟教育事业的伟大征程。

早在徐爱正式记录阳明夫子语录并公开印刷之前，其实有些在北京读书并准备参加进士考试的同门们已经开始私下记录阳明夫子语录了，并且这些语录很有可能在书市上流通，参加科举考试的举人们于坊间可以购买。阳明夫子听闻这件事后，表示出担忧："圣贤教人如医用药，皆因病立方，酌其虚实温凉阴阳内外而时时加减之，要在去病，初无定说。若拘执一方，鲜守为成训，他日误己误人，某之罪过可复追赎乎？"他的意思是说，自己现在还年轻，也就 40 来岁，刚入不惑之年，自己的教法就像佛祖在《金刚经》里所说的一样，因人而异，因材施教，并没有固定的说法，也就是目前自己的学术思想还没有成型，讲的更多的是学习方法，是成圣成贤的功夫论，一切都还在探索中，希望大家莫要急于出版自己的讲学语录。

正德七年（1512）冬十二月，徐爱与阳明夫子同舟归越，途中阳明

① 见《传习录》第 3—88 页。
② 同上书，第 3 页。
③ 见《王阳明全集》（新编本），第 6 册，《传习录序》，第 2080—2081 页。
④ 见《传习录》第 23 页。

夫子与徐爱相与讨论《大学》，徐爱认真做了听课笔记，整理回忆并总结，总计 14 则①，并将语录命名为《传习录》。横山自己记录语录的本意是担心阳明学容易引起很多人的反感，免使大家"骇""疑"②，"骇愕不定，无入头处"③，以为阳明"立异好奇"④，而且认为阳明讲学的《大学》文本有可取之处，感觉有些地方朱子确实讲错了。为了更好地推广阳明夫子的思想，让更多人更好地研习阳明夫子的讲学语录，所以，他将自己平日十余年来所闻私下给同志传阅，日记中记载郑一初（郑朝朔）⑤、顾应祥（字惟贤）⑥、黄绾（字宗贤）⑦ 3 位同门与自己总共 4 人一起问学辩论的情形，丽泽争鸣，"时时对越警发"⑧，共进阳明夫子成圣之学，不辜负阳明夫子视生如子的教育胸怀。当然，为了让同学者更好地接受阳明夫子的思想，他也直言夫子少时豪迈，以文学起家，"不事边幅"⑨，而且学术驳杂，无所不学，出入佛老，无所不教，但经过三年的边疆流放磨炼，现今为人谦虚低调，性格平和，汇通三教，已经进入中正、中和的圣人境界，越接触，越感觉夫子可爱、可亲、可敬，"渐知反身实践"⑩，确实为"孔门嫡传"⑪，越觉其学克学可传可习，真所谓"手舞足蹈"⑫。可能，文辞之中，横山有一些夸大之嫌，但都是他自己内心的想法，其传承夫子讲学语录之功不可磨灭。

---

① 见《传习录》，第 3—24 页。
② 同上书，第 3 页。
③ 同上书，第 23 页。
④ 同上书，第 3 页。
⑤ 见《传习录》第 4 则，第 9 页。
⑥ 同上书，第 5 则，第 10 页。
⑦ 同上。
⑧ 见《王阳明全集》（新编本），第 6 册，《传习录序》，第 2080 页。
⑨ 见《传习录》第 3 页。
⑩ 同上书，第 23 页。
⑪ 同上。
⑫ 同上。

　　在横山敦厚爱学、为人和易与刻苦进学精神的带领下，阳明夫子其他同门亲传弟子记录的讲学语录慢慢开始走进儒林界、学术界，为越来越多的人传习、实践和传承，最后风行天下。同样是浙江老乡的陆澄（字符静、原静、清伯，湖州府吴兴区人）承前启后，守先待后，为人好学，一生服膺阳明夫子人品与学问，多次往返师门，至老不懈，记录语录 80 则①，学术价值较高，雅俗共赏，深浅相宜，保存了同门孟源（字伯生，安徽滁州府人）②、马明衡（字子莘，福建莆田县人）③、王嘉秀（字实夫）④、冀元亨（字惟干，常德人）⑤、唐诩⑥、徐爱（字曰仁，绍兴人）⑦、薛侃（字尚谦，广东揭阳县人）⑧ 同门 7 人与自己共 8 个人问学求教的情形。

　　广东潮州府揭阳县来学的薛侃，接续徐爱、陆澄的好学之心意，记载语录 35 则，保存了同门蔡宗兖（字希渊，绍兴市人）⑨、徐爱（字曰仁，绍兴人）⑩、杨骥（字士德，揭阳县人）⑪、欧阳德（字崇一，江西泰和县人）⑫、袁庆麟（字德章）⑬、栾惠（字子仁，衢州市区人）⑭、陈杰（字国英，福建莆田县人）⑮、黄宗明（字诚甫，宁波市区人）⑯、梁

---

① 见《传习录》，第 25—61 页。
② 同上书，第 19 则，第 26 页。
③ 同上书，第 40 则，第 37 页。
④ 同上书，第 49 则，第 42 页。
⑤ 同上书，第 52 则，第 44 页。
⑥ 同上书，第 53 则，第 44 页。遗憾的是，此人生卒事迹至今不明。
⑦ 同上书，第 62 则，第 47 页。
⑧ 同上书，第 81 则，第 56 页。
⑨ 同上书，第 99 则，第 64 页；第 129 则，第 87 页。
⑩ 同上书，第 99 则，第 65 页。
⑪ 同上书，第 100 则，第 65—66 页。
⑫ 同上书，第 104 则，第 69—70 页。
⑬ 同上书，第 107 则，第 71 页。
⑭ 同上书，第 111 则，第 73 页。
⑮ 同上书，第 112 则，第 74 页。
⑯ 同上书，第 113 则、第 128 则，第 74—75、86 页。

焯（字日孚，广东南海县人）[1]、冀元亨（字惟干，常德人）[2]、郭持平（字守衡）[3]、黄宏纲（字正之，江西于都县人）[4]、林达（字志道）[5]、萧惠[6]、刘易仲（字观时）[7]、马明衡（字子莘，福建莆田县人）[8] 同门16 人与自己共 17 个人问学求教的情形。薛侃协助夫子剿匪之余，将徐爱、陆澄 2 人的语录与自己的语录合并，并于正德十三年（时阳明夫子47 岁）八月在赣州帮助刊印《传习录》，后于古本《大学》《朱子晚年定论》1 个月[9]，总计 129 则。恰在此时，横山捐馆，故而刻《传习录》有怀念同门之意。《传习录》，横山盖取孔夫子育人之意，辅仁养人，寓意同志彼此传承并时时研习之意，而薛侃继之。

南大吉任绍兴知府从阳明夫子论学书信编校的语录，2 册 5 卷本，今通行本《传习录》上与中，时在嘉靖三年（1524）十月十八日。

嘉靖三年十月十八日（时阳明夫子 53 岁），陕西渭南县南大吉利用其担任绍兴知府之便利增订刻印《传习录》。南大吉在任绍兴知府，大兴教化，尊阳明夫子为师，多次来往问学，专心良知学，悟得良知学之精密。大吉不拘小节，为人豪气，有胆略，为阳明夫子建稽山书院，吸引了三百余士子前来就学，一时之盛世伟业也。[10] 由于大吉以前并没有从学于阳明夫子门下，故而他没有自己的夫子语录。他只好从同门的手里求教，得以阅读了夫子与前辈、同事和弟子论学书信，"朝观而

---

① 见《传习录》，第 117 则，第 76—77 页。
② 同上书，第 118 则，第 78 页。
③ 同上书，第 119 则，第 78—79 页。
④ 同上书，第 120 则，第 79—80 页。
⑤ 见《传习录》，钱明、孙佳立（注），第 121 则，第 80—81 页。
⑥ 同上书，第 122—123 则，第 81—83 页。
⑦ 同上书，第 125 则，第 83—84 页。
⑧ 同上书，第 127 则，第 85—86 页。
⑨ 参见《王阳明全集新编本》，第 4 册，《年谱一》，第 1262 页。
⑩ 同上书，《年谱三》，第 1299 页。

玩味，口诵心求"①，越来越觉夫子之学为天地之道，越发自信成圣之路。于是，大吉捐俸出资，弟弟逢吉校对，刻印 2 册 5 卷版的《续刻传习录》。② 上册就是薛侃八年前赣州刻印的《传习录》，逢吉重新校对。下册就是他自己选编的阳明夫子论学书信 2 卷，8 篇，其弟逢吉校对。

下册，大吉增录论学书信，即著名的与 7 个人论学"八书"③。而据我们目前看到的最早南大吉重刻本的嘉靖二十九年（1550）王畿重刻本，论学书信为 7 人 9 书。论学书依次分别为《答徐成之》（2 篇，后有南逢吉所撰跋，记载逢吉向阳明夫子请问二书意）、《答罗整庵少宰书》2 人 3 书为下卷 1，《答人论学书》（隆庆版易题为《答顾东桥书》）1 人 1 书为下卷 2，《答周道通书》《答陆原静书》（2 篇）2 人 3 书为下卷 3，《答欧阳崇一》《答聂文蔚》2 人 2 书为下卷 4，总计 9 篇。在卷 5，还有《示弟立志说》（正德十年乙亥即 1515）、《〈训蒙〉大意示教读刘伯颂等》《教约》3 篇。由此可以看出，保存阳明夫子与学友徐成之、罗钦顺（号整庵，泰和县人）、顾东桥等学术界友人争鸣良知的论辩书信，体现出当时一大批传统理学家不愿放弃其传统价值而与阳明夫子争鸣，反映当时我国 16 世纪早期学术界论辩的最高水平，可观当时学术界的保守现状与良知学传承的巨大阻力。文献还保存了阳明夫子与其亲传弟子周冲（字道通，江苏宜兴人）、陆澄

---

① 《王阳明全集新编本》，第 6 册，《传习录序》，第 2095—2096 页。
② 上海图书馆藏有南大吉嘉靖三年刻本，1 册 3 卷，总计 63 页，但是是残本，没有书信部分。前有南大吉嘉靖三年冬十月十八日序、徐爱序徐爱书等，3 卷分别为徐爱、陆澄与薛侃 3 人记载的语录。该书是最早的底本，非常珍贵，可以校正隆庆本《传习录》的很多错误。
③ 采钱明先生说，见《传习录》第 92 页。遗憾的是，后来钱德洪等人在增订新版《传习录》的时候，并没有尊重南大吉兄弟的成果，也没有和他们进行交流，多以己意，对南大吉兄弟的刻本进行了不少的改动，减少了一些学者论学书信，增加了一些篇目。据而我们现在看到嘉靖二十九年（1550）王龙溪重刻南大吉文献，在嘉靖二十九年庚戌实际上或是最早的模样。

（字原静）、欧阳德（字崇一，号南野）、聂豹（字文蔚，号双江）4
人反复论良知学的书信，书信中涉及陈九川（字惟浚，号明水，江西
临川县人）、邹守益（号东廓，江西吉水县人）等江西亲传弟子。下
册所收入的论学书信主要反映嘉靖初年在绍兴讲学时期所思考的良知
学思想，也就是学术界所谓的阳明夫子中晚期思想，阳明夫子致良知
学理论体系接近成熟。

可以说，从书信中摘取相关内容编入语录中，某种程度上可以说
是一个创新。但是，从体例上而言，这样的做法是不够严谨的。至
少，广受赞誉的《朱子语类》就没有大规模地收入朱子论学书信。毕
竟《传习录》传的是阳明夫子公开与门人的讲学语录。作为私密的书
信，放在文集中，可能效果更好。这样看来，作为一个"应时产品"，
南大吉、南逢吉兄弟刊印的《续刻传习录》，还是存在争议的。故而，
钱德洪后来增订编校的《传习录》下卷，从众多同门私录的语录中选
取一些更能反映阳明夫子致良知学的语句，就很好地体现了这样的原
则与精神。在当时，邹守益广德版的《阳明夫子文录》4 册本尚未面
世（附录 1 卷，迟至嘉靖六年丁亥即 1527 年四月方才公开出版），
《续刻传习录》由于其收入的书信带有的浓郁的情感和简单通晓的言
语方式，还是有力地推进了阳明夫子致良知学的发展，还是值得赞
许的。

南大吉兄弟的绍兴版《续刻传习录》流传甚广，并经过阳明夫子
不同的亲传弟子的增删校正，目前我们看到的本子都不是嘉靖三年的本
子，如嘉靖七年（1528）聂豹、陈九川福建精简校正 6 卷本、嘉靖二十
三年（1544）湖北德安府 2 册 8 卷本、嘉靖三十年（1551）孙应奎（号
蒙泉，余姚县人）、蔡汝楠衡阳石鼓书院增刻 7 卷本、重刻嘉靖三十年

沈宠（号思畏）与朱衡福建《传习诸录》本①等。

福建本，聂豹与陈九川两人觉察到原来出版的传习录重复甚多，于是对文稿"重加校正，删复纂要，总为六卷"。② 湖北德安 8 卷本上册增 1 卷，即卷 4，增补《答欧阳崇一》1 篇、《答聂文蔚》2 篇。下册亦增 1 卷，即卷 4，增补了《答柴墟书》2 篇、《答何子元书》《答罗念庵书》《示弟立志说》和《训蒙大意示教读刘伯颂》。③ 衡阳石鼓书院 7 卷本，前 3 卷同于现通行本之上卷。后 4 卷总计 9 篇，收《答徐成之》2 篇、《答罗整庵少宰书》《答人论学书》《答周道通书》《答陆原静书》2 篇、《示弟立志说》《训蒙大意》。衡阳石鼓书院因是阳明夫子亲手传授给蒙泉的④，故而蒙泉在和蔡汝楠⑤重新刻印的时候，未敢做大的改动，故而据钱明先生考证，其 7 卷本比较接近嘉靖三年南大吉兄弟本。阳明夫子全书出，《传习录》有了更全、更精要的本子，隆庆以前的这些本子，慢慢就不为学界所知了，故而其中的本子可能稍有出入，也就不太在意了，更遑论阅读与研究了。

钱德洪主持，与众多同门增订编校的语录，今通行本《传习录》上、中与下，约在嘉靖三十五年丙辰（1556）夏四月完工，并在由胡宗

---

① 参见（明）朱衡《重刻传习录序》，《王阳明全集》（新编本），第 6 册，第 2200—2201 页。朱衡（1512—1584），字士南，江西万安县人。嘉靖十一年（1532）进士。历任尤溪知县、婺源知县、刑部主事、刑部郎中、福建提学副使、山东布政使、右副都御史、南京刑部尚书、左副都御史等。子维京。存世的嘉靖三十年《传习录》沈宠刻本是目前较早的《传习录》节本，藏于上海图书馆。该书存 3 卷，总计 4 册，分别为卷上、续录 2 卷，也没有收入书信部分。前有嘉靖三十年辛亥沈宠序、南大吉序、嘉靖二十九年庚戌王畿序、钱德洪嘉靖三十三年甲寅（1554）序、徐爱序等。而且该书卷上缺薛刊记录的那部分语录。

② 参见（明）聂豹《重刻传习录序》，《王阳明全集新编本》，第 6 册，第 2100—2101 页。

③ 相关深入的研究参阅钱明所撰《阳明全书成书经过考》。

④ 参见（明）孙应奎《刻阳明先生传习录序》，《王阳明全集》（新编本），第 6 册，第 2101—2102 页。

⑤ 参见（明）蔡汝楠《叙传习录后》，《王阳明全集》（新编本），第 6 册，第 2103—2104 页。

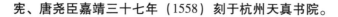

宪、唐尧臣嘉靖三十七年（1558）刻于杭州天真书院。

嘉靖七年戊子十一月丁卯二十九日辰时，阳明夫子远在广西平叛时，因突染疾不幸捐馆于江西赣州南安县青龙铺驿站。边疆之地，意外离去，这在夫子本人也是未曾预料到的。悠悠赣江，夫子离世，一生操劳，一生为学，一生为国，鞠躬尽瘁，死而后已。夫子与世无争，其后代子孙却因当局内部的党争而长期受到不公正待遇，这也是夫子本人未曾预料到的。好在，阳明夫子本人生前视生如子，夫子捐馆后，其亲传嫡系弟子未曾忘恩，视师如父，回报夫子的辅仁之教，证良知深境，或收集刊印夫子文献，或在民间推广夫子之学，或从玄理上探良知境界，或在荒野乡村宣传良知之教，或在天下从事治国平天下，同门连接，广兴书院，大建宗祠，以道德立人，以良知对抗皇权。江湖与庙堂，无处不是阳明夫子门人的身影，一拨接一拨，阳明夫子良知之学名传天下。其中，文献传承功勋最著者，当属夫子晚年余姚县的亲传嫡系弟子钱绪山先生。

在与同门闻人邦正刊印《阳明先生文录》苏州版之后，绪山觉得有必要把近几十年收集到的同门私录的阳明夫子讲学语录扩充进来，原有的《传习录》还不足以穷尽夫子的致良知学思想，于是他把南大吉兄弟增编的论学书信进行了重新整理，减少了一些，增加了一些，并从形式上把书信体改为语录体，立为1卷，放在下卷中。另外，他根据邹东廓所讲的探究学术、精选择优的选文原则，遵循"切于问正"价值取向，把陈九川等人所录的《遗言录》进行了删减，加上龙溪和自己本人记录的语录56则[①]，编成了2卷本《传习续录》。钱德洪自己记录的语录中，保存了更多有用的学术信息，记录他自己与同门何廷仁（字性

---

① 见《传习录》，第260—315则，第207—233页。

之，江西于都县人）①、黄弘纲（字正之，江西于都县人）②、李琪（字候璧，浙江永康县人）③、王畿（字汝中，绍兴府人）④、朱得之（字本思，江苏靖江县人）⑤、柴鸣治⑥、欧阳德（字崇一，江西泰和县人）⑦、薛侃（字尚谦，揭阳县人）⑧、邹守益（字谦之，江西安福县人）⑨、马明衡（字子莘，莆田县人）⑩、王艮（字汝止，泰安县人）⑪、董沄（号萝石，浙江海盐县人）⑫、张元冲（号叔谦，绍兴府人）⑬、蔡宗兖（字希渊）⑭ 总计 15 人的问学语录，较为全面地体现了他从学阳明夫子晚期 8 年的讲学思想，比较集中地表现了阳明夫子晚年时期成熟的学术。但是由于丁忧，他出版刻印的计划被打乱。但是在嘉靖三十二年癸丑（1553）秋前书稿已经编好了。嘉靖三十三年（1554）夏六月，在安徽宁国乡贤刘起宗（号初泉）、泾尹丘时雍的捐资下，《传习续录》终于在安徽阳明学讲会中心著名的水西精舍成功刻印了。⑮ 两年后，嘉靖三十五年丙辰夏四月，钱德洪游于湖北蕲春的崇正书院，又应学友沈宠之

---

① 见《传习录》，第 260 则，第 207 页。
② 同上书，第 260、313 则，第 207、229—230 页。
③ 同上书，第 260 则，第 207 页。
④ 同上书，第 274、313、315 则，第 213、229—230、232 页。
⑤ 同上书，第 260 则，第 207 页。
⑥ 同上书，第 294 则，第 221—222 页。遗憾的是，对于柴鸣治，至今未发现更有价值的史料。在此求教于方家，希望有余力者，查找到家谱等资料后，可以告诉笔者。
⑦ 同上书，第 303 则，第 225—226 页。
⑧ 同上书，第 312 则，第 228—229 页。
⑨ 同上书，第 312、314 则，第 228—229、231 页。
⑩ 同上书，第 228—229 页。
⑪ 同上。
⑫ 同上书，第 229—230 页。
⑬ 同上。
⑭ 同上书，第 314 则，第 231 页。
⑮ 参见（明）钱德洪《续刻传习录序》，《王阳明全集新编本》，第 6 册，第 2098—2099 页。值得注意的是，钱绪山在嘉靖三十五年丙辰的《跋》中说，宁国水西精舍本刻印于嘉靖三十四年（1555），而且采纳曾才汉、黄直等编撰的《遗言录》成果，但是删减其书的三分之二。两说差一年，而且材料有很多矛盾之处，致使研究者难以分辨，不知何故。见《传习录》第 249 页。

请，利用新增的曾才汉、黄直（字以方，江西金溪县人）等人编撰刻印的《遗言录》语录，"复取逸稿，采其语之不背者一卷，其余影响不真与《文录》既载者皆削去，并易中卷为问答语，以付黄梅尹张君增刻之"。其主体内容应该就是目前大家看到的《传习录》下卷。①

嘉靖三十七年，胡宗宪《传习录》刻本在杭州天真书院完工，标志《传习录》最终完成。但是由于胡宗宪在嘉靖后期狱中自杀，为免麻烦，钱德洪后来不说胡宗宪刻本之事。而后来的隆庆版《传习录》、万历三十年（1602）杨荆山刊印《传习录》的 3 卷本、万历朱文启与张明昌刻本均是建立在胡宗宪刻本之上的。由此可见，目前复旦大学所藏的胡宗宪刻本是目前通行本《传习录》的祖本，而其中卷书信部分已非南大吉本书信卷的原样。遗憾的是，后来的本子很少采用南大吉的原稿，多遵钱德洪重新编辑的胡宗宪刻本，故而南大吉本书信卷目录及内容目前已经看不到了。需要指出的是，胡宗宪刻本就是目前通行本的足本与祖本。

嘉靖三十七年胡宗宪杭州天真书院刻藏本将书信放在中卷，次序依次为：《答顾东桥书》为卷 1，《答周道通书》《答陆原静书》（2 篇）为卷 2，《答欧阳崇一》《答罗整庵少宰书》为卷 3，《答聂文蔚》2 书为卷 4，总计"八书"。卷 4，依然还是《示弟立志说》（正德十年乙亥）、《〈训蒙〉大意示教读刘伯颂等》《教约》3 篇。而唯独《答徐成之》（2 篇，后有南逢吉所撰跋，记载逢吉向阳明夫子请问二书意）未收在新版《传习录》中。可见，钱德洪所刻嘉靖三十九年（1560）本与王畿嘉靖

---

① 以现代科学编撰老师文集的原则，钱德洪的"切于问正"与"影响真者"编撰原则，只能是节本的编撰原则，不是全集、全书的编撰原则，这样他可能遗漏现今看来很有学术价值的史料。其实，从每个学者所重复记录的语录来看，可能这些语录是阳明夫子特别要重突出的观点，而且还可以看到哪些学者同时在阳明夫子门下求学。因此，编撰全书和全集务必要求真求全，这样才可以对后世学者负责，因此，从这个角度而言，黄绾主张的不得遗漏的编撰方针更是可取的。

二十九年（1550）重刻本有所微调，就是减少《答徐成之》（2 篇），放入阳明先生文录正录里面了；增加了聂文蔚书信 1 篇。实际上还是减少了 1 封书信，这才是我们熟知的"阳明八书"，就是指嘉靖三十七年的胡宗宪刻本。

与此同时，陈明水、黄卓峰、黄修易（字勉叔）、黄五岳、孟两峰、朱近斋、卢一松、董谷等亲传弟子对阳明夫子语录的记载与刻印也在双向同时进行。

抚州府临川县陈明水为人诚实，做官特别耿直，为学更是诚心实意，多次长途往返求学，深得夫子信赖。据史志载，其把夫子语录载入自己所编的《续传习录》一书中，后该书的主要内容被同门好友钱德洪编入《传习录》下卷首案，总计 21 则①，保存了他与同门、学友蔡宗兖（字希渊）②、夏良胜（字于中）③、舒芬（字国裳）④、邹守益（字谦之）⑤、欧阳德（字崇一）⑥、王时柯（字敷英，江西万安县人）⑦ 等人在龙江、南昌、赣州等地问学的详细情形，主要记录明水在江西境内问学夫子门下的场景，学术性较强，体现明水较高的理论思辨水平。

抚州府金溪县黄卓峰为官铮铮铁骨，罢官家居二十余年，晚年还著有《遗言录》一书，记载了大量的阳明语录，刊于《传习录》《阳明先生遗言录》中，其中《传习录》下卷第 2 案载其记录的语录 42 条⑧。

① 见《传习录》第 201—221 则，第 177—188 页。
② 同上书，第 201 则，第 177 页。
③ 同上书，第 204、207、220 则，第 181、182—183、187 页。
④ 同上书，第 204、220 则，第 181、187 页。
⑤ 同上书，第 207 则，第 182—183 页。
⑥ 同上书，第 210 则，第 184 页。
⑦ 同上书，第 219 则，第 187 页。
⑧ 同上书，第 222—236 则，第 189—195 页，总计 15 条；第 316—342 则，第 235—248 页，总计 27 条。需要提醒的是，从语言风格来说，"黄以方录"的 27 条中（第 316—342 则，第 235—248 页）后面有几条可能是钱德洪录的，但不知何故，钱德洪并没有标注出是他自己笔录的。

《遗言录》（陈来先生整理）还有23条稀见语录不见于通行本《传习录》下卷中①，其记录保存阳明学之功甚大。黄卓峰的语录保存了他与同门、学友邵锐（号端峰）②、董沄③、林致之④等人求学语录，体现阳明夫子在赣州与晚年在绍兴讲学的思想。

《传习录》下卷第3案保存了"黄修易"（字勉叔）记载的阳明夫子语录11则⑤，保存了他自己与范引年（字兆期，余姚县人，温州"青田王门"的开山祖师）的求学情形，里面出现阳明夫子晚年在绍兴"出游禹穴"讲学的情形。⑥但笔者遍观各类方志，未见其人。一个记载夫子语录的人，可以进入钱德洪的法眼，当为地方名士，而方志等各类文献阙如，说明历史上没有"黄修易"这个人。盖知，"黄修易"当为笔误也。从"黄修易录"内容来看，此人当为余姚县或绍兴府人，与余姚县的范引年关系深厚，且记录不少阳明夫子语录。遗憾的是，由于他不是进士，未得正式功名，故而方志阙如。观阳明夫子余姚弟子与绍兴弟子，保存阳明夫子讲学语录文献的仅有黄文焕（号吴南），他曾任开州学正，阳明使其子受业，有《东阁私抄》记其所闻。而且"文焕"与"修易"在刻印的时候较为近似。其《东阁私抄》当为记录夫子语录的书稿。⑦

《传习录》下卷第4案保存了黄省曾（字勉之，号五岳，苏州府

---

① 参见（明）黄直《阳明先生遗言录》，《王阳明全集》（新编本），第5册，第1597—1603页。

② 参见《传习录》第319则，第238页。

③ 参见（明）黄直《阳明先生遗言录》，《王阳明全集》（新编本），第5册，第7条，第1597页。

④ 同上书，第36、46条，第1599、1600页。

⑤ 参见《传习录》，第237—247则，第196—201页。

⑥ 同上书，第244则，第199页。

⑦ 余查余姚县黄氏家谱，尚未得到确证，待考证。

人)① 记载的阳明夫子语录 12 则②，保存了他自己与刘邦采（1492—1577，字君亮，江西安福县人)③、王畿（字汝中)④、陆澄（字符静)⑤4 人绍兴求学的情形，里面出现阳明夫子晚年在绍兴"出游禹穴"讲学的情形。⑥ 其实，黄五岳在绍兴问学期间记载了大量的语录，汇编成 10卷本《会稽问道录》，皇皇巨著，但我们在其现存巨幅文集《五岳山人集》（38 卷）已经找不到其记载的阳明夫子语录的任何痕迹了，甚为可惜。盖由于五岳长处在文学、农业、经济方面，在良知学的领悟方面不如明水、绪山、卓峰等同门，故而绪山编选《传习录》时，也仅仅摘录 12 则，数量与其记载的语录不是很成比例。正是因为其以文学见长，绪山在《阳明先生存稿》（黄绾、欧阳德、钱德洪、黄弘刚等人编印）的基础上再重新编印《阳明先生文录》时请他帮忙，一起在苏州完成阳明夫子文录文稿，其功劳甚大。⑦

滁州府弟子孟两峰（孟津，字伯通，伯生之弟）利用在黄冈担任知县的便利，于嘉靖丁巳三十六年（1557）夏五月端阳日出版了他自己记载的阳明夫子讲学语录《良知同然录》⑧，有阳明夫子多首诗歌与语录不见通行本《传习录》⑨。

江苏靖江县门人朱近斋（朱得之，字本思），于阳明夫子门下"入

---

① 见《传习录》，第 248 则，第 202 页。
② 同上书，第 248—259 则，第 202—206 页。
③ 同上书，第 256 则，第 205 页。
④ 同上书，第 257 则，第 205 页。
⑤ 同上书，第 258 则，第 206 页。
⑥ 同上书，第 244 则，第 199 页。
⑦ 参见（明）黄绾《阳明先生存稿序》，《王阳明全集新编本》，第 6 册，第 2097—2098 页。
⑧ 参见（明）孟津《良知同然录序》，《王阳明全集新编本》，第 6 册，第 2215—2216 页。
⑨ 参见（明）王守仁《寄滁阳诸生二首》《忆滁阳诸生》，《王阳明全集新编本》，第 5 册，第 1714—1715 页。

道最勇，可任重道远"。近斋之学，阳明夫子良知学汇通百家，用良知学阐发老子、庄子与列子思想，自成一家，素来不为学术界知晓，见其《老子》（2 卷）、《庄子通义》（10 卷）、《列子通义》（8 卷）、《新刻印古诗语》。其记载的阳明夫子语录保存在《宵练匣》（10 卷，日本内阁文库藏）内，《稽山承语》（1 卷）是其简要通行本。近斋弟子尤西川《拟学小记》卷 6《纪闻》也保存了近斋口述、西川记录大量的阳明夫子语录十余条。① 从陈来先生整理的缩编本《稽山承语》看，其保存阳明夫子稀见语录 40 则②，保存嘉靖四年乙酉（1525）至嘉靖六年丁亥间阳明夫子亲传弟子董沄③、（董）实夫④、杨文澄⑤、（黄）正之⑥、王正之⑦、王惟中⑧、甘于盘⑨ 7 人问答语录，其中多人名字不见于《王文成公全书》中，有助于研究的继续深入。

浙江师范大学黄灵庚教授从卢一松（卢可久，浙江永康县人）后裔的家谱中影印出版了《卢一松集》，里面保存阳明夫子散佚语录 5 则。从《卢一松集》来看，一松一生以传播良知学为使命，一意讲学，弟子门人辈出，大大推进了阳明学在永康县的传承，可谓"永康王门"的集大成宗师。⑩

---

① 参见（明）尤时熙《拟学小记》卷 6《纪闻》。

② 见《王阳明全集》（新编本），第 5 册，第 1607—1616 页。

③ 见（明）王守仁《稽山承语》，第 6、34 则，《王阳明全集》（新编本），第 5 册，第 1607 页、第 1613—1614 页。

④ 同上书，第 10、21 则，1608、1610 页。"董石夫"采《明儒学案》说，见该书上册，卷 25《明经朱近斋先生得之》，第 585 页。

⑤ 同上书，第 25 则，第 1611 页。

⑥ 同上书，第 34 则，第 1612—1613 页。字"正之"者或有两人，一为黄正之，一为王正之。

⑦ 同上书，第 21 则，第 1610 页。

⑧ 见（明）王守仁《稽山承语》，第 34 则，《王阳明全集》（新编本），第 5 册，第 1612—1613 页。

⑨ 同上书，第 37 则，第 1613 页。

⑩ 参见《卢一松集》，《重修金华丛书》，第 98 册，上海古籍出版社 2014 年版。

海盐县阳明亲传弟子董谷（字硕甫，号两湖）著《碧里后集》，记载阳明夫子散佚语录 9 则①，保存阳明夫子不知名亲传弟子聚子②问学的情形。

在亲传弟子黄绾、邹守益、欧阳德、王畿、王艮、董沄、季本、许相卿、白悦、孙应奎、魏良弼、薛侃、顾应祥、蒋信等亲传弟子的文集中，在学友、同事甚至后学湛若水、方鹏、罗念庵、王时槐、胡直、罗近溪、宋仪望、耿定向、张信民等人文集中都会保留一些阳明夫子语录，都不如上述亲传弟子那样系统化、专门化与真实性。③ 二传、三传、四传等弟子记录的阳明夫子语录更需要仔细审视，亲传弟子的记忆可信度更高，有助于研究得再深入。

二　阳明夫子亲传弟子与阳明夫子文集的不断增订

阳明夫子文集是指阳明夫子所撰写的全部文章，包括书信、诗歌、记序说、奏疏、公移等，主要有《五经臆说》《居夷集》《阳明文录》《阳明先生诗录》《寓广遗稿》等，被钱德洪分别编入正录、外集和别录中。

嘉靖三年，时任余姚知县的阳明夫子亲传弟子丘养浩刻印 3 卷本的《居夷集》，同门韩柱与徐珊校订。④ 《居夷集》分 3 卷，分别为诗歌、序说记，较为原始地呈现阳明夫子早期谪居贵州时期的作品，还包括来回旅途的一些诗歌与应酬之作。

嘉靖六年四月，邹守益外放安徽广德县，刊印绪山编校的《阳明文

---

① 见《王阳明全集》（新编本），第 5 册，第 93—101 则，第 1646—1648 页。

② 同上书，第 97 则，第 1646 页。

③ 详细的整理成果参阅永富青地、陈来、吴震、钱明等学者百余年来的辑佚成果，参阅《王阳明全集》（新编本），第 5 册，《补录》。

④ 参见（明）王守仁《居夷集》（3 卷），《国立北平图书馆藏甲库善本丛书》，嘉靖三年丘养浩刻本影印，韩柱、徐珊校订，国家图书馆出版社 2015 年版。丘养浩序、韩柱跋、徐珊跋，分别参阅《王阳明全集新编本》，第 6 册，第 2191—2192 页。

录》（附录 1 卷），共 4 册，所收文章均由阳明夫子本人标注年月。该书选稿的标准最为严格，按照夫子所说的专以明道讲学为旨趣，编年分类，比较精准地反映了阳明夫子的文录选择标准。

嘉靖九年庚寅（1530）岑庄、岑初、徐学等校刻的 9 册本《阳明先生文录》。① 所收阳明夫子文章比目前的隆庆通行本多 6 篇诗文。同年夏五月，还出版 9 册本的《阳明先生诗录（集）》，钱德洪与薛侃分别作序。②

嘉靖十二年（1533），黄绾刊印 15 卷本的《阳明先生文录》，并作序。③ 现在可以看到的 2 册 5 卷本的残本所收阳明夫子文章比隆庆本多 13 篇书信。这应该就是黄绾所说的《阳明先生文稿》，是后来阳明文录、王文成全书、王阳明全集的祖本，是由黄绾与欧阳德、钱德洪、黄弘刚及其子侹共同编辑完成的。这个本子应该是阳明夫子的家藏本，具有年幼的正亿外舅（岳父）、托管人的官方身份的黄绾首先获得了。后来，石龙与东廓在编撰全书的方针上发生分歧，绪山从石龙手里获得了这个本子，在起任苏州府教授的闲暇之余与黄五岳重新分类。绪山折中石龙和东廓的意见，以正录和外集相区别：将学术性强的一些文章放入正录，包括书信、序记；将学术性差的放入外集，比如诗歌、其他序记。二者都采用编年的顺序。而奏疏和公移全部放入别录。总共正录、外集和别录 3 部分，与当时学者文集分类很不类。文稿编好后，恰好阳明夫子亲传弟子闻人邦正督学江苏，促成书稿的刊印。这就是著名的闻人邦正嘉靖十五年丙申（1536）刻印的苏州版《阳明先生文录》（5 卷、

---

① 日本九州岛大学文学部藏。

② 《阳明先生诗录（集）》（9 册），嘉靖九年钱德洪、薛侃序刻本，日本九州岛大学文学部藏。薛侃序、钱德洪序，分别参阅《王阳明全集》（新编本），第 6 册，第 2192—2193 页。

③ 《阳明先生文录》，嘉靖十二年黄绾序刻本，日本京都大学文学部藏。

外集 9 卷、别录 10 卷）①，总计 24 卷。

　　前一年，也就是嘉靖十四年乙未六月，时任贵州监察御史的宁波府奉化人王杏刊印了阳明亲传弟子陈文学、叶梧编校 3 卷本的《新刊阳明先生文录续编》②，所谓"续编"就是接续黄绾版《阳明先生文录》，专刻阳明文录未载者。《新刊阳明先生文录续编》比隆庆本多 20 篇诗文。

　　在钱绪山、闻人邦正姑苏版《阳明先生文录》（17 卷、语录 3 卷）出版的推动下，时任苏州知府的江西丰城县人范庆与吴县儒学教谕许赞、长洲儒学训导华镒于嘉靖二十六年丁未（1547）九月校正刻印《阳明先生文录》（17 卷、语录 3 卷；现存 6 册 17 卷，残本）③，南野门人闻东于嘉靖二十九年庚戌八月于关中天水刻印 20 册 28 卷本的《阳明先生文录》（5 卷、外集 9 卷、别录 14 卷）④，赣州人董聪于嘉靖三十五年（1556）刻印由欧阳南野、胡直、俞献可等校正的 22 册 28 卷本《阳明先生正录》（5 卷、外录 9 卷、别录 14 卷）⑤，规模越来越大，编校水

---

① 《阳明先生文录》（5 卷、外集 9 卷、别录 10 卷），存 22 卷，《国立北平图书馆藏甲库善本丛书》，闻人邦正嘉靖十五年丙申（1536）刻本影印，国家图书馆出版社 2015 年版。

② 《新刊阳明先生文录续编》（3 卷），嘉靖十四年王杏序刻本，上海图书馆藏。王杏作跋。参阅［日］永富青地《关于上海图书馆藏〈新刊阳明先生文录续编〉》，《版本目录学研究》2009 年，第 228—254 页。需要指出的是，陈文学、叶梧重校 3 卷本的《阳明先生文录》，现藏于中国人民大学图书馆，具有重要的学术价值。

③ 《阳明先生文录》（17 卷、语录 3 卷），6 册存 17 卷，残本，（明）范庆于嘉靖二十六年刻印，浙江图书馆总馆善本库藏。范庆跋，参阅《阳明先生文录跋》，《王阳明全集新编本》，第 6 册，第 2154 页。据范庆的叙述，由于版本残缺，所以，他刻印的这个本子仅是原本的十分之二三，增补奏疏 23 篇，附语录《传习录》，总 20 卷。

④ 《阳明先生文录》（5 卷、外集 9 卷、别录 14 卷），20 册 28 卷本，（明）闻东嘉靖二十九年刻印，浙江图书馆总馆善本库藏。闻东将阳明先生文录，附《传习录》《传习则言》合并出版，见其序言，《重刻阳明先生文集序》，《王阳明全集新编本》，第 6 册，第 2107—2108 页。

⑤ 《阳明先生文录》（5 卷、外集 9 卷、别录 14 卷），22 册 28 卷本，（明）董聪于嘉靖三十五年刻印，浙江图书馆总馆善本库藏。江西版阳明先生文录由曾任赣州知府的王春复（晋江人，嘉靖十五年进士）于嘉靖三十五年（1556）正月作引、致仕右都御史谈恺（无锡人，嘉靖五年即 1526 年进士）于嘉靖三十五年六月庚子作序，分正录、外录、别录 3 大部分，见《阳明先生全录引》《阳明先生全录序》，《王阳明全集》（新编本），第 6 册，第 2150—2151、2152—2153 页。

平越来越高，可谓琳琅满目，诚如胡宗宪所说的"闽、粤、河东、关中皆有刻本"①。其中，闽东刻印 20 册 28 卷本阳明先生文录比隆庆本多 163 篇诗文，而且还附入黄直的《遗言录》（2 卷）、朱得之的《稽山承语》（2 卷），文献保存意义特别巨大。

正于阳明学获得天下学子普遍欢迎的大好时机，嘉靖三十六年丁巳（1556）九月，新安后学、浙江总督胡宗宪在恩师欧阳南野的督促关心下，命令阳明夫子亲传弟子杭州同知唐尧臣刊印由钱德洪、王畿等重新校正的《阳明先生文录》全本于杭州天真书院。至此，体现出阳明夫子一生学术思想的精编本《阳明先生文录》刻印完工，并藏于天真书院，供来往杭州的天下学子学习、研读和传承。而阳明夫子家乡浙江也就有了自己出版的《阳明先生文录》精华本。

再后来就是大家熟知的由钱绪山先生等增订辑佚的隆庆六年（1572）版，由双江门人、致仕大学士徐阶序、江西人谢廷杰刊印的 38 卷本《王文成公全书》，并成为后来数百年间的通行本。

隆庆本《传习录》相比嘉靖三十七年刻本中卷书信又有微调，就是 5 卷合并为 1 卷，依然为中卷，并把卷 5 的《示弟立志说》（正德十年乙亥）放入正录卷 7。依然是 8 书，分别为《答顾东桥书》《启问道通书》②、《答陆原静书》（2 篇）、《答欧阳崇一》《答罗整庵少宰书》《答聂文蔚》（2 篇），总计"八书"。

---

① （明）胡宗宪：《重刊阳明先生文录叙》，《王阳明全集新编本》，第 6 册，第 2108—2110 页。

② 《启问道通书》或为《答周道通书》笔误。

附录　未知地名亲传弟子考

汪景颜，学于阳明先生门下三月。历任大名县令。时与黄久庵、湛甘泉等名贤为学友。① 其出任大名令，阳明夫子于正德七年壬申（1512）信中说："汪景颜近亦出宰大名，临行请益，某告以变化气质。居常无所见，惟当利害，经变故，遭屈辱，平时愤怒者到此能不愤怒，忧惶失措者到此能不忧惶失措，始是能有得力处，亦便是用力处。天下事虽万变，吾所以应之不出乎喜怒哀乐四者。此为学之要，而为政亦在其中矣。景颜闻之，跃然如有所得也。"②

孙瑚，字廷璋，号淑然，有六子，长子天叙，字有兴，生三女，长适兵部尚书翁万达（1498—1552，揭阳县人）；次适状元及第林大钦；三适柯俱天。据《潮汕孙氏志略》人物篇载。

孙允辉，阳明夫子弟子，或为山阴县人。阳明夫子浙中弟子。夫子赠其《游海诗》，同门季彭山作序。③

唐廷霖。庠生。

欧阳昱，江西泰和县或安福县人。正德十三年戊寅（1518），与二十七同门共从学夫子于赣州。官至通判。

---

① 参见（明）黄绾《赠汪景颜》，《黄绾集》卷8，第146—147页。
② （明）王守仁：《与王纯甫》，《王文成公全书》卷4，第189页。
③ 参见（明）王守仁《与徐曰仁书》，《王阳明佚文辑考编年》（增订版），上册，第519—522页。

主要征引书目

《中国地方志集成》，江苏古籍出版社等，浙江大学西溪校区图书馆、浙江省图书馆、上海市图书馆等藏。

《国朝献徵录》，（明）焦竑，《四库全书存目丛书》，史部，齐鲁书社。

《中国古籍总目》，全26册，中华书局、上海古籍出版社2013年版。

《明实录》，台湾地区"中央院"文史研究所影印，浙江大学西溪校区图书馆藏。

《明史》，（清）张廷玉等撰，中华书局1974年版（2013年重印）。

《明儒学案》（修订本），（清）黄宗羲，沈芝盈点校，中华书局2008年版。

《阳明后学文献丛书》，万斌、钱明等编，凤凰出版社2007年版。

《阳明后学文献续编丛书》，钱明主编，上海古籍出版社2014—2015年版。

《阳明文献汇刊》，四川大学出版社2015年影印。

《居夷集》，（明）王守仁，嘉靖三年本，国家图书馆出版社2015年影印版、四川大学《阳明文献汇刊》2015年影印版，上海市图书馆藏。

《传习录》（3 卷），嘉靖三年南大吉刻本，现存薛侃刊印的 3 卷（卷 1、2、3），1 册，上海图书馆藏。

《传习录》（3 卷），语录卷 1、2、3。现存薛侃刊印 3 卷，嘉靖二十六年范庆苏州刻印本，收录于《阳明先生文录》（17 卷、语录 3 卷），浙江省图书馆总馆古籍部藏。

《传习录》（2 卷），嘉靖二十九年庚戌王畿、萧奇、江涌重刊南大吉刻本，上下卷 2 册本。

《传习录》（3 卷），胡宗宪嘉靖三十七年刻本，（清）俞嶙修缮，钱德洪编，3 册，复旦大学图书馆古籍特藏部藏。

《传习录》（上、中、下），《王文成公全书》（38 卷本），卷 1、2、3，（明）钱德洪等编订，万历年间重刊隆庆六年本，《四部丛刊初编》影印本，集部。

《阳明先生文录》（3 卷），嘉靖陈文学、叶梧贵州校刻本，3 册，中国人民大学藏。

《新刊阳明先生文录续编》（3 卷），嘉靖十四年乙未夏王杏序本，陈文学、叶梧贵州校，3 册，上海图书馆古籍部藏。

《河东重刻阳明先生文录》（5 卷、外集 9 卷、别录 10 卷），12 册，嘉靖三十二年癸丑宋仪望刻本，上海图书馆古籍部藏；隆庆六年邵廉、宋仪望福建重刻本。

《阳明先生文录》（5 卷、外集 9 卷、别录 10 卷），钱德洪等编，嘉靖三十六年丁巳胡宗宪修补本，上海、南京、山东、湖北图书馆藏。

《王文成公全书》（38 卷，4 册），（明）钱德洪等编订，隆庆六年本，《四部丛刊初编》，集部，第 257—260 册，上海书店 1989 年影印版，商务印书馆 1926 年重印本。

《王文成公全书》，王晓昕、赵平略点校，4 册本，中华书局 2015 年版。

《王阳明全集》（新编本），吴光主编，钱明编校（第5、6册），浙江古籍出版社2010年版。

《〈王阳明全集〉补编》，束景南、查明昊辑编，上海古籍出版社2016年版。

《王阳明全集》，张立文主编，简体横排版，红旗出版社1996年版。

《王阳明全集》，吴光等编校，上海古籍出版社2006年版；4册本，2015年版。

《王阳明及其学派论考》，钱明著，人民出版社2009年版。

《王阳明佚文辑考编年》（增订本），束景南，上海古籍出版社2015年版。

参考书目

一　基础文献

《明实录》，台湾"中央研究院"文史研究所复印版，浙江大学西溪校区三楼大型书库藏。

《中国古籍总目》（26 册），上海古籍出版社 2013 年版，浙江图书馆总馆古籍部善本库藏。

《中国地方志集成》，江苏古籍出版社、上海书店、巴蜀书社 1991—2006 年版，浙江大学西溪校区三楼大型书库藏。

《中国方志丛书》，台湾成文出版社，浙江大学西溪校区三楼大型书库藏。

二　阳明夫子存世文献

《传习录》（3 卷），嘉靖三年南大吉刻本（上海）。嘉靖三十三年刻本（上海、东北）。

《传习续录》（2 卷），嘉靖三十三年刻本（上海、东北、师大）。

《居夷集》（3 卷），《国立北平图书馆藏甲库善本丛书》，嘉靖三年丘养浩刻本影印，韩柱、徐珊校订，国家图书馆出版社 2015 年版。

《阳明先生文录》（9 册），（明）嘉靖九年岑庄、岑初、徐学等校刻本，日本九州岛大学文学部藏。

《阳明先生诗录（集）》（九册），（明）嘉靖九年钱德洪、薛侃序刻本，日本九州岛大学文学部藏。

《阳明先生文录》，（明）嘉靖十二年黄绾序刻本，现存 2 册 5 卷，日本京都大学文学部藏。

《阳明先生存稿》（3 种 24 卷），嘉靖十五年序刻本，北京大学图书馆藏。

《阳明先生则言》，（明）薛侃嘉靖十六年刻本，《续修四库全书》，子部，第 937 册。

《阳明先生遗言录》，日本藏，陈来先生家藏影印，闾东嘉靖二十九年本附录 2 卷，《王阳明全集》（新编本），第 5 册。

《稽山承语》，日本藏，陈来先生家藏影印；闾东嘉靖二十九年本附录 1 卷，《王阳明全集》（新编本），第 5 册。

《良知同然录》，（明）孟津编，嘉靖三十六年刻本，台湾台北图书馆藏。

《新刊阳明先生文录续编》（3 卷），嘉靖十四年王杏贵州序刻本，上海图书馆藏。

《阳明先生文录》（五卷、外集 9 卷、别录 10 卷），存 22 卷，钱德洪等编，《国立北平图书馆藏甲库善本丛书》，（明）闻人邦正嘉靖十五年丙申刻本影印，国家图书馆出版社 2015 年版。嘉靖三十二年宋仪望河东刻本（上海藏）、嘉靖三十六年胡宗宪重修本（上海、南京、山东、湖北藏）。

《阳明先生文录》（17 卷、语录 3 卷），残本，6 大册存 17 卷，（明）范庆于嘉靖二十六年刻印，浙江图书馆总馆善本库藏。

《阳明先生文录》（5 卷、外集 9 卷、别录 14 卷），20 册 28 卷本，

（明）间东嘉靖二十九年刻印，浙江图书馆总馆善本库藏。

《阳明先生正录》（5卷、外录9卷、别录14卷），22册28卷本，谈恺序（明）董聪于嘉靖三十五年刻印，浙江图书馆总馆善本库藏。

《阳明先生文录》（5卷、外集9卷、别集14卷），《传习录》（3卷、续录2卷、遗言录2卷、《稽山承语》（1卷），（明）嘉靖间刻本，台湾地区"中央研究院"历史语言研究所藏。

《王文成公全书》（38卷本），（明）钱德洪等编订，（明）郭朝宾于隆庆二年杭州刻本，台湾地区"国家图书馆"藏。

《王文成公全书》（38卷本），（明）钱德洪等编订，明谢廷杰于隆庆六年刻印，上海涵芬楼景印隆庆六年刊本，《四部丛刊初编》，第257—260册，上海书店1989年复印商务印书馆1926年版，浙江大学西溪校区三楼大型书库藏。

《王阳明全集》（新编本），第5册、第6册，钱明编校，浙江古籍出版社2010年版。

《王阳明全集》，张立文主编，简体横排版，红旗出版社1996年版。

《王阳明全集》，吴光等编校，上海古籍出版社2014年版。

《王文成公全书》，王晓昕、赵平略点校，《理学丛书》，中华书局2015年版。

三 阳明夫子亲传弟子存世文献

（明）钱德洪、徐爱、董沄：《钱德洪、徐爱、董沄合集》，钱明编校整理，凤凰出版社2007年版。

（明）王畿：《王畿集》，吴震编校整理，凤凰出版社2007年版。

（明）邹守益：《邹守益集》，董平编校整理，凤凰出版社2007年版。

（明）欧阳德：《欧阳德集》，陈永革编校整理，凤凰出版社 2007
年版。

（明）程文德：《程文德集》，程朱昌、程育全编，上海古籍出版社
2012 年版。

（明）董谷：《碧里四存合稿》，嘉靖四十四年从侄董鲲刻本，上海
图书馆藏。

（明）董谷：《碧里杂存》（1 卷），上海文明书局，民国十一年，
《宝颜堂秘籍》，第 39 册，浙江省图书馆孤山分馆藏。

（明）董谷：《豢龙子》，《丛书集成新编》，第 21 册，台湾新文丰
出版公司 1984 年版。

（明）董谷：《冥影契》，《丛书集成新编》，第 21 册，台湾新文丰
出版公司 1984 年版。

（明）许相卿：《云村集》，《四库全书》，第 1272 册。

（明）许相卿：《许氏贻谋四则》，《续修四库全书》，子部，第
938 册。

（明）季本：《季彭山先生文集》，北京图书馆编辑出版组编，《北
京图书馆古籍珍本丛刊》，第 106 册，书目文献出版社 1998 年版。

（明）季本：《说理会编》（16 卷），《续修四库全书》，第 938—
939 册。

（明）季本：《龙惕说》，国家图书馆缩微制品第 18019 号，万历三
十一年刘毅刻本，日本内阁文库藏。

（明）季本：《四书私存》，国家图书馆缩微制品第 12761 号，林氏
朴学斋藏本。

（明）季本：《易学四同》（8 卷、别录 4 卷，原缺卷 1、卷 2），《四
库全书存目丛书》，经部，第 3 册，嘉靖四十年刻本；《易学四同》（8

卷），《续修四库全书》，经部，第 6 册；《易学四同别录》（4 卷），《续修四库全书》，经部，第 6 册。

（明）季本：《孔颜事迹图》（4 卷），《四库全书存目丛书》，史部，第 77 册。

（明）徐珊：《卯洞集》（4 卷），《四库全书存目丛书》，集部，第 146 册。

（明）孙应奎：《燕诒录》，《四库全书存目丛书》，集部，第 90 册。

（明）顾应祥：《崇雅堂全集》（15 卷），万历三十八年刻本，日本内阁文库藏。

（明）顾应祥：《惜阴录》，《四库全书存目丛书》，子部，第 84 册。

（明）顾应祥：《人代纪要》，《四库全书存目丛书》，史部，第 6—7 册。

（明）卢可久：《卢一松集》，《重修金华丛书》，第 98 册，上海古籍出版社 2014 年版。

（明）吕璠：《石崖文集》，黄灵庚等主编，《重修金华丛书》，第 145 册，上海古籍出版社 2014 年版。

（明）徐霈：《东溪先生文集》（19 卷、卷首 1 卷、卷末 1 卷），4 册，民国十五年版活字本线装，浙江省图书馆孤山分馆。

（明）林应麒：《介山稿略》（16 卷），《仙居丛书》，第 6 册，浙江人民美术出版社 2013 年影印本。

（明）刘魁：《刘晴川集》，重修广理学备考本。

（明）陈九川：《明水陈先生文集》，《四库全书存目丛书》，集部，第 72 册。

（明）魏良弼：《魏水洲先生文集》，《四库全书存目丛书》，集部，第 85 册。

（明）刘阳：《刘三五集》，江西财经大学彭树欣博士家藏。

（明）万虞恺：《枫潭集钞》（5卷、附录3卷），日本内阁所藏。

（明）万虞恺：《枫潭集钞》（2卷、文录2卷），台北图书馆所藏，节本。

（明）万虞恺：《枫潭集钞》（2卷），节本，《四库未收书辑刊》，集部，第5辑，第19册，北京出版社2000年版。

（明）蒋信：《道林先生文粹》，《四库全书存目丛书》，集部，第96册，刘晓林点校，湖湘文库，岳麓书社2010年版。

（明）蒋信：《蒋道林先生桃冈日录》，万历三十六年杨鹤刻本，哈佛大学《哈佛燕京图书馆藏中文善本丛刊》，第17册，商务印书馆、广西师范大学出版社2003年影印版。

《王心斋全集》，陈祝生等点校，江苏古籍出版社2001年版。

（明）王艮：《重刻心斋王先生语录》（2卷），《四库全书存目丛书》，子部，第10册。

（明）王襞：《新镌东崖王先生遗集》（2卷），《四库全书存目丛书》，集部，第146册。

（明）朱得之：《宵练匣》（10卷），日本内阁文库藏。

（明）朱得之：《宵练匣》（1卷），《四库全书存目丛书》，子部，第87册。

（明）朱得之：《老子通义》（2卷），《老子集成》，第5卷，尹志华点校，宗教文化出版社2011年版。

（明）朱得之：《庄子通义》（10卷），《四库全书存目丛书》，子部，第256册，齐鲁书社1995年版。

（明）朱得之：《列子通义》（8卷），方勇主编，国家图书馆出版社2013年版，第18册。

（明）朱得之：《新刻印古诗语》，国家图书馆藏。

（明）白悦：《白洛原遗稿》（8卷），《四库全书存目丛书》，集部，第96册，齐鲁书社1997年版。

（明）薛侃：《薛侃集》，钱明主编，陈椰编校，《阳明后学文献丛书》，上海古籍出版社2013年版。

（明）马明衡：《尚书疑义》（6卷），《四库全书》，经部，第64册，上海古籍出版社1987年版，浙江省图书馆孤山分馆古籍部藏。

（明）马明衡：《侍御马师山先生佚诗》（1卷），光绪二十四年刘鸿年刻马中节父子合刻本，国家图书馆藏。

（明）马明衡：《侍御马师山先生佚文》（1卷），光绪二十四年刘鸿年刻马中节父子合刻本，国家图书馆藏。

（明）穆孔晖：《玄庵晚稿》（2卷），清钞本，国家图书馆古籍部藏。

（明）穆孔晖：《宦稿》（1卷），台湾图书馆藏。

（明）穆孔晖：《大学千虑》（1卷），《四库全书存目丛书》，经部，第156册，齐鲁书社1997年版。

（明）南大吉：《瑞泉南伯子》（22卷、附录1卷、后记1卷），明嘉靖四十四年刻本，重庆图书馆古籍部收藏。

（明）黄省曾：《五岳山人集》（38卷），《四库全书存目丛书》，集部，第94册，齐鲁书社1997年版。

（明）王道：《老子亿》，《老子集成》，第5卷，周国林点校，宗教文化出版社2011年版。

（明）王道：《顺渠先生文录》（12卷），万历六年朱延禧刻本，北京大学图书馆藏。

（明）王道：《顺渠先生文录》（12卷），尤麟编，明刻本，温州图书馆藏。

（明）邹守益：《王阳明先生图谱》，《四库未收书辑刊》，第 4 辑，第 17 册。

钱明等编：《邹守益集》《王畿集》《徐爱 钱德洪 董沄集》《欧阳德集》《罗洪先集》《罗汝芳集》《聂豹集》，《阳明后学文献丛书》，凤凰出版社 2007 年版。

钱明主编：《薛侃集》《黄绾集》《张元忭集》《王时槐集》，《阳明后学文献续编丛书》，上海古籍出版社 2014—2015 年版。

（明）尤时熙：《尤西川拟学小记》，《四库存目丛书》，子部，第 9 册（保存其老师朱得之记载的大量阳明夫子语录）。

四 现当代研究专门文献

束景南：《王阳明佚文辑考编年》（修订本），上海古籍出版社 2015 年版。

钱明：《王阳明及其学派考论考》，人民出版社 2009 年版。

［日］永富青地：《关于上海图书馆藏〈新刊阳明先生文录续编〉》，《版本目录学研究》2009 年，第 228—254 页。

陈来：《关于〈遗言录〉〈稽山承语〉与王阳明语录佚文》，《清华汉学研究》1994 年第一辑。

［日］水野实、永富青地：《九大本〈阳明先生诗录〉小考》，日本《汲古》第 35 号，1999 年 6 月。

［日］水野实、永富青地：《九大本〈阳明先生文录〉详考》，日本《阳明学》第 11 号，1999 年 3 月。

［美］陈荣捷：《传习录详注集评》，华东师范大学出版社 2009 年版。

邓艾民：《传习录注疏》，上海古籍出版社 2015 年版。

王传龙：《阳明心学流衍考》，厦门大学出版社 2015 年版。

后　记

　　首先感谢绍兴文理学院尤其是越文化研究中心的领导和朋友们，没有他们在阳明学研究推进方面给予的物质和精神支持，这本书不会如此快地面见读者。感谢潘承玉院长的热心。2016年深秋，我们在宁波大学人文学院院长张伟先生牵头的宁波浙东心学会议上再见，我向他汇报了我书稿的情况，他当即热心地给予我鼓励。有关动笔三年未曾停歇的书稿，心头总算是石头落地。感谢越文化基地办公室莫老师于成书过程中付出的辛劳。

　　感谢我敬爱的导师束景南先生。《阳明夫子亲传弟子考》书稿正式动笔是在2014年。当时，我系统地旁听了浙江大学中国古典文献学博士后导师束先生的课程。夫子心平气和，讲课严谨，旁征博引，深入浅出，尤其是在阳明夫子亲传弟子考探方面，资料掌握得特别扎实，其学识炉火纯青。在浙江大学人文学院会议室听课的3年时间里，我时常会带朋友一起听夫子的课，如浙江省委党校的王希坤教授、杭州市委党校的沈小勇教授，还有我最敬佩的学者，浙江省社科院的李旭博士。如沐春风的3年里，我在中国文化方面的进步很大，那真是一段读书与写作的美好岁月。夫子有一次偶然告诉我，他发现，阳明夫子有三百余位亲传弟子，我大受启发。于是，一边听课，一边着手阳明夫子亲传弟子的资料整理，主要是从先生一手的地方志史料入手，尤其是夫子在上海古籍出版社新出版的专著《王阳明轶文辑考编年》。《王阳明轶文辑考编年》是最近几十年难得一见的好书之一，更是夫子 30 年辨证、考察阳明夫子与其弟子们轶文的大作，考探深入，发人之未发，"一份材料说一份话"。在西溪图书馆的三楼，我时常会遇到夫子，夫子为人低调，有时我也不太敢打招呼，只能远远地敬望。夫子与我，就像大树与小草一样。夫子是高山，是我必须不断学习的榜样。有时，偌大的三楼图书馆，就我们两个人在抄录资料。师生同处一室，各自抄录自己的研究资料，那是多么温馨的场景呀！

感谢我的启蒙恩师朱义禄先生。先生待我如子，让我在学术生涯中特别有自信。2015 年冬，先生来杭州参加开题会，我向先生汇报了书稿的写作进展，先生特别高兴，并鼓励我围绕"阳明夫子弟子群研究"拟题。遗憾的是，由于我这方面积累不够，暂没有深入下去，可能达不到先生的期望了。

感谢我的博士后导师钱明先生，先生带我进入王学研究的殿堂，一见我面，即让我着手《北方王门集》的编校整理。先生潜心学术，深得学术界同人的认可，且教学非常严格，我在其门下，收获良多。先生不轻易期许人，书稿完成后，给予较高的评价，"下了很大功夫"，也指出我的书稿还有"粗陋之处"，还可以"精益求精"。值得欣喜的是，先生主持申报的课题获批"国家社科重大项目"，阳明后学文献整理与研究获得了很好的国家级科研平台，而且先生获聘绍兴文理学院"鉴湖学者"讲座教授。作为其门人，我真为先生感到高兴。天道酬勤，此语不欺我哉！

感谢我的同事和朋友。书稿题目的最后选定，得到同人吴可为副研究员、王宇研究员的热心与仔细的指导，在此深表感谢。我生性愚钝，多得同事、朋友的海涵和支持，学术之路才越走越踏实。

　　感谢教育部、浙江省社科规划办、宁波市社科办与其评审专家给予我阳明夫子亲传弟子研究方面的肯定与支持。在老友李旭申报"阳明夫子大学德政思想研究"课题获得浙江省社科规划办的立项后，多年未报省课题的我重获激情，潜心一个暑假，精心申报此书的写作，以《阳明夫子不知名亲传弟子对致良知的继承与发展》有幸获得立项和资助。课题初心是针对学术界一直忽视对阳明夫子不知名亲传弟子的史料整理的情况，想在这方面做一弥补。后来就拓展为阳明夫子亲传弟子的史料整理。这说明，课题的写作结果存在不确定性，后所做出来的东西，有大大超过作者本人初心与研究初拟框架的可能。

　　在兴趣的引导下，在师友们的鼓励下，人真有无限可能。我从未想过，我有一天会做阳明夫子学的研究，更没想过阳明夫子先我 506 年前而生，阳历生日只相差一天。在研究过程中我发现，阳明夫子的性格与言语方式与我存在很多默契。我突然发现，自己是多么幸运，真是让人惊喜呀！

　　阳明夫子亲传弟子事迹隐藏于各地的府县志之中，故而，书稿的写作首先要求作者对各府县志逐一阅读和摸底排查，这是劳动量非常巨大的工作。书稿的写作，或在浙大西溪校区图书馆三楼大型文献阅览室、人文图书资料室，或在浙江省图书馆总馆地下室一楼、三楼，或在上海图书馆二楼古籍阅览室，或在西湖边的黄泥岭村，或在人大会堂隔壁的浙江省社科院 320 办公室，或在江北宁波大学教师公寓，或在复旦大学古籍特藏室，或在闵行华东师范大学古籍馆，或在骆驼的镇海区图书馆三楼，最终在宁波镇海的临江小区定稿。由于大型文献《中国地方志集成》出版时间长，出版机构众多，其部分府县志分藏于各个图书馆，给我的研究带来了很大不便。地方府县志中，广东省和湖南省部分藏于浙江省图书馆，而山东省、贵州省、云南省部分则藏于上海图书馆。但即便是闻名遐迩的上海图书馆，河南省部分还是有缺。或许，北京国家图书馆是目前唯一一座藏全所有省份方志的图书馆。《国朝献徵录》与四库全书电子检索版给我的研究带来很多方便，充实不少素材，省去一些录入之劳。但是，一手的资料，无疑应是阳明夫子亲传弟子本人的传世文献，这些文献是最有话语权的。遗憾的是，大量的阳明夫子亲传弟子并没有传世文献。但这并不说明他们没有系统的著述，事实上，阳明夫子亲传弟子多有著述，但由于各种原因，他们的著述在岁月的长河中失传了，颇令人遗憾。

阳明夫子亲传弟子的姓名首先来源于各版本的《传习录》和《阳明先生文录》，也就是隆庆六年（1572）版的《王文成公全书》。钱德洪等编的阳明夫子年谱，也提供了很多线索。《明史》《明儒学案》《阳明后学文献丛书》《王阳明轶文辑考编年》提供了很多好的线索。《王阳明学派及其考论》《江右王学与明中后期江西教育发展》《阳明心学衍流考》在查漏补缺方面起了很好的作用。

书稿出版在即，恰逢阳明学热潮的再崛起。特别是阳明夫子学在中共中央总书记习近平的肯定与赞同下，传统文化的价值广泛深入人心，两个浙东最重要的大学——绍兴文理学院和宁波大学都在加快建设国际一流学科，阳明学将会发展得越来越好。但在量化考核的时代，著作要加快出版，我也未能免俗，就将书稿拿出与读者见面了。由于写作时间不够长，书中粗疏、错误之处，还请来函批评指正。期待再版时修正完善。

让我们一起诚心携手推进阳明学科的"双一流"与国际化建设！是为盼！

邹建锋

2016 年 11 月 15 日于镇海区临江小区